가요로 읽는 한국사

일러두기
KOMCA 승인필

- 인용한 노래 제목과 앨범명의 맞춤법과 띄어쓰기는 발표 당시 표기를 되도록 따랐으며, 현재의 맞춤법과 다를 수 있습니다.
- 본문에 인용된 노래 가사 중 저작권이 확인되는 가사는 〈한국음악저작권협회〉를 통해 저작권료를 지불하였습니다.
- 저작권 허락을 받지 못한 일부 인용 구절에 대해서는 추후 저작권이 확인되는 대로 절차에 따라 통상적 저작권료를 지불하겠습니다.
- 차례에 사용한 이미지는 모두 공공누리 1유형으로 출처는 다음과 같습니다.
4p·5p 국립민속박물관, 6p 천안박물관, 7p 국립국악원.

= 시대의 노래, 역사가 되다 =
가요로 읽는 한국사

권경률 지음

행성B

목차

책을 펴내며 시대의 노래, 역사가 되다 — 9

1부. 시대정신을 노래하다

케이팝K-POP은 한국 민주주의의 결실이다 - 〈다시 만난 세계〉와 떼창의 힘 — 17
집회에 울려 퍼진 소녀시대 / 민주화가 케이팝의 성공을 만들었다 /
거북아 거북아 민주주의를 내놓아라

'마왕' 신해철의 응원법 - 〈날아라 병아리〉와 뉴밀레니엄 시대 — 28
신해철이 세상에 던진 질문들 / 〈내일로 가는 문〉 찾아 꿈꾸는 젊음을 응원 /
세상과 싸워나가며 너의 자릴 마련하겠어

상심한 어른을 응원한 아이들의 노래 - 창작동요 〈반달〉과 일제강점기 어린이 운동 — 40
"어린이가 부를 노래를 만들어라" / 〈반달〉, 민족의 설움과 희망을 노래하다 /
독립 열망 다시 일으킨 어린이 노래

유행가에 비친 식민지 조선의 두 얼굴 - 트로트 황금기와 일제 침략전쟁 — 52
망국 설움 달래준 〈황성 옛터〉와 〈타향살이〉 / 유행가에 어른거리는 눈물 젖은 민족의식 /
일제의 전시 총동원, 저항하느냐 순종하느냐

독립군의 용진법, 항일운동의 용감력 - 독립군가와 항일가요 — 64

고통 견뎌내고 희망 일으키는 노래의 힘 / 어른과 아이들이 함께 부르는 항일가요 /
이순신과 을지문덕의 용진법으로

정몽주는 과연 고려를 지키려고 이성계에 맞섰을까? - 〈단심가〉와 고려 멸망 비사 — 75

황제와 막부를 움직인 카리스마 / 무고 사건 계기로 이성계에 맞서 /
거짓을 용납지 않은 포은의 진정한 절의

육룡이 나르샤, 천명을 받아 나라 세웠으니 - 《용비어천가》에 담긴 조선 건국사 — 90

《용비어천가》 앞세워 훈민정음 반포 추진 / 조선 창업이 천명임을 노래로 알려 /
왕권 중심의 조선 건국사를 정립하다

2부. 권력과 노래

박정희 대통령의 신청곡이 금지된 까닭은? - 〈동백아가씨〉와 한일 국교 정상화 — 105

대박곡 〈동백아가씨〉가 왜색 가요라고? / 한일회담의 뇌관, 청구권과 평화선 /
'굴욕 외교' 반감 달래려고 왜색 낙인

'그리운 내 형제'는 왜 북송선에 탔을까? - 재일동포 모국 방문과 〈돌아와요 부산항에〉 — 116

따뜻한 동포애 흐르는 세기의 노래 / 극심한 생활고에 쫓겨 북송선 탄 동포들 /
같은 한국인, 더 큰 한국인

'가요계 정화' 표적 된 한국 록의 대부 - 〈미인〉과 유신헌법 긴급조치 — 128

'박정희 찬가' 거절하고 유신 정권에 미운털 / "한 번 보고 두 번 보고 자꾸만 보고 싶네" /
'가요계 정화'와 '대마초 파동'으로 활동 금지

올림픽과 3S 정책에 매달린 정권 - 〈아! 대한민국〉과 제5공화국 — 139

서울올림픽에 사활 건 제5공화국 / 억압과 자유화의 부적절한 동침 /
〈아! 대한민국〉의 두 얼굴

민주화운동 북돋운 저항의 노래 - 86세대 혈관 도는 민중가요 — 150

광주항쟁, 민중가요를 일으켜 세우다 / 지상파 방송의 배경 음악이 된 〈사계〉 /
약자의 목소리 되고 86세대 정체성 이뤄

'천재 시인' 정지상을 벤 라이벌의 시기심 - 〈송인〉과 서경천도운동 — 161
천재 시인에서 인종의 총신으로 거듭나다 / 서경 천도 기치 들고 개경 세력과 대립하다 /
'묘청의 난' 빌미로 정지상을 제거한 김부식

수로부인은 비를 부르는 신녀였다 - 〈해가〉와 신라 기우제 — 173
여러 사람의 입은 무쇠도 녹인다 / 접신과 신명을 은유한 수로부인 이야기 /
수로부인의 실체와 신라 후기 권력투쟁

3부. 전쟁과 노래

난리통에 부른 위로와 희망의 노래 - 유행가로 돌아보는 한국전쟁 — 189
납북의 한 서린 〈단장의 미아리고개〉 / 〈전우야 잘 자라〉, 낙동강 전선 딛고 북으로 /
흥남 철수 실향민의 노래, 〈굳세어라 금순아〉 / 〈전선야곡〉, 고지전 병사의 심금을 울리다 /
희망 품고 집에 가는 길, 〈이별의 부산정거장〉

존망의 기로에 선 신라의 승부수 - 〈태평송〉과 나당동맹 — 202
대야성 함락과 김춘추의 각성 / 춘추와 유신, 혼인동맹에서 나당동맹으로 /
"먼저 당나라와 결전하고 백제를 치리라"

삼국통일 위한 문무왕의 '헤어질 결심' - 〈모죽지랑가〉와 나당전쟁 — 214
백제 땅을 둘러싼 나당의 갈등 / 동맹에서 전쟁으로! 승부처는 매소성전투 /
삼국통일 완수하자 공신들을 숙청하다

거대한 전쟁의 서막이 오르다 - 〈여우중문시〉와 여수전쟁 (上) — 226
고구려는 왜 요서를 선제공격했을까? / 수양제, 113만 대군을 일으키다 /
을지문덕, 유능한 신흥 귀족의 등장

을지문덕은 수나라를 정벌하려고 했다 - 〈여우중문시〉와 여수전쟁 (下) — 238
유인책과 청야전술로 적을 홀리다 / 고구려의 반격! 살수대첩과 평양성전투 /
을지문덕, 수나라 정벌하려다 숙청당했나?

4부. 노래에 담긴 생활사

강남은 어떻게 탄생했을까? - 〈강남스타일〉에 비친 상류층 판타지 — 253

땅값 폭등과 부동산 투기 부른 강남 개발 / 강남을 띄운 아파트 열풍과 입시교육 신화 /
압구정 오렌지, 욕망과 유혹의 상류층 판타지

사연과 응어리 풀어주는 민족의 길동무 - 한국인의 즉흥곡 플랫폼, 〈아리랑〉 — 265

민족의 노래 〈아리랑〉은 어디서 왔을까? / '즉흥곡 명수' 한국인의 오만 가지 아리랑 /
흥 돋우고 한 달래며 멍석을 깔아주다

'회회 아비'에게 손목 잡힌 고려의 딸들 - 〈쌍화점〉과 일부다처제 시행 논란 — 278

고려를 뒤흔든 일부다처제 시행 논란 / 공녀 피하고 혼맥도 넓혀주는 중혼 /
양처 뒀다가 왕자의 난 부른 이성계

노처녀·노총각 혼사는 나랏일이다 - 〈노처녀가〉와 혼인 구휼 — 289

혼기 놓친 남녀는 법적인 구휼 대상 / 정조, 혼인 이벤트로 임금의 은덕 과시 /
혼인 구휼로 원망 해소해 가뭄에 비 내리게

'대인배' 황진이의 사랑법 - 16세기 여성 예인의 삶과 노래 — 302

노래와 기개로 선비들을 사로잡다 / 소낙비처럼 퍼붓고 지나가는 기생의 연정 /
청산은 내 뜻이오 녹수는 님의 정이

200년 전 서울 사람들은 어떻게 놀았을까? - 〈한양가〉와 19세기 여항 풍속도 — 314

유흥가와 뒷골목을 주름잡은 별감들 / 별감 놀음에 예인들이 총출동한 이유 /
"서울은 돈이면 안 되는 일이 없다"

'명판관' 정조, 가짜 뉴스를 일벌백계하다 - 들판에 번지는 백성의 노래, 농요 — 326

괴이한 농요가 퍼지고 살인사건이 드러나다 / 민심 현혹해 무고하려고 농요를 조작하다 /
일벌백계로 가짜 뉴스에 경종 울린 정조

책을 펴내며

시대의 노래, 역사가 되다

인간은 노래한다. 노랫말에 사연을 털어놓고 음률로 감정을 풀어내는 것이 삶의 낙이요, 위안이다. 시대는 노래에 의미를 부여한다. 사람들의 바람과 응어리가 투영되어 '시대의 노래'가 탄생한다. 그것은 역사 속으로 들어가는 또 하나의 문이다.

그렇게 노래는 시대와 교감한다. 동시대인이 꿈에 그리거나 가슴 아파하는 것을 건드렸을 때 노래는 의미를 확장하며 세상을 뒤흔든다.

사랑해 널 이 느낌 이대로 / 그려왔던 헤매임의 끝 / 이 세상 속에서 반복되는 / 슬픔 이젠 안녕

2024년 12월, 서울 곳곳에서는 걸그룹 소녀시대의 〈다시 만난 세계〉가 울려 퍼졌다. 계엄을 선포한 대통령의 탄핵을 촉구하는 집회 현장에서였다. 시위에 앞장선 이삼십 대 젊은 층은 꿈과 개성이 담긴 케이팝K-POP을 '떼창'으로 소환했다.

긴 밤 지새우고 풀잎마다 맺힌 / 진주보다 더 고운 아침이슬처럼 / 내 맘의 설움이 알알이 맺힐 때 / 아침 동산에 올라 작은 미소를 배운다

김민기의 〈아침이슬〉도 장엄하게 울려 퍼졌다. 1970~1980년대 민주화운동을 경험한 중장년 세대의 애창곡이자 민중가요의 고전이다. 얼어붙은 광장에서 만난 케이팝과 민중가요는 세대 간의 공감을 이루며 집회를 뜨거운 축제로 만들었다. 사회를 통합하고 세상을 움직이는 노래의 힘이다.

옛사람이 이르기를, 여러 사람의 입은 무쇠도 녹인다고 했다(《삼국유사》〈기이〉'수로부인'). 함께 부르는 노래는 언제나 힘이 세다. 아득한 옛날, 비를 부르던 고대가요 〈해가海歌〉부터 2000년대에 케이팝을 세계 방방곡곡 알린 〈강남스타일〉까지, 시대의 노래를 종횡무진 찾아 한국사를 새롭게 들여다보았다. 노래에 귀 기울이면 시대의 숨결과 맥박이 잡히며 영감을 가득 받는다. 노랫말과

음률 사이로 흘러나온 역사 이야기가 마음 깊은 곳에 호소하고 상상의 세계로 안내한다.

신라 향가 〈모죽지랑가〉에는 당나라의 침략을 물리친 임전무퇴의 화랑정신이, 3·1운동 창가 〈대한이 살았다〉엔 고통을 견뎌내고 희망을 일으키는 독립정신이, 1950년대 유행가 〈굳세어라 금순아〉엔 한국전쟁으로 고향과 혈육을 잃은 피난민의 애환이 유장하게 흐른다. 노래와 역사가 자아내는 짙은 민족 정서가 마음의 밑바닥을 흔든다.

고려가요 〈쌍화점〉은 공녀 차출과 혼인 풍속을 조명하고, 황진이의 시조 〈동짓달 기나긴 밤을〉은 16세기 여성 예인의 삶과 풍모를 드러내며, 작자 미상의 가사 〈한양가〉는 19세기 서울 사람들의 놀이 문화를 생생하게 그려낸다. 음조를 가미해서 나지막이 노래를 읊조리면 시대의 정경과 생활상이 직접 눈으로 본 것처럼 생생하게 떠오른다.

대중가요는 시대를 탄다. 이미자는 대표곡 〈동백아가씨〉에 1960년대 산업화와 도시화에 멍든 순정을 애틋하게 담아내 '엘레지의 여왕'으로 불렸다. '록의 대부' 신중현은 '박정희 찬가'를 거절하고 〈아름다운 강산〉을 내놓으며 유신 정권의 탄압을 음악으로 헤쳐 나갔다. '가왕' 조용필의 출세곡 〈돌아와요 부산항에〉는 1970년대 중반 재일동포 모국 방문 열풍을 타고 대박을 터뜨렸다. 신해철은 〈날아라 병아리〉 등 청년세대를 응원하는 곡으로 뉴밀레니엄 시대를 열고 '마왕'이라는 애칭을 얻었다. 국민가요는 시대가 만든다.

같은 시대 노래라도 정반대 이야기를 전하기도 한다. 여말선초麗末鮮初는 어땠을까? 정몽주가 불렀다는 〈단심가丹心歌〉에는 고려 멸망의 비사祕史가 어른거리고, 세종대왕이 짓게 한 〈용비어천가龍飛御天歌〉엔 왕실 중심의 조선 건국사가 빛난다. 1980년대는 누군가에게는 원하는 것은 무엇이든 얻을 수 있는 〈아! 대한민국〉이었고, 누군가에겐 사랑도 명예도 이름도 남김없이 한평생 나가자던 〈임을 위한 행진곡〉이었다. 그 아찔한 대비가 역사를 입체적으로 보는 안목을 길러준다.

역사는 노래한다. 먼 옛날, 역사 이야기는 이름 모를 백성들의 구전口傳으로 전해졌다. 입으로 전할 때는 가락에 실어 노래하는 방법이 가장 좋다. 가요, 농요, 동요, 참요, 민요가 다르지 않다. 모두 백성의 노래다. '요謠'다.

옛사람들은 요에 민심이 담겨 있다고 믿었다. 그것은 가락에 실은 백성의 이야기였기 때문이다. 근대 이전의 민民은 까막눈이 많아 말을 글로 전할 수 없었다. 먹고 사느라 바빠 대화를 나눌 짬도 나지 않았다. 들일은 끝이 없다. 논밭에 주저앉아 김매다 보면 신세타령이 절로 나온다. 그리운 육친도, 떠도는 소문도 노래가 된다.

백성은 일하면서, 오가면서 흥얼흥얼 노래를 불렀다. 자기 의사와 감정을 몇 소절 음악적 언어로 표현하고 공유했다. 노랫말이 된 풍문은 들불처럼 번졌다. 한 사람이 노래하면 열 사람이 화답하여 들판에서도 부르고, 마을에서도 유행했다. 요는 지금의 소셜 네트워크 서비스^{SNS} 같은 구전 매체였다. '소셜 네트워크 송$^{Social\ Network\ Song}$'이었다.

그렇게 백성의 노래는 시대를 이루고, 시대의 노래는 역사가 되었다.

이 책이 나오기까지 수고와 도움을 아끼지 않으신 이윤희 편집장님과 조세진 선생님께 진심으로 감사드린다. 원고 쓰는 동안 지치지 않고 힘낼 수 있도록 든든하게 곁을 지켜준 아내와 아들도 새삼 고맙고 사랑스럽다. 모쪼록 독자분들이 재미있게 읽어주시길 바란다.

권경률

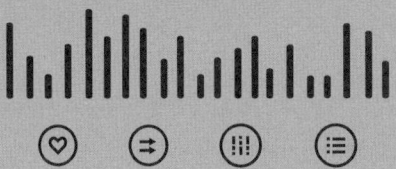

1부

시대정신을 노래하다

케이팝 K-POP은 한국 민주주의의 결실이다

〈다시 만난 세계〉와
떼창의
힘

《삼국유사三國遺事》〈기이紀異〉 편에 노래에 관한 흥미진진한 일화가 실려 있다.

신라 성덕왕(재위 702~737) 때의 일이다. 순정공純貞公이 강릉 태수로 부임하는 길에 바닷가 정자에서 점심을 먹고 있었다. 갑자기 바다의 용이 나타나 공의 부인 수로水路를 끌고 물속으로 사라져 버렸다. 공이 발을 구르며 소리쳤지만 어쩔 도리가 없었다. 이때 한 노인이 다가와 말했다.

"옛사람이 이르길, 여러 사람의 말은 쇠도 녹인다고 했습니다. 사람들을 모아서 노래를 지어 부르면 반드시 부인을 되찾을 것입니다. 바다의 미물인들 어찌 뭇사람의 입을 무서워하지 않겠습니

까?"(《삼국유사》〈기이〉'수로부인')

순정공은 노인의 조언을 받아들였다. 근방에 사정을 알리자 백성이 모여들었다. 사람들은 막대기로 언덕을 두드리며 입을 모아 노래했다.

거북아 거북아 수로를 내놓아라 / 남의 부녀를 빼앗아 간 죄가 얼마나 큰가 / 네가 만약 거역하고 내놓지 않으면 / 그물로 잡아 구워 먹으리라(〈해가海歌〉)

얼마 후 용이 수로부인을 받들고 바다에서 나와 돌려주었다.

집회에 울려 퍼진 소녀시대

여럿이 부르는 노래는 힘이 세다. 수로부인을 빼앗아 간 용도 백성이 입을 모아 노래했더니 겁먹고 돌려준다. 옛이야기의 은유 속에 담긴 한국인의 오랜 믿음이자 압축된 경험이다. 뭇사람의 노래에는 사람과 사람을 이어 용솟음치게 하는 괴력이 있다.

2024년 12월 14일, 서울 여의도 국회의사당 앞에 사람들이 구름떼처럼 모여들었다. 윤석열 대통령에 대한 탄핵안 가결을 촉구하려고 나온 것이다. 한밤중에 충격적인 비상계엄을 선포하고 국회와 선거관리위원회로 군대를 투입한 대통령이다. 분노한 국민이 들고일어났다. 민주주의를 지키기 위해 광장으로 쏟아져 나왔다. 마침내 탄핵안이 가결되는 순간, 여의도에 거대한 떼창이 울려 퍼졌다.

사랑해 널 이 느낌 이대로 / 그려왔던 헤매임의 끝 / 이 세상 속에서 반복되는 / 슬픔 이젠 안녕 / 수많은 알 수 없는 길 속에 / 희미한 빛을 난 쫓아가 / 언제까지라도 함께하는 거야 / 다시 만난 나의 세계

걸그룹 소녀시대의 〈다시 만난 세계〉였다. 2000년대 아이돌 노래가 윤석열 대통령 탄핵 집회의 '타이틀곡'이 된 것이다.
새로운 시위 문화를 이끈 것은 이삼십 대 젊은 층이었다. 〈아파트〉(로제), 〈삐딱하게〉(지드래곤), 〈불타오르네〉(BTS) 등 케이팝 히트곡들이 떼창으로 번져 나갔다. 아이돌 팬덤의 전유물이었던 야광 응원봉이 '서울의 밤'을 형형색색 불빛으로 물들였다. 케이팝 축제를 방불케 하는 집회 현장이었다. 축제의 뜨거운 열기가 계엄으로 얼어붙은 광장을 녹였다.
시대는 노래에 의미를 부여한다. 세상 사람들의 열망이나 아픔이 노래에 투영되어 의미를 바꾸고 확장한다. 2024년 연말 집회에서 화제가 된 〈다시 만난 세계〉는 좋은 예다. 이 노래는 2007년 8

월 소녀시대가 데뷔하면서 발표한 곡이다. 아이돌 데뷔곡이 17년 뒤 대통령 탄핵 집회에서 국민적으로 뜬 까닭은 무엇일까?

〈다시 만난 세계〉에는 흥미로운 서사가 있다. 원래 이 곡은 2003년 걸그룹 밀크의 2집 앨범에 수록할 예정이었다. 하지만 밀크의 활동 중단으로 앨범 발매가 무산되는 바람에 묻힐 뻔했다. 노래는 다행히 2007년 소녀시대가 들고나와 빛을 볼 수 있었다. 앞으로 '레전드'가 될 신예 그룹이 이 곡으로 입지를 다진 것이다.

집회에서 호응을 얻은 것은 2016년도의 일이다. 그해 7월 이화여대 학생들이 미래라이프대학(평생교육 단과대학) 설립을 반대하며 본관 점거 농성에 들어갔다. 경찰과 대치하는 힘겨운 상황에서 농성 학생들은 노래를 부르며 기운을 북돋웠다. 〈다시 만난 세계〉가 인기곡으로 부상했다. 함께 부르면 힘이 났다고 한다.

노랫말을 뜯어보면 고개가 끄덕여진다. 알 수 없는 미래와 세상의 벽 앞에 선 소녀들의 이야기다. 쉽지 않은 현실이지만 포기하지 않고 용기를 내려고 한다. 사랑하는 사람들과 함께 미지의 세계에 도전하겠다는 것이다. 곡의 멜로디도 힘차게 뻗어나간다. 단조 음계를 써서 비장한 분위기도 있다. 떼창에 알맞은 조건을 두루 갖춘 곡이었다.

이대생들이 한목소리로 노래하는 모습은 소셜 네트워크 서비스SNS에 올라 화제를 모았다. 〈다시 만난 세계〉는 밀레니얼 세대(1980년대 초부터 2000년대 초까지 출생한 세대) 저항가요로 주목받았다. 노래는 이후 크고 작은 집회에서 젊은 여성의 목소리를 대변했다. '다만세'라고 줄인 제목이 애칭으로 쓰였다. 어느 날 갑자기 뜬 게 아니다. 2010년대 후반부터 집회 현장에서 목소리를 키웠다.

2024년 윤석열 대통령 탄핵 집회는 노래의 의미를 더 높은 차원으로 끌어올렸다. 젊은 세대가 광장으로 쏟아져 나오면서 〈다만세〉는 널리 퍼져 나갔다. 노랫말 '이 세상 속에서 반복되는 슬픔'은 또다시 맞이한 대통령 탄핵 정국을 떠오르게 했다. 그래도 희망을 찾아 언제까지나 함께하겠다는 메시지가 얼어붙은 광장에 따뜻한 용기를 불어넣었다.

〈다시 만난 세계〉는 세대의 벽을 넘어 큰 호응을 얻었다. 1970~1980년대 민주화운동에 앞장선 중장년 세대가 떼창에 동참했다. 〈다만세〉뿐 아니라 자녀 세대가 즐기는 케이팝 히트곡들을 '열공 모드'로 배우고 익혔다. 〈내가 제일 잘나가〉(투애니원), 〈링딩동〉(샤이니), 〈쏘리 쏘리〉(슈퍼주니어) 등 대중적인 곡들이 떼창 추천 목록에 올라 광장에 울려 퍼졌다.

거꾸로 젊은 세대는 기존의 민중가요를 따라 불렀다. 〈아침이슬〉, 〈임을 위한 행진곡〉, 〈그날이 오면〉 등 부모 세대의 피를 끓게 했던 노래들이다. 이 둘은 의외로 궁합이 잘 맞았다. 케이팝이 신나는 템포와 비트로 광장의 열기를 끌어올린다면, 민중가요는 비장하고 엄숙한 메시지로 집회의 무게 중심을 잡아줬다.

탄핵 집회 플레이리스트가 만들어졌다. 〈다시 만난 세계〉에서 〈아침이슬〉까지 전 세대를 아우르는 노래들로 채워졌다. 부모 세대와 자녀 세대가 떼창으로 공감하고 한마음이 되었다. 사회를 통합하고 세상을 움직이는 노래의 힘이다.

외신은 케이팝과 젊은 세대가 이끄는 한국의 새로운 집회 문화에 비상한 관심을 보였다.

"탄핵 집회 참가자들의 연령이 이전 시위보다 젊어졌다. 모든 세대가 노래 부르고 응원봉을 흔드는 모습은 정치 집회라기보다 케이팝 콘서트장 같은 느낌이었다."(《워싱턴포스트》)

"젊은 시위대는 전통적으로 음악 콘서트에서나 볼 수 있었던 케이팝 응원봉을 들고 거리를 점령해 정치 시위의 새로운 트렌드를 선보였다."(《AP통신》)

"MZ세대(밀레니얼 세대와 뒤를 잇는 Z세대를 합쳐서 부르는 말)의 적극적인 참여로 비폭력과 연대의 새로운 시위 문화가 탄생했다. K-집회 문화가 차세대 민주주의를 이끌 것이다."(《로이터통신》)

케이팝 아이돌의 응원봉은 저항의 상징이 되었다. 밤의 광장에 야광 응원봉이 불타올랐다. 아이돌은 빵, 음료, 국밥 등 음식을 미리 결제하여 팬과 시민들에게 제공하기도 했다. 케이팝이 정치의 문턱을 낮춘 것이다. 정치에 거리감을 느끼던 젊은 세대가 스스럼 없이 시위에 참여했다. 응원봉도 흔들고 플레이리스트도 만들고 SNS에도 올렸다. 한국 민주주의의 미래를 보여준 셈이다.

민주화가 케이팝의 성공을 만들었다

케이팝 문화는 대통령 탄핵 집회에서 위상과 저력을 보여주었다.

케이팝은 아이돌 중심의 한국 대중음악을 일컫는다. 1990년대부터 중국, 동남아에서 인기를 끌다가 2000년대 후반에 트위터, 유튜브 등 소셜미디어가 활성화되면서 본격적으로 세계 시장 진출에 나섰다. 대표주자가 바로 걸그룹 소녀시대였다. 2009년에 〈Gee〉와 〈소원을 말해봐〉로 메가 히트를 기록하고 이듬해 일본 쇼케이스에 관객 2만 2천여 명을 모으며 오리콘차트 1위에 올랐다. 2010년대에 미국 등 팝 음악 주류시장에서 케이팝의 상품 가치를 높이는 데도 큰 역할을 했다.

젊은 세대의 전유물이었던 아이돌 음악을 전 세대로 확장한 것도 소녀시대였다. 걸그룹의 대명사로서 2020년대까지 활동하며 '넘사벽' 브랜드를 구축했다. 2024년 12월 14일 윤석열 대통령 탄핵안이 가결되자 국회 앞에서 〈다시 만난 세계〉 떼창이 울려 퍼진 것도 소녀시대의 존재감이 그만큼 크기 때문이다. 그만큼 젊은 여성들에게 믿음을 주고 국민적으로 사랑받는다는 뜻이다.

2012년에는 가수 싸이가 〈강남스타일〉을 발표하며 세계적인 신드롬을 일으켰다. 〈강남스타일〉 뮤직비디오는 그해 12월 유튜브 최초로 조회수 10억 회를 돌파하는 대기록을 세웠다. 소셜미디어 열풍을 타고 단숨에 국경을 뛰어넘어 지구촌을 강타했다. 미국과 영국에서도 대세임을 입증했다. 미국 빌보드 싱글 차트 '핫 100' 7주 연속 2위, 영국 오피셜 싱글 차트 '톱100' 1위에 올랐다. 케이팝이 주류 음악시장인 팝의 본거지에 안착한 것이다.

소녀시대, 싸이 등이 열어젖힌 기회의 문을 통해 케이팝은 세계로 뻗어나갔다. 2010년대 중반부터 한국 아이돌들이 해외에서 강력한 팬덤을 형성하여 음반 차트와 시장을 석권했다. 2020년대에 이르면 BTS, 블랙핑크 등이 두각을 나타내며 케이팝의 저변을 더욱 확대했다. 해외 유명 에이전시와 공연기획사들이 붙어 월드투어를 진행했다. 미국, 일본, 유럽, 남미, 동남아시아 등지에서 케이팝 공연이 대성황을 이루었다. 아메리칸뮤직어워드, 빌보드뮤직어워드, MTV비디오뮤직어워드 등 권위 있는 음악 시상식에서도 잇달아 수상했다.

대통령 탄핵 집회가 열린 2024년 말을 기준으로 살펴보면, 케이팝은 이제 해외에서 팬덤을 넘어 대중적인 인기를 끌고 있다. 그 징표가 바로 세계적인 대중음악 축제에서의 활약이다. 미국 코첼라(캘리포니아)와 롤라팔루자(시카고), 일본 서머소닉(도쿄·오사카), 영국 BST 하이드 파크(런던), 이탈리아 아이 데이즈(밀라노), 스페인 프리마베라 사운드(마드리드·바르셀로나) 등 해외 유명 페스티벌에서 앞다퉈 한국 아이돌 그룹을 헤드라이너로 초청하고 있다.

헤드라이너는 축제의 간판 출연자다. 코첼라와 롤라팔루자의 경우 비욘세, 폴 매카트니, 레이디 가가, 아리아나 그란데, 콜드플

레이 등 세계적인 팝스타들이 헤드라이너를 맡아왔다. 압도적인 라이브를 펼칠 수 있는 음악성과 관객을 많이 모을 수 있는 흥행력을 겸비해야 한다. 블랙핑크, 세븐틴, 스트레이키즈, 투모로우바이투게더, 뉴진스, 에스파 등 한국 아이돌을 초청하는 것도 그래서다. 케이팝의 위상이 얼마나 높아졌는지 알 수 있는 대목이다.

탄핵 집회에서 케이팝 떼창이 울려 퍼지고 아이돌 응원봉이 넘실대는 것은, 한국인이 케이팝 문화에 자부심이 있기 때문이다. 한국적 정체성의 한 축을 이루고 있다는 뜻이다. 케이팝의 저력을 밑거름 삼아 새로운 민주주의를 하겠다고, 젊은 세대가 발의하고 중장년 세대가 가결한 것이다.

케이팝과 한국 민주주의는 사실 운명적인 관계다. 애초 케이팝의 성공 기반을 민주화가 만들었기 때문이다.

한국 대중가요는 과거 권위주의 체제 아래서 모진 시련을 겪었다. 박정희 대통령은 1972년 10월 계엄령을 내리고 유신을 선포했다. 유신 정권은 국민의 자유와 권리를 제한하는 긴급조치를 연이어 발동했다. 1975년에는 이른바 '가요계 정화'에 나섰다. 그해에만 220여 곡의 금지곡이 쏟아져 나왔다. 〈미인〉(신중현과 엽전들), 〈그건 너〉(이장희), 〈왜 불러〉(송창식), 〈고래사냥〉(송창식) 등 자유분방한 인기 가요들이 방송·공연·음반발매를 하지 못하게 되었다.

금지곡들은 군사 반란과 비상계엄으로 권력을 잡은 전두환 정권에서도 해제되지 않았다. 1987년 6월 항쟁으로 민주화가 되고 나서야 금지가 풀렸다. 민중가요도 일부 합법화되었다. 1989년 10월에 나온《노래를 찾는 사람들》2집 음반은 70만 장이나 팔렸다. 민주화는 공연윤리위원회의 가요 심의 기준을 다소 완화해 주었다. 하지만 창작과 표현의 자유를 억압하는 사전심의 제도는 사라지지 않았다. 대중가요는 여전히 검열의 장벽에 갇혀 있었다.

가수이자 문화운동가인 정태춘은 검열 철폐 운동에 앞장섰다. 1990년《아, 대한민국…》을 제작하면서 공개적으로 검열을 거부하고 비합법 음반을 유통·판매했다. 공연윤리위원회의 사전심의제를 이슈화하기 위해 불이익을 감수하며 이의를 제기한 것이다. 검찰에 기소되어 재판을 받으면서도 끈질기게 저항을 이어나갔다. 사전심의제가 창작과 표현의 자유를 제한한다며 헌법재판소에 위헌 제청도 신청했다.

각계각층의 호응이 줄을 이었다. 행동하는 동료들도 나타났다. 1995년 서태지와 아이들의 4집 수록곡〈시대유감〉이 사전심의에서 불가 판정을 받자 서태지는 연주곡으로 대체하여 '유감'을 표했다. 팬들이 들고일어났고 공감 여론이 형성되었다. 결국 1996년 헌법재판소의 위헌 판정이 나오면서 가요 사전심의제는 '민주적으로' 폐지되었다.

검열 철폐는 창작과 표현의 자유를 크게 늘렸다. 억눌렸던 한국인의 상상력과 감수성이 폭발했다. 오늘날 케이팝이 세계적으로 성공할 수 있는 기반이 되었다. 민주화의 결실이 가요계에서 탐스럽게 영근 것이다. 케이팝은 한국 민주주의의 알찬 열매다.

거북아 거북아 민주주의를 내놓아라

"즐겁게 세상을 바꿔야죠."

응원봉을 들고 집회에 나선 한 여학생이 지상파 텔레비전 인터뷰에서 한 말이다. 민주주의를 지키려는 젊은 세대의 유쾌한 반란이다. 그들은 더는 참지 않는다. 세상에 선한 영향을 끼칠 수 있다면, 기꺼이 움직인다. 그 중심에 세상을 바꾸는 떼창이 있다. 탄핵 집회에 울려 퍼진 〈다시 만난 세계〉는 《삼국유사》 '수로부인' 조에서 사람들이 막대기를 두드리며 함께 부른 노래와 다르지 않다.

"거북아 거북아 민주주의를 내놓아라. 내놓지 않으면, 힘을 모아 주권을 행사하리라!"

21세기에 다시 부르는 〈해가〉다. 이건 단지 시작일 뿐이다. 노랫소리가 점점 더 커진다.

'마왕' 신해철의 응원법

⟨날아라 병아리⟩와
뉴밀레니엄
시대

내가 아주 작을 때 / 나보다 더 작던 내 친구 / 내 두 손 위에서 노래를 부르면 / 작은 방을 가득 채웠지 / 품에 안으면 따뜻한 그 느낌 / 작은 심장이 두근두근 느껴졌어 / (중략) / 굿바이 얄리 이젠 아픔 없는 곳에서 / 하늘을 날고 있을까 / 굿바이 얄리 너의 조그만 무덤가엔 / 올해도 꽃은 피는지(넥스트, ⟨날아라 병아리⟩, 1994)

처음으로 죽음을 보았던 1974년 봄의 기억을, 신해철은 중저음 목소리로 담담하게 노래했다. ⟨날아라 병아리⟩는 1994년에 나온 넥스트 2집 《더 비잉The Being》의 타이틀곡으로 쓰였다. 이 음반은

1990년대 최고의 명반 가운데 하나로 꼽힌다. 대학가요제 출신 청춘스타가 시대를 대표하는 뮤지션으로 발돋움한 것이다. 신해철은 상업적 성공이 어른거리는 솔로 가수의 길을 마다하고 '돈 안 되는' 록밴드를 결성하여 경이로운 음악 세계를 펼쳤다.

노란 병아리 얄리를 품어주던 그의 따뜻한 음악은 2000년대에 진정성 있는 소신 행보로 이어진다. '나보다 더 작던 내 친구', 어리고 힘없는 사람들과 동행했다. 라디오와 인터넷으로 〈고스트스테이션〉을 진행하면서 젊은 세대의 멘토이자 인디 밴드의 창구로 활약했다. 때로는 세상과 싸우며 병아리들이 설 자리를 마련했다. 모난 돌이 정 맞는다는 걸 알면서도 TV토론과 선거유세에 나섰다. '대~한민국 짝짝짝 짝 짝' 응원 구호도 만들어냈다.

신해철이 세상에 던진 질문들

흐르는 시간 속에서 질문은 지워지지 않네 / 우린 그 무엇을 찾아 이 세상에 왔을까 / 그 대답을 찾기 위해 우리는 홀로 걸어가네 / 세월이 흘러가고 우리 앞에 생이 끝나갈 때 / 누군가 그대에게 작은 목소리로 물어보면 / 대답할 수 있나 / 지나간 세월에 후회 없노라고 / 그대여(무한궤도, 〈우리 앞에 생이 끝나갈 때〉, 1989)

신해철의 음악은 질문에서 출발했다. 그는 1988년 MBC 대학가요제에 밴드 무한궤도로 참가해 대상을 받았다. 수상곡은 아버지에게 걸릴까 봐 한밤중에 이불 뒤집어쓰고 기타와 건반을 뚱땅거려 만들었다고 한다. 지금도 각종 공연장과 경기장에서 전주만 흘러나와도 열광하는 노래 〈그대에게〉다. 이듬해 무한궤도 1집을 내놓으며 신해철은 '우리 앞에 생'에 질문을 던진다. 1991년 〈재즈카페〉에서는 '내 노래는 누굴 위한 걸까' 묻는다.

질문은 세상에 대한 호기심의 발로다. 예술가에게 호기심은 심장 박동과 같다. 그는 자신의 심장 박동에 귀 기울였고, 그 마음의 소리를 따라 뮤지션의 길을 걸었다. 민주화운동이 고초 끝에 결실을 본 1980년대를 지나 세상은 뉴밀레니엄 시대를 앞두고 격변을 예고하고 있었다. 개성이 뚜렷한 X세대와 컴퓨터에 능한 N세대가 나타나 문화적 욕구를 뿜어내면서 대중음악의 영향력이 커져 나갔다.

넥스트$^{N.EX.T}$는 새로운 음악적 실험을 표방하며 신해철이 결성한 록밴드였다. 록밴드의 미덕은 낡은 도덕과 관습에 도전하고 금지된 욕망을 통쾌하게 대변하는 데 있다. 넥스트는 록에 테크노, 국악, 오케스트라 등을 접목하고 파격적인 시도를 거듭하여 젊은 세대의 마음을 사로잡았다. 뉴밀레니엄 시대를 앞두고 교차하는 기대와 불안을 파고들며 공감대를 넓혀 나갔다. '함께 있지만 외로운 사람들'에게 스스럼없이 다가가 친구가 되어주었다.

1997년 외환 위기와 연쇄 부도로 한국경제는 호된 시련을 겪었다. 이후 국제통화기금IMF으로부터 구제금융을 받는 조건으로 고용 불안을 감내해야 했고 비정규직과 청년실업 문제가 고질화됐다. 수많은 근로자가 안정된 정규직 일자리를 잃었고, 수많은 가정이 경제 문제로 해체되었으며, 수많은 청년이 취업 대신 아르바이트를 전전하게 되었다. 넥스트는 음악으로 좌절에 빠진 사람들에게 용기를 불어넣고자 했다.

남들이 뭐래도 네가 믿는 것들을 포기하려 하거나 움츠러들지 마 / 힘이 들 땐 절대 뒤를 돌아보지 마 앞만 보며 날아가야 해 / 너의 꿈을 비웃는 자는 애써 상대하지 마 / 변명하려 입을 열지 마 / 그저 웃어 버리는 거야 / 아직 시간이 남아 있어 / 너의 날개는 펴질 거야(넥스트, 〈해에게서 소년에게〉, 1997)

여기서 소년은 남자 청소년을 가리키는 말이 아니다. 포기하지 않고 꿈을 펼치려는 사람이다. 그래서 신해철의 음악을 듣는 어른은 소년이고, 신해철의 음악을 듣는 소년은 어른이다. 이 노래가 수록된 4집 《라젠카》를 끝으로 넥스트는 잠정적으로 해체했다. 1998년 신해철은 음향 엔지니어링을 공부하기 위해 영국 유학길에 오른다. 성큼 다가선 뉴밀레니엄 시대의 음악적 청사진을 그리려 했을 것이다.

〈내일로 가는 문〉 찾아 꿈꾸는 젊음을 응원

새천년은 뜻밖의 두려움을 몰고 왔다. 'Y2K 문제'가 대두되며 2000년 1월 1일에 대재앙이 발생할지도 모른다는 우려가 눈덩이처럼 불어났다.

초창기 컴퓨터 코드는 날짜를 두 자리로 입력했기 때문에(예: 1970년은 70, 1980년은 80), 1999년(99) 다음에 올 2000년(00)을 1900년(00)으로 잘못 인식할 가능성이 크다는 것이다. 이른바 '밀레니엄 버그'다. 그렇게 되면 2000년 1월 1일에 컴퓨터 데이터가 날아가서 통신시스템이 마비되고, 금융시장은 혼란에 빠지며, 공공서비스도 중단될 것이라고 온 세상이 야단법석을 떨었다.

안 그래도 새천년이 도래하면서 세상이 멸망한다는 노스트라다무스 예언이 입에 오르내리던 시절이다. 종말론에 과학적인 근거가 있어 보이는 밀레니엄 버그가 엮여 공포심이 배가되었다.

각국 정부와 기업들은 옛 컴퓨터 코드를 추적하여 네 자리로 수정하는 데 엄청난 비용을 들였다. 덕분에 IT 업체들이 호황을 누리며 떼돈을 벌었다. 물론 이렇게 총력을 기울여도 Y2K 문제가 해결되어 버그가 발생하지 않는다는 보장은 없었다.

드디어 1999년 12월 31일 밤이 지나고 2000년 1월 1일 아침이 밝았다. 정부와 기업 관계자들이 밀레니엄 버그에 촉각을 곤두세우며 밤을 지새웠지만 우려했던 재앙은 일어나지 않았다. 미국과 일본 등지에서 지엽적인 오류와 고장이 보고되었지만 업무에 지장을 초래하는 수준은 아니었다. 심지어 러시아처럼 Y2K 문제에 신경을 쓰지 않았던 나라들조차 별 탈 없이 넘어갔다. 세상은 전날과 다를 바 없었고 새천년은 산뜻하게 막을 올렸다.

호기심 많은 신해철도 이 시점에 꽤 흥미를 느꼈던 것 같다. 그는 영국 유학 중에도 '크롬Crom'이라는 활동명으로 음반 프로젝트를 이어 나갔다. 2000년 1월에는 자신이 프로듀싱한 영화 〈세기말〉의 오리지널사운드트랙 앨범을 발표했다.

세기말世紀末은 한 세기의 끝 무렵을 일컫는 말이다. 역사적으로는 도덕이 문란해지고 퇴폐적인 풍조가 일어난 유럽의 19세기 말엽을 가리킨다. 영화는 그 역사적 의미를 20세기 말 한국 사회에 투영해 도덕적 문제와 기성세대의 위선을 냉소적으로 그려냈다. 그럼 신해철은 어떤 음악적 메시지를 남겼을까?

내일로 가는 문을 찾아 / 헤매다 지쳐 잠들어 다시 눈뜨면 / 변한 게 없는 오늘 오늘 다시 오늘 / 이렇다 말할 만한 추억도 없이 / 이대로 흘러가고 있는 내 청춘 / 안타까워도 내겐 선택이 없구나 / 느끼지 않는 법을 배운 후엔 / 눈물이야 말라 버렸지만 / 웃는 법조차 함께 잊었다네 (신해철, 〈내일로 가는 문 Part 2〉, 2000)

신해철은 기성세대의 타락과 부조리로 인해 선택의 기회를 상실하고 헤매는 청춘을 안타깝게 바라본다. 그리고 질문한다. 거울에 비친 청춘의 얼굴이 일그러져 보이는 것은 그 마음 때문일까, 거울 때문일까? 묵시록이나 디스토피아를 연상케 하는 세기말 풍경 속에서 희망의 단서를 찾을 수 있을까? 분명한 것은 세기말이 새 시대로 들어서는 문턱이기도 하다는 점이다. 그러니 '말세'에 주눅 들지 말고 '내일로 가는 문'을 찾아야 한다는 말이다.

2001년 4월 신해철은 라디오에서 〈고스트스테이션〉 진행을 시작한다. 노란 병아리 얄리를 품에 안던 따뜻한 마음으로 꿈꾸는 사람들과 동행하기로 한 것이다. 젊은 세대의 멘토이자 인디 밴드의 창구가 되어 내일로 가는 문을 찾아 나선 것이다. 그의 카리스마에 반한 청취자들은 '마왕'이라고 부르며 열렬히 따랐다.

세상을 먼저 살아본 형이자, 한때 좀 놀아본 오빠로서 마왕은 청춘의 아픔에 공감하고 유쾌한 버팀목이 되었다. 업적보다 행복이 우선이라고, 타협에 길들지 말라고, 따끔한 충고도 잊지 않았다. 때로는 세상사를 논하고 거침없이 비판하기도 했다. 젊은 세대와 인디 밴드를 향한 신해철의 응원은 얼마 후 '거국적으로' 확대되었다.

2002년 월드컵을 맞아 대한민국 축구 국가대표팀 서포터즈 '붉은악마'가 응원가 앨범 《꿈★은 이루어진다》를 내놓았다. 이 음반

의 1번 트랙에 신해철이 만든 〈인투 디 아레나Into The Arena〉가 수록
되었다. '대~한민국! 짝짝짝 짝 짝' 응원 구호가 담긴 곡이다. 이
응원법은 2002년 월드컵에서 큰 호응을 얻으며 일약 국민 구호로
떠올랐다. 지금은 축구는 물론 모든 종목 대표팀 경기에 '대~한민
국! 짝짝짝 짝 짝' 소리가 울려 퍼진다.

사실 이 소리에는 신해철이 유학가서 갈고 닦은 음향 엔지니어
링 기법이 집약되어 있다. 그는 대학로에서 천장이 높은 극장을
빌려 울림과 파형을 분석하고 음향 설비를 세팅했다. 그리고 붉은
악마 회원 500명을 모아 함성과 박수를 녹음했다. 마이크 기종을
바꿔가며 겹치게 녹음해서 소리를 펼치면 수만 명이 내는 소리처
럼 들리게 했다. 서포터들이 치는 북소리도 컴퓨터로 편집해 웅장
하게 나오도록 만들었다. 대한민국의 드라마틱한 순간을 완벽한
사운드로 뒷받침한 것이다. 덕분에 마치 축제와 같은 국민 응원전
을 펼칠 수 있었다.

세상과 싸워나가며 너의 자릴 마련하겠어

꿈꾸는 젊음을 지켜주려면 응원만으로는 부족하다. 세상과 싸워
나가며 그들이 설 자리를 마련해야 할 때도 있다. 그런 의미에서
음악은 좋은 무기였다.

넥스트 3집 《더 월드The World》에 수록된 〈힘겨워하는 연인들을 위하여〉는 동성동본 혼인 금지를 사회적 배경으로 삼았다. 법적 문제와 주위 반대에도 힘겹게 지켜나가는 사랑을 노래했다. 신해철의 노래는 대중의 마음을 움직이고 사회적 논의를 끌어내는 데 이바지했다. 민법의 동성동본 혼인 금지 조항은 1997년 헌법 불합치 판결을 받고 8촌 이내 근친혼을 금하는 것으로 개정되었다.

민감한 사회 이슈에 대한 의견 표명도 두려워하지 않았다. 모난 돌이 정 맞는 줄 알면서도 꿋꿋하게 소신을 밝혔다. 신해철은 MBC 〈100분 토론〉의 단골 출연자였다. 간통죄 폐지와 학교 체벌 금지 등을 재치 있으면서도 논리적으로 주장했다. 여론조사 결과 '비정치인 최고 논객'으로 뽑히기도 했다. 그는 답답한 국민의 속을 뻥 뚫어주는 통쾌한 논객이었다.

"(아수라장이 된) 국회를 유해 장소로 지정하고 뉴스를 차단하는 게 좋을 것 같다. 19금이다."(MBC 〈100분 토론〉 400회 특집, 2008년 12월 18일)

신해철은 사회적 발언을 하거나 정치 이야기를 하는 게 다 음악이라고 생각했다. 정치와 사회와 음악이 상관없다고 생각하는 순간 음악이 이상해진다고 했다. 2002년 대통령 선거에서 노무현 후보 지지 유세와 찬조 연설에 나선 것도 어찌 보면 그이다운 일이었다. 한국 사회의 낡은 권위에 도전한다는 측면에서 노무현과 신해철은 '닮은꼴'이었다.

"정치에 냉소적이거나 무관심한 게 자랑인 것처럼 살지는 않겠다고 결심했죠. (유세장에서) 자신이 뜻하는 바를 현실 생활의 작은 부분에서부터 실천해 나가는 사람들을 발견했을 때, 그것이 제 마음속에서는 대단한 희망의 싹이었어요."(신해철, 유고집《마왕 신해철》, 문학동네, 2014)

노무현 대통령이 당선되었다고 해서 뭔가 바라거나 하지도 않았다. 문화계의 바람 같은 것은 누가 정권을 잡는다고 해결될 문제가 아니라 스스로 올바른 목소리를 내고 싸워서 얻어내야 한다는 게 그의 소신이었다. '시혜'를 기대해서는 안 된다는 것이었다.

이듬해 노무현 정부가 미국의 이라크 전쟁에 한국군을 파병하겠다는 방침을 정하자 신해철은 반대 의사를 분명히 밝혔다. 동료들과 함께 '전쟁 반대와 파병 철회 촉구를 위한 대중음악인연대 성명서'를 발표하면서 "이것이 오늘 우리가 국민 여러분께 드리는 노래"라고 호소했다.

2009년 노무현 전 대통령이 서거하자 그는 깊은 슬픔에 잠겼다. 2012년 서거 3주기에 신해철은 신곡 〈굿바이 미스터 트러블 Goodbye Mr. Trouble〉을 발표했다. 작사, 작곡, 편곡, 노래, 연주, 녹음까지 오롯이 혼자서 감당한 추모곡이었다. 그 고독한 작업 과정은 인간 노무현을 대면하고 온전히 떠나보내는 그이만의 탈상 의식이었는지도 모른다.

나는 그대가 밉고 또 밉고 또 미워서 / 고맙다는 말 대신 미안타는 말 대신 / 그대가 남겨둔 화분에 눈물을 뿌린다 / Goodbye Mr. Trouble / 남겨진 일들은 남은 자들의 것일 뿐 / (중략) / 끝까지 살겠소 / 죽어도 살겠소 / 우리 살아서 그 모든 걸 보겠소(신해철, 〈Goodbye Mr. Trouble〉, 2012)

신해철이 국내에서 활동 반경을 넓히는 동안 그의 음악은 국제적으로 가치를 인정받았다. 영국 유학 시절에 내놓은 앨범 《모노크롬》의 수록곡 〈머신 메시아 Machine Messiah〉(1999)를 헤비메탈의 전설 주다스 프리스트가 〈메탈 메시아 Metal Messiah〉(2001)로 표절했다는 의혹이 제기되기도 했다. 헤비메탈의 원조 격인 그룹이 탐낼 만큼 신해철의 음악성이 높은 평가를 받았다는 뜻이기도 하다. 신해철은 2004년 넥스트를 재결성하고 경이로운 음악 세계를 확장해 나갔다.

그에게 죽음의 그림자가 드리운 것은 의욕적으로 음반과 방송을 준비하던 2014년 가을의 일이었다. "하도 욕을 많이 먹어 필시 영생할 것"이라고 장담한 바 있건만 어이없는 의료사고로 그해 10월 27일 허망하게 세상을 떠났다. 팬들의 충격과 아쉬움은 컸다. 1만 5천여 명의 조문객이 장례식장을 찾아 고인을 배웅했다. 본인의 장례식장에서 틀어달라고 했던 노래 〈민물장어의 꿈〉이 각종 음원 순위에서 역주행하며 마왕이 떠나는 길에 울려 퍼졌다.

저 강들이 모여드는 곳 성난 파도 아래 깊이 / 한 번만이라도 이를 수 있다면 / 나 언젠가 심장이 터질 때까지 흐느껴 울고 웃으며 / 긴 여행을 끝내리 미련 없이 / 아무도 내게 말해주지 않는 / 정말로 내가 누군지 알기 위해(신해철, 〈민물장어의 꿈〉, 2002)

신해철의 삶과 음악은 뉴밀레니엄 시대를 열어젖히며 대한민국을 응원하고 꿈꾸는 젊음을 보듬었다. 그의 작업실이 자리했던 성남시 분당구 수내동에는 '신해철 거리'가 조성되어 있다. 어느 추모객이 길 위에 적어놓은 가사 한 줄이 마음을 붙잡는다. "굿바이 알리, 언젠가 다음 세상에도 내 친구로 태어나줘."

상심한 어른을 응원한 아이들의 노래

창작동요 〈반달〉과
일제강점기
어린이 운동

푸른 하늘 은하수 하얀 쪽배엔 / 계수나무 한 나무 토끼 한 마리 / 돛대도 아니 달고 삿대도 없이 / 가기도 잘도 간다 서쪽 나라로

1924년에 작곡가 윤극영(1903~1988)이 발표한 동요 〈반달〉이다. 그해 소파 방정환(1899~1931)이 펴낸 잡지 《어린이》 11월호에 그가 지은 노랫말과 악보가 실렸다. 당시 가사에는 '은하수銀河水'가 아닌 '은하물'이라고 썼다. 많이들 한국 최초의 창작동요로 알고 있지만 실제로는 〈설날〉이 먼저 나왔다. "까치 까치 설날은 어저께고요"로 시작하는 노래다. 〈설날〉은 1924년 잡지 《어린이》 1월

호에 수록되었는데 역시 윤극영의 작품이다.

발표 순서와 관계없이 〈반달〉은 기념비적인 동요다. '돛대도 아니 달고 삿대도 없이' 은하수를 건너는 하얀 쪽배…. 아름다운 노랫말과 애틋한 곡조가 나라 잃은 한국인의 설움을 다독이고 순수한 동심의 세계로 이끈다. 하얀 쪽배는 반달을 형상화한 것이다. 누이의 죽음으로 슬픔에 잠긴 윤극영이 한낮에 외로이 뜬 반달을 보고 영감을 얻었다고 한다. 가엾게도 먼 길을 떠나는 누이와 함께 정해진 데 없이 떠도는 민족의 운명이 어른거렸을 것이다.

〈반달〉은 금세 한국인의 애창곡으로 떠올랐다. 1920년대 중반부터 입에서 입으로 퍼져 나가다가 1930년대에 유성기와 라디오가 보급되며 인기를 끌었다. 어린아이고 어른이고 '푸른 하늘 은하수'를 즐겨 불렀다. 해외에서도 좋은 반응을 얻었다. 중국에서는 1950년대에 '소백선小白船'이라는 제목으로 번안되었고, 1970년대엔 음악 교과서에 실리기도 했다.

2024년은 한국 창작동요가 탄생 100주년을 맞은 해였다. 우리 창작동요의 주춧돌을 놓은 〈반달〉이 1924년에 나왔기 때문이다. 근대 이전 한자문화권에서 동요童謠는 민심이나 징조를 알려주는 세간의 뜬소문을 의미했다. 하지만 1920년대에 어린이의 꿈과 동심을 담은 노래들이 출현하며 동요에 대한 인식이 달라졌다. 그 배경에는 방정환이 이끈 '어린이 운동'이 있었다. 윤극영 또한 소파를 만나면서 인생 행로가 바뀌었다.

"어린이가 부를 노래를 만들어라"

서울 소격동 양반가에서 태어난 윤극영은 원래 경성고등보통학교(지금의 경기고등학교)를 나와 엘리트 코스를 밟았다. 외사촌이자 동급생인 심훈과 함께 1919년 3·1운동에도 참여했지만, 아버지의 뜻을 거역하지 못하고 이듬해 관립 경성법학전문학교에 들어갔다. 그러나 법학이 적성에 맞지 않아 얼마 후 학교를 그만뒀다.

그의 마음을 사로잡은 것은 음악이었다. 윤극영은 1921년 일본 도쿄로 건너가 동경음악학교에서 성악을 전공했다. 나중에 음악 동료가 될 작곡가 홍난파, 정순철 등도 그 무렵 도쿄에서 공부하고 있었다. 운명적인 만남은 1923년에 이루어졌다. 소파 방정환이 그의 하숙집으로 찾아온 것이다.

방정환은 천도교 제3세 교조이자 3·1운동 민족대표 33인의 중심이었던 손병희의 사위였다. 1919년 3·1운동 당시 그는 실상을 널리 알리기 위해 〈조선독립신문〉을 등사기로 밀어 배포하다가 일본 경찰에 체포되어 모진 고문을 당했다. 석방된 후에는 요주의자로 찍혀 일거수일투족을 감시당했다.

역경 속에서도 소파는 나라를 되찾는 데 긴요한 일을 찾았다. 아이들이 눈에 밟혔다. 만세 시위를 벌이거나 총칼 들고 싸우는 것만 독립운동이 아니다. '독립獨立'은 본질적으로 우리 민족 스스로 일어나는 것이다. 그 씨앗을 뿌리고 싹을 키우는 노력 또한 꼭 필요하다. 방정환은 소년운동을 펼치기로 마음먹었다. 아동의 처우를 개선하고 동심을 회복하며 민족혼을 일깨우는 일이었다.

소년운동이 소파의 신박한 아이디어로 갑자기 등장한 것은 아니었다. 천도교의 전신인 동학은 '사람이 곧 하늘'이라는 '인시천人是天' 사상에 따라 "아이도 하늘처럼 섬겨야 한다"라고 가르쳤다. 제2대 교주 최시형은 "아이를 때리는 것은 하느님을 때리는 것"이라는 지침을 교도들에게 내리기도 했다. 1905년 천도교로 개칭한 후에도 이러한 관점을 견지하며 아이를 인격적으로 대우했다.

방정환은 천도교 가르침에 서구 학문을 접목했다. 1920년 도쿄 동양대학에 입학해 아동 문예와 아동심리를 공부한 것이다. 그는 경성과 도쿄를 오가면서 학업과 활동을 병행했다. 1921년에는 천도교소년회를 세워 동화 구연, 운동회, 소풍 같은 아동 프로그램들을 제공했다. 이듬해엔 직접 세계 명작동화를 번안해 동화집도 출간했다. 〈신데렐라〉, 〈잠자는 숲속의 공주〉 등이 실려 있었다.

"학대받고 짓밟히고, 차갑고 어두운 가운데 자라는 불쌍한 어린 영혼을 위하여 그윽이 동정하고 아끼는 사랑의 첫 선물로 나는 이 책을 짰습니다."

동화집 머리말에 밝힌 출간의 변이다. 제목도 《사랑의 선물》이라고 지었다. 이 동화집은 1920년대 내내 인기를 끌었다. 아이들 눈높이에 맞춰 쉽고 재미나게 쓴 덕분이다. 방정환은 동화 구연에도 능했다. 천도교 교당에서 동화구연회를 열면 청중이 구름떼처럼 몰려왔다. 입장 인원 초과로 돌아가는 사람들이 더 많았다. 아이들은 물론 어른들도 그의 동화 구연에 매료되었다.

네 살 위인 소파를 윤극영은 언덕 위에 자리한 자신의 하숙집에서 만나기로 했다. 지인의 연락을 받고 약속을 잡은 것이다. 1923년 어느 날 체격이 건장한 청년이 씩씩하게 언덕을 올라왔다. 윤극영은 한눈에 소파를 알아볼 수 있었다고 한다. 두 사람은 허심탄회하게 이야기를 나눴다. 방정환은 우리 어린이들이 일본 동요를 따라 부르는 현실이 안타깝다고 했다.

"윤극영, 장차 나라를 이끌어갈 어린이들이 부를 노래를 만들게. 자신만을 위한 음악 공부가 무슨 소용이 있는가."

윤극영은 깊은 감명을 받았다. 아동에게 '어린이'라는 이름을 붙여준 사람도 방정환이었다. 1920년에 발표한 동시 〈어린이 노래: 불 켜는 이〉에서 이 용어를 썼다. '어리지만 엄연한 사람'이라는 뜻이었다. 아이들을 '애놈', '새끼'라고 무시하지 말고 인격체로 대우하자는 것이었다.

윤극영은 소파의 권고를 받아들였다. 동요 창작을 결심한 것이다. 우리말로 된 우리 노래로 어린이들에게 고유의 아름다운 마음씨를 일깨워주는 일이었다. 방정환이 추진하고 있던 아동 문예 연구회 '색동회'에도 참여하기로 했다. 색동회는 1923년 3월 도쿄

유학생들을 중심으로 준비 모임을 하고 5월 1일에 발대식을 가질 예정이었다. 손진태, 정순철, 고한승, 진장섭, 정병기 등이 함께할 멤버였다.

5월 1일은 천도교 소년회에서 정한 '어린이날'이었다. 방정환은 그날 제1회 어린이날 기념식과 잔치를 열고자 했다. 어린이 인권을 널리 알리자는 취지였다. 이 행사는 각계각층의 호응을 얻으면서 동참 열기가 달아올랐다. 방정환은 천도교소년회, 불교소년회, 조선소년군 등 40여 개 소년단체와 협의하여 1923년 4월 '조선소년운동협회'를 조직했다. 어린이날 행사를 주관할 단체였다.

어린이날이 되자 서울 종로 천도교 교당으로 아이들과 그 부모들이 하나둘 모여들었다. 교당은 어느새 발 디딜 틈 없이 꽉 찼다. 방정환이 개구쟁이들의 머리를 쓰다듬으며 무대에 올라갔다. 아이들의 환호성이 터져 나오며 교당 안에 웃음꽃이 해맑게 피어났다. 단상에 오른 소파는 기뻐하며 외쳤다.

"어린이를 내려다보지 말고 쳐다봐 주시오. 어린이에게 존댓말을 쓰고 늘 부드럽게 대해주시오. 어린이를 꾸짖을 때는 성만 내지 말고 자세히 타일러 주시오."

그는 어른들에게 간절히 호소했다. 이 나라가 불행한 운명을 극복하려면 어린이를 '내일의 희망'으로 길러내야 한다는 것이다. 이를 위해 어린이를 인격적으로 대우하고, 어린이의 부당노동을 철폐하며, 어린이가 마음껏 놀고 배울 여건을 조성하자고 역설했다. 방정환의 호 소파小波는 '작은 물결'을 의미한다. 1923년 그가 일으킨 작은 물결은 파문을 그리며 사방으로 퍼졌다. 한국인의 마음에 '어린이'가 저장되는 시간이었다.

〈반달〉, 민족의 설움과 희망을 노래하다

한편 색동회 동인이 된 윤극영은 도쿄에서 학업에 매진하며 동요 창작의 꿈을 키워나갔다. 얼마 후 그의 유학 생활을 뒤흔드는 참혹한 재앙이 닥쳤다. 9월 1일 진도 7.9의 강진이 도쿄, 요코하마 등 대도시를 덮치며 10만여 명의 사망자를 비롯해 엄청난 인명·재산 피해가 발생한 것이다. 관동 대지진이었다.

이튿날 출범한 야마모토 곤베에 내각은 계엄령을 선포해 민심을 수습하려고 했다. 계엄령에는 국민의 위기의식을 불러일으킬 구실이 필요했다. 이에 당국에서 조직적으로 조선인 폭동설을 유포했다. 유언비어를 퍼뜨리는 데 그치지 않고 불을 지르거나 폭탄을 터뜨리거나 우물에 독을 풀어 국민을 흥분시켰다.

일본인들은 자경단을 만들어 조선인 학살에 나섰다. 계엄령에 따라 군경도 합세했다. 재일한국인을 중심으로 3~6천여 명이 살해된 것으로 추정된다. 윤극영은 무차별 대학살을 피해 학업을 중단하고 귀국했다. 참담한 심정이었을 것이다. 20대 초반 젊은이가 감당하기에는 너무 잔인하고 아픈 기억이다. 트라우마가 남을 수밖에 없었다.

부친은 힘겨워했을 아들을 위해 집 뒤뜰에 작은 별채를 지어주었다. 이름하여 일성당一聲堂. 그곳에서 마음을 달래고 음악을 계속하라는 배려였다. 윤극영은 어린이들에게 노래를 가르치기로 했다. 색동회 동인으로서 마땅히 해야 할 일이었다. 소문을 듣고 재능 있는 아이들이 모여들었다. 순수한 동심은 윤극영의 상처를 치유하고 열정에 불을 붙였다. 1924년 그는 '다리아회'를 결성하여 동요 창작과 보급에 앞장섰다.

잡지《어린이》에 실린 동요〈설날〉은 한국 최대 명절인 설날에도 일본 노래를 불러야 하는 아이들을 위해 윤극영이 지었다. "까치 까치 설날은 어저께고요 / 우리 우리 설날은 오늘이래요." 뒤이어 그가 곡을 쓰고 유지영이 노랫말을 붙인〈고드름〉이 나왔다. "고드름 고드름 수정고드름 / 고드름 따다가 발을 엮어서."

〈반달〉은 1924년 9월 가평으로 출가한 맏누이의 부고를 받고 깊은 슬픔에 잠겼을 때 문득 낮에 뜬 반달을 보고 영감을 얻었다고 한다. 푸른 하늘에 비스듬히 걸린 반달이 누이를 태우고 외로이 은하수를 건너는 하얀 쪽배로 보였을 것이다. 돛대도 아니 달고 삿대도 없이 헤매다가 객지에서 봉변을 당하는 우리 민족의 설움도 어른거렸을 것이다. 하지만 희망의 끈을 놓을 수는 없다.

은하수를 건너서 구름 나라로 / 구름 나라 지나선 어디로 가나 / 멀리서 반짝반짝 비추이는 건 / 샛별 등대란다 길을 찾아라 (〈반달〉 2절)

윤극영은 우리 민족이 샛별 등대가 비춰주는 길을 따라 언젠가 독립을 이룰 것이라는 믿음을 동요에 담았다. 그는 〈반달〉을 비롯해 〈설날〉, 〈고드름〉, 〈귀뚜라미〉, 〈따오기〉, 〈할미꽃〉, 〈소금쟁이〉 등을 지어내며 창작에 몰두했다. 보급에도 정성을 쏟았다. 등사판으로 노랫말과 악보를 찍어 보통학교(초등학교) 교사들에게 보냈다. 동요는 금세 전국으로 퍼졌다. 당시 학교 당국은 우리말 노래를 금지했지만 이미 입에 오른 곡을 뱉어내게 할 순 없었다.

동요가 힘을 보태면서 어린이 운동은 절정으로 치달았다. 1925년 5월 1일 제3회 어린이날 행사는 학교에서 단체로 참가하여 대성황을 이뤘다. 전국에서 30여만 명이 참석했다고 한다. 동참한 소년단체 숫자도 220개에 이르렀다.

행사를 마치고 방정환은 아이들과 함께 거리 행진을 하며 전단 12만 장을 나눠줬다. "내일의 주인인 어린이를 인격적으로 키워야 나라와 민족이 잘 살게 된다"라는 호소문이었다. 행인과 구경꾼들이 고개를 끄덕이고 응원의 박수를 보냈다.

그해에 윤극영은 다리아회를 이끌고 아동 창가극 〈파랑새를 찾아서〉 공연에 나섰다. 노벨문학상 수상 작가인 모리스 마테를링크의 희곡《파랑새》를 각색한 것이다. 그는 이 창가극에 곡을 붙이고 순회공연을 벌여 성공을 거뒀다. 이듬해에는 자신의 작품들을 모아 창작동요집《반달》을 출간하고 유성기 음반도 내놓았다.

1920~1930년대 조선에서는 윤극영, 홍난파, 박태준, 정순철을 4대 동요 작곡가로 꼽았다. 홍난파의 〈고향의 봄〉(이원수 작사)과 〈퐁당퐁당〉(윤석중 작사), 박태준의 〈오빠 생각〉(최순애 작사), 정순철의 〈짝짜꿍〉(윤석중 작사) 등이 1920년대 중반부터 큰 사랑을 받았다. 이들의 동요 창작을 뒷받침하고 보급로가 되어준 매체가 바로 소파 방정환이 펴내던 아동 잡지《어린이》였다.

방정환은 1923년 제1회 어린이날 기념식을 앞두고《어린이》창간호를 펴냈다. 당시 천도교에서는 종합 월간지《개벽》을 발행하고 있었다. 독립선언서를 인쇄한 바 있는 보성사도 천도교에서 운영했다.《어린이》는 천도교의 출판·인쇄·조직 역량을 활용하여 어린이 운동과 아동 문예의 후원자로 자리매김했다. 이원수, 최순애, 윤석중, 마해송 등 시대를 대표하는 아동문학가들도《어린이》가 발굴하고 키워냈다.

소파는 아동 잡지《어린이》에 모든 것을 쏟아부었다. 편집에 심혈을 기울였고, 인쇄소에서 살다시피 했다. 독자 한 명이라도 더 늘리려고 거리에 나가 광고지까지 뿌렸다. 총독부 검열에 걸려 붙잡혀가기도 했다. 1920년대 후반에《어린이》독자는 10만 명에 이르렀다. 당시 경성 인구가 30만 명 내외였으니 기적에 가까운 성과라고 볼 수 있다. 발행인 방정환이 불철주야 고생하고 헌신한 덕분이다.

방정환은 어린이 운동에 삶의 열정을 남김없이 불태웠다. 1928년에는 20여 개 국가에서 동요, 동화, 아동극 등을 모아 '세계아동예술전람회'를 개최했다. 《어린이》의 편집과 발행을 도맡는 와중에 무려 4년간 준비한 행사였다. 몸을 지나치게 혹사해서일까? 소파의 건강은 점점 나빠졌다. 신장염과 고혈압으로 얼굴이 붓고 코피가 자주 났다. 1931년 7월 23일 방정환은 아쉽게도 32세의 나이로 세상을 떠났다.

소파가 운명했을 때 윤극영은 고국을 떠나 중국 간도에서 교사 생활을 하고 있었다. 그는 이후 경성, 일본 도쿄, 중국 하얼빈으로 옮겨 다니며 예술단 등을 만들어 활동했다. 자신의 대표작 〈반달〉처럼 정한 데 없이 이상을 좇아 유랑한 것이다. 광복 직후엔 귀국하려다 중국공산당 경비대에 붙잡혀 사선을 넘기도 했다.

천신만고 끝에 고국에 돌아온 그는 방정환이 못다 이룬 소명을 끌어안았다. 어린이들에게 꿈과 희망을 심어주는 노래에 평생을 바쳤다. 1956년 제1회 소파상을 수상하고 1969년에는 색동회를 부활시키기도 했다. 윤극영은 모두 400여 곡의 동요를 남기고 1988년 생을 내려놓았다. 〈반달〉 속 '하얀 쪽배'에 올라 은하수를 건너갔다.

독립 열망 다시 일으킨 어린이 노래

작곡가 정순철이 아동문학가 윤석중의 노랫말을 받아 1929년에 발표한 동요 〈짝짜꿍〉(원제 〈우리 애기 행진곡〉)은 오늘날까지도 즐겨 부르는 노래다. 아기 앞에서 부모나 어른들이 "엄마 앞에서 짝짜꿍"을 손뼉을 치면서 부르는 것이다. 어른이 아기를 달래는 노래 같지만, 실상은 그 반대다. 귀여운 아기가 짝짜꿍을 따라하면서 엄마와 아빠를 위로하고 있다. 다른 동요들도, 그리고 어린이 운동도 실은 이런 관점으로 봐야 하지 않을까?

3·1운동의 열풍이 휩쓸고 간 뒤에 조선은 허탈하고 무기력한 분위기에 빠졌다. 빼앗긴 나라를 되찾으려 했지만 끝내 이뤄내지 못한 아쉬움에 한숨 쉬고 주름살이 깊어졌다. 1920년대 어린이 운동은 아이들의 천진난만한 웃음으로 상심한 어른들을 위로하고 응원하는 일이었는지도 모른다. "샛별 등대란다, 길을 찾아라" 노래하며 민족의 열망과 독립 의지를 다시 일으켜 세운 것이다.

유행가에 비친 식민지 조선의 두 얼굴

트로트 황금기와

일제

침략전쟁

1930~1940년대는 일제가 침략전쟁의 광기에 사로잡혀 식민지 조선을 수탈하고 조선인을 강제로 동원한 시기였다. 한국 대중가요는 그 무렵 이 땅에 뿌리를 내리고 황금기의 개막을 알렸다. 전시 총동원으로 고통받은 조선인에게 대중가요와 레코드는 무엇이었을까? 트로트 1세대 가수와 전설의 노래에 어른거리는 식민지 조선의 애환을 만나보자.

망국 설움 달래준 〈황성 옛터〉와 〈타향살이〉

황성 옛터에 밤이 되니 월색만 고요해 / 폐허에 서린 회포를 말하여 주노나 / (중략) / 아 외로운 저 나그네 홀로 잠 못 이뤄 / 구슬픈 벌레 소리에 말없이 눈물져요(《황성 옛터》)

18세 가수 이애리수의 구슬픈 목소리가 신파극 무대 막간에 흘러나왔다. 취성좌 악단의 전수린이 곡을 쓰고 왕평이 노랫말을 지은 〈황성 옛터〉였다. 연극을 보러 극장을 찾은 관객들이 하나둘 훌쩍거리더니 이내 눈물바다가 되었다. 앙코르 무대가 이어졌고 청중이 노래를 따라불렀다. 극장은 알 수 없는 열기에 휩싸였다. 감시 중이던 일본 경찰은 서둘러 공연을 중지하고 관객들을 해산시켰다. 1928년 종로 단성사에서 벌어진 일이었다.

취성좌는 전국을 순회하는 연극단체였다. 공연차 개성에 들렀을 때 악단 소속의 왕평과 전수린이 고려왕조의 옛 궁궐터를 구경하게 되었다. 허물어진 성에 수풀만 우거진 광경은 세월의 덧없음을 일깨웠다. 영감에 사로잡힌 두 사람은 함께 노래를 만들고 〈황성荒城의 적跡〉이라는 제목을 붙였다. 말 그대로 '황량한 성의 자취'가 물씬 풍기는 곡이었다. 개성 출신의 배우 겸 가수 이애리수가 무대 막간에 나와 이 노래를 불렀다.

연극계에 입소문이 난 〈황성의 적〉은 1932년 4월 레코드로 발매되자마자 불티나게 팔려나갔다. 무려 5만 장이나 판매됐다. 당시로선 놀라운 수치였다. 노래가 한국인의 가슴에 자리한 '망국의 폐허'를 건드린 것이다. 나라 잃은 슬픔과 한이 공명한 것이다. 〈황성의 적〉은 세간에 〈황성 옛터〉로 알려지며 한국 대중가요 탄생의 신호탄을 쏘아 올렸다. 바야흐로 이 땅에 본격적인 대중가요 시대가 열리고 있었다.

대중가요는 음반, 공연, 방송 등을 통해 평범한 사람들이 즐기는 상업적인 노래를 말한다. 1926년 〈사의 찬미〉가 폭발적인 반응을 얻었지만, 그것은 소프라노 윤심덕과 극작가 김우진의 이루어질 수 없는 사랑과 현해탄에서의 투신이 화제를 불러일으킨 덕분이었다. 음악 장르로서의 대중가요는 1930년대 초 축음기와 트로트의 보급에 힘입어 기지개를 켰다.

"레코드의 홍수다. 레코드 예술가의 황금시대다. 중산층 가정에서 오락으로 찾는 것은 레코드뿐이다. 오늘날 조선에는 300개가 넘는 축음기 가게가 있다. 여러 음반 회사가 매달 50종에 가까운 신보를 내놓는다."《삼천리》1933년 5월호)

<u>트로트</u>trot는 서양 댄스 폭스트롯fox trot과 일본 가요 엔카演歌 영향을 받은 5음계 곡으로 초창기에는 '유행가'라고 불렸다. 트로트는 신민요와 함께 1930~1940년대 대중가요 황금기를 열었다. 특히 〈황성 옛터〉를 필두로 단조 음계의 구슬픈 트로트가 그 시절 한국인의 심금을 울리며 대중가요의 주류를 이뤘다. 여기에는 일

제의 침략전쟁과 맞물린 시대 정서가 흐르고 있었다.

일본은 1931년 9월 만주사변을 일으키며 대륙 침략의 포문을 열었다. 세계 대공황으로 경제 위기에 처하자 침략전쟁으로 활로를 뚫으려고 했다. 이듬해 만주국을 수립한 그들은 곧바로 더 큰 전쟁을 준비하면서 식민지 조선의 고혈을 짜냈다. 식량과 물자의 수탈이 눈덩이처럼 불어났다. 한국인은 허리띠를 졸라매야 했다.

일제는 매년 본국에 보내는 수백만 석의 쌀뿐 아니라 전방부대의 말을 먹인다며 보리까지 수탈했다. 가난한 소작민들은 춘궁기에 닥치는 보릿고개를 넘기 힘들어졌다. 그들은 날품팔이라도 해보려고 식구들을 데리고 도시로 떠났다. 경성부(서울)의 하천 변과 다리 밑에는 토막土幕이 대거 들어섰다. 토막은 땅을 파고 거적때기로 덮은 극빈층의 거처였다. 경성부의 토막민 인구는 1931년 5,092명에서 1935년 1만 7,320명으로 급증했다.

만주로 이주하는 한국인도 해마다 늘어났다. 총독부는 농업을 진흥한다는 명목으로 대대적인 수리 사업을 벌였다. 저수지를 만든다며 좋은 논을 골라 공시지가로 징발했다. 또 지주들에게 터무니없이 높은 수리조합비를 물렸다. 결국 한국인 자영농은 땅을 수리조합에 넘기거나 일본인에게 팔고 고향을 등졌다. 푼돈을 쥐고 새로운 땅과 일자리를 찾아 만주로 떠났다. 그 타향살이의 설움은 당시 유행한 대중가요에 절절히 배어들었다.

타향살이 몇 해던가 손꼽아 헤어보니 / 고향 떠난 십여 년에 청춘만 늙고 / 부평 같은 내 신세가 혼자도 기막혀서 / 창문 열고 바라보니 하늘은 저쪽 / 고향 앞에 버드나무 올봄도 푸르런만 / 버들피리 꺾어 불던 그때는 옛날 / 타향이라 정이 들면 내 고향 되는 것을 / 가도 그만 와도 그만 언제나 타향(〈타향살이〉)

1934년 6월 신인가수 고복수가 발표한 노래 〈타향살이〉(김능인 작사, 손목인 작곡)다. 이 음반은 오케레코드에서 제작했다. 그 무렵 한국 음반시장에서는 콜럼비아, 빅타, 시에론, 포리돌, 오케 등 레코드사 다섯 개가 활발하게 신보를 발매하며 경쟁하고 있었다. 가수와 작곡가는 이들 회사에서 전속으로 활동하는 게 일반적이었다. 그런데 오케레코드에서 〈타향살이〉를 낸 고복수는 원래 콜럼비아레코드가 발굴한 가수였다. 어찌 된 일일까?

콜럼비아레코드는 1933년 10월부터 해를 넘겨 전국 순회 가수 오디션을 열었다. 이름하여 '명가수 선발 음악대회'였다. 경성, 평양, 부산, 군산, 함흥 등 열 개 도시를 돌며 예선을 치러 가수 후보자를 두세 명씩 뽑았다. 열아홉 명이 겨룬 최종결선은 1934년 2월 17일 경성공회당에서 벌어졌다. 경성방송국이 라디오 중계방송까지 할 만큼 관심이 높았다.

이 무대에서 전남 대표 정일경이 1등, 경남 대표 고복수가 2등, 함북 대표 조금자가 3등을 차지했다. 하지만 고복수는 준우승자

임에도 불구하고 기회를 얻지 못했다. 정일경과 조금자, 두 여자 가수는 곧바로 음반을 내고 활동에 들어갔지만, 그는 신곡조차 배정받지 못했다. 콜럼비아레코드의 터줏대감인 채규엽과 강홍식, 남자가수 둘에게 밀린 것이다.

오케레코드는 그 틈을 파고들어 고복수를 낚아챘다. 〈타향살이〉 음반은 순식간에 5만 장 이상 나갔다. 대도시와 만주 등지에서 타향살이하던 사람들은 이 노래만 흘러나오면 왈칵 눈물부터 쏟았다. 고복수는 뭇 여인들의 로망으로 떠올랐다. 여성 팬들의 애정 공세로 전화통에 불이 났다. 공연장에서 까무러치거나 혈서를 써서 보내는 극성팬도 있었다. 기생들은 스타를 모셔가려고 극장 앞에 인력거를 대기시켰다. 톱스타 신드롬이었다.

유행가에 어른거리는 눈물 젖은 민족의식

사공의 뱃노래 가물거리며 / 삼학도 파도 깊이 숨어드는 때 / 부두의 새악씨 아롱져진 옷자락 / 이별의 눈물이냐 목포의 설움 / 삼백연원안풍 노적봉 밑에 / 임 자취 완연하다 애달픈 정조 / 유달산 바람도 영산강을 안으니 / 임 그려 우는 마음 목포의 노래(〈목포의 눈물〉)

1935년에는 이난영이 부른 〈목포의 눈물〉(문일석 작사, 손목인 작곡)이 큰 사랑을 받았다. 오케레코드의 전국 6대 도시 '향토 찬가' 가사 모집에 당선된 노래였다. 그해 9월 음반이 나오자마자 5만 장을 너끈히 판매했고 이난영은 '엘레지의 여왕'으로 주목받았다.

그런데 이 음반은 출시되기까지 우여곡절을 겪어야 했다. 일본 경찰이 노래에 '불순한 의도'가 있다며 오케레코드 관계자들을 불러 추궁했다. 당선자 문일석이 쓴 가사 중에 '삼백연원안풍三栢淵願安風은 노적봉 밑에'라는 구절을 문제 삼았다. 노래를 불러보면 '삼백 년 원한 품은 노적봉 밑에'라고 들린다는 것이었다. 오케레코드에서는 한자를 풀이해 '삼백연 연못의 평안을 기원하는 바람이 노적봉 밑에 분다'라고 해명했다.

노래는 천신만고 끝에 빛을 보게 되었다. 사실 원래 가사는 '삼백 년 원한 품은 노적봉 밑에'가 맞았다. 노적봉은 목포 유달산 봉우리로 임진왜란 때 이순신 장군이 이곳에 군량미를 쌓아둔 것처럼 위장하여 왜적을 물리쳤다는 전설이 내려온다. 임진왜란이 끝나고 300여 년이 흘렀으니 '삼백 년 원한'이다. 그것을 이순신 장군의 전술처럼 '위장 가사'로 되살린 것이다.

목포는 일제강점기에 군산과 함께 수탈의 최일선이었다. 곡창지대인 나주평야의 쌀과 목화가 목포에서 배에 실려 일본으로 갔다. 집 안 곳간이 강도에게 털리는 것 같았다. 이순신 장군의 전설이 회자되는 것은 당연했다. 항일정신이 드높았다. 〈목포의 눈물〉

에서 '임'은 그리운 연인일 뿐 아니라 잃어버린 조국이기도 했다.

하지만 대중가요에 나타난 민족의식은 중일전쟁 발발과 함께 위축되었다. 일제는 1937년 7월 노구교 사건(베이징 남쪽의 노구교盧溝橋에서 일본과 중국 양국 군대가 충돌하여 중일전쟁의 발단이 된 사건이다)을 빌미로 중국과 거대한 전쟁을 시작했다. 일제는 총동원령을 내리고 식민지 조선을 더욱 쥐어짰다. 그러려면 한국인의 민족의식을 철저히 말살할 필요가 있었다.

조선총독부는 1937년 10월부터 모든 학생에게 '황국신민서사'를 암송하도록 했다. 이듬해 초에는 한글 교육을 폐지하고 학교에서 일본어 사용을 의무화했다. 그러고는 병력 증강을 위해 한국인의 일본군 지원을 독려했다. 전쟁을 뒷받침할 노동력도 반강제로 모집했다. 민족의식을 말살하고 황국신민을 부르짖은 이유다.

중일전쟁 발발과 함께 일제는 경찰력과 군병력을 늘려 '병참기지' 조선을 폭압적으로 통제했다. 비밀 고등경찰, 헌병 스파이 등이 각계 인사와 단체들을 철통같이 감시했다. 민족지도자와 사회운동가들에 대한 검거, 투옥, 살해가 비일비재했다. 사회적 영향력이 큰 문화예술인들은 전향 공작을 통해 친일로 돌려세웠다.

이런 사회 분위기 속에서 대중가요는 사랑과 눈물의 세레나데로 흘러갔다. 오케레코드 전속가수 남인수는 1938년 〈애수의 소야곡〉(이노홍 작사, 박시춘 작곡), 〈꼬집힌 풋사랑〉(조명암 작사, 박시춘 작곡)을 연달아 히트시키며 최고 인기가수 반열에 올랐다. 덧없는 사랑에 눈물짓는 체념의 정서가 일제의 폭압에 지쳐가던 대중의 연민을 자아냈다.

> 두만강 푸른 물에 노 젓는 뱃사공 / 흘러간 그 옛날에 내 님을 싣고 / 떠나간 그 배는 어데로 갔소 / 그리운 내 님이여 그리운 내 님이여 / 언제나 오려나 (〈눈물 젖은 두만강〉)

같은 해에 발표된 김정구의 〈눈물 젖은 두만강〉(김용호 작사, 이시우 작곡)은 특별한 사연을 담았다. 작곡가 이시우가 공연차 두만강변 여관에 묵었을 때 일이다. 자려고 누웠는데 옆방에서 여인의 통곡 소리가 들려왔다. 어찌 된 사연인지 알아보니 독립투사 남편을 만나러 먼 길을 왔다가 일본군에게 잡혀 죽었다는 비보에 눈물의 둑이 무너진 것이었다.

이시우는 그 사연을 단조 트로트 음계에 실어 두만강 푸른 물에 띄웠다. 김정구의 목소리로 오케레코드에서 발매한 〈눈물 젖은 두만강〉 음반은 몇 년 후 민족의식을 고취한다는 이유로 판매 금지를 당했다. 하지만 김정구에게는 또 다른 히트곡이 있었다. 이 빠진 중국인으로 분장하고 코믹하게 부른 만요漫謠, 〈왕서방 연서〉(김진문 작사, 박시춘 작곡)였다.

비단이 장사 왕서방 명월이한테 반해서 / 비단이 팔아 모은 돈 통통 털어서 다 줬어 / 땡호와 땡호와 / 돈이가 없어도 땡호와 / 명월하고 살아서 왕서방 죽어도 괜찮다 (〈왕서방 연서〉)

한국인은 "땡호와 땡호와" 흥얼거리며 달관의 정서를 공유했다. 만요는 웃을 일 별로 없는 팍팍한 삶을 재미있는 가사와 흥겨운 선율로 토닥여주었다. 1938년 12월 콜럼비아레코드에서 나온 〈오빠는 풍각쟁이〉(박영호 작사, 김송규 작곡)도 유행했다. 가수 박향림은 간드러진 콧소리로 가부장적인 오빠의 횡포를 풍자했다.

오빠는 풍각쟁이야 무어 / 오빠는 심술쟁이야 무어 / 난 몰라 난 몰라 내 반찬 다 뺏어 먹는 건 난 몰라 / 불고기 떡볶이는 혼자만 먹고 / 오이시 콩나물만 나한테 주고 (〈오빠는 풍각쟁이〉)

일제의 전시 총동원, 저항하느냐 순종하느냐

1940년대 들어 가요계는 오케레코드의 작곡가 박시춘, 가수 남인수 콤비와 태평레코드의 작곡가 이재호, 가수 백년설 콤비가 라이벌 구도를 형성하며 쌍벽을 이뤘다. 백년설은 〈나그네 설움〉(조경환 작사, 이재호 작곡)으로 10만 장 넘는 음반 판매 기록을 세웠고 여세를 몰아 〈번지 없는 주막〉(처녀림 작사, 이재호 작곡)도 히트시켰다. 그 무렵 식민지 대중가요 황금기는 정점을 찍었다. 하지만 빛나는 무대 조명 뒤로 그림자도 짙게 드리웠다.

일제는 서구 열강과 백인들을 물리치고 '대동아공영권'을 이룩하겠다는 환상에 빠져 미쳐갔다. 1941년 12월 미국 태평양함대 기지가 있는 하와이 진주만을 기습했다. 이듬해 2월에는 영국군에게 승리를 거두고 싱가포르까지 점령했다. 아시아태평양 전역이 전쟁의 광기에 휩싸였다. 일본은 한국인들에게 창씨개명을 강요하고 침략전쟁에 마구 동원했다.

1943년 징병제가 법령으로 공포되었다. 1945년 8월까지 19만여 명의 한국인이 전선에 투입되었다. 군속으로 끌려가 군사시설에서 일한 사람도 약 15만 명에 이르렀다. 이들은 전쟁 말기에 총알받이나 명예로운 죽음을 강요당하며 죽어갔다.

가슴 아픈 사연도 많았다. 1945년 2월 미군에 포위되어 보급이 끊긴 남태평양 첼퐁섬에서는 한국인 군속이 일본 군인들에 의해 식인의 희생양이 되는 끔찍한 사건이 일어났다. 분노한 한국인 군속 170여 명은 반란을 일으켰으나 일본군에게 학살당하고 말았다.

1939년부터 시행 중이던 징용령도 갈수록 대상이 확대되었다. 일제는 1945년까지 112만여 명의 한국인을 연행해 강제 노역을 시켰다. 노동자들은 일본, 동남아 등지의 광산이나 건설 현장에서 제대로 먹지도 못하고 죽도록 일했다. 사할린 탄광에서, 홋카이도 비행장 공사장에서 수많은 한국인이 죽었다. 그것도 모자라 일제는 한국 여성 수십만 명을 '정신대'로 징집하거나 납치했다. 군수공장에서 일한다고 했지만 실제로는 수많은 여성이 일본군 '위안부'로 끌려갔다.

일제강점기의 친일반민족행위도 이 시기에 쏟아져 나왔다. 침략전쟁의 광기에 휩싸여 일제의 전시 총동원을 찬양하고 한국인의 희생을 부추긴 것이다. 친일로 돌아선 문화예술인들은 특히 '피'를 강조했다. 침략전쟁에 뿌려진 한국인의 피가 내선일체와 대동아공영의 밑거름이라는 취지였다. 대중가요도 한몫했다. 인기가수 백년설, 남인수, 박향림은 1943년 오케레코드에서 〈혈서지원〉(조명암 작사, 박시춘 작곡)을 발표했다. 이른바 '군국가요'였다. 무명지(넷째 손가락)를 깨물어 붉은 피로 일장기를 그려놓고, 성수만세聖壽萬歲(임금의 나이가 끝이 없다)를 부르며 일본의 병정이 되길 소망하는 내용이었다. 성수만세는 천황의 불멸을 소원하는 것이다.

1930~1940년대 식민지 조선의 한국인들은 일제의 전시 총동원에 극심한 고통을 겪었다. 수탈에 저항하느냐 순종하느냐를 두고 깊은 시름에 잠기기도 했다. 트로트 유행가는 그 고통을 잠시나마 잊게 하고 시름을 달래주는 진통제요, 묘약이었다. 때로 민족의식을 고취하며 겨레의 버팀목이 되기도 했지만, 때로는 침략전쟁에 협조하여 역사에 오점을 남긴 시대의 두 얼굴이었다.

독립군의 용진법, 항일운동의 용감력

<독립군가>와
항일가요

전중이 일곱이 진흙색 일복 입고 / 두 무릎 꿇고 앉아 하느님께 기도할 때 / 접시 두 개 콩밥덩이 창문 열고 던져줄 때 / 피눈물로 기도했네 피눈물로 기도했네(《대한이 살았다》)

1919년 3·1운동 이후 경성 서대문형무소는 독립선언과 만세 시위를 이끈 민족 지사들로 가득했다. 여옥사 8호 감방에서 나지막이 노래가 새어 나왔다. 어윤희, 신관빈, 심명철, 권애라, 임명애, 김향화, 그리고 유관순…. 개성과 파주, 수원과 천안에서 만세 시위를 주도한 죄로 구금된 여성 독립운동가들의 방이었다. 죽음의 그림자가 드리운 서대문형무소에서 뻑하면 고문을 당하고 피눈물을 흘렸다. 그 고통을 기도하듯이 노래 부르며 견뎌냈다.

대한이 살았다 대한이 살았다 / 산천이 동하고 바다가 끓는다 / 에헤이 데헤이 에헤이 데헤이 / 대한이 살았다 대한이 살았다(《대한이 살았다》)

괴로운 상황에서도 그들은 기죽지 않았다. 오히려 3·1운동의 감동을 노래했다. 서대문형무소에 조선의 백성들이 살고 있었다. 그곳에 언젠가 되찾아야 할 조국이 있었다. 여옥사 8호 감방에서 대한이 살아났다. 거리에서, 장터에서, 교회와 감옥 등지에서 수많은 우국지사가 총칼에, 방화에, 잔악한 고문에 목숨을 잃고 상처 입었다. 그러나 한국인의 뜨거운 독립 열망은 국내외로 들불처럼 번지지 않았는가. 그 희망이 노래 속에서 되살아났다.

빛은 어둠 속에 있다. 일제강점기에 노래는 고통을 견뎌내는 힘이었다. 조국 광복의 희망을 일으키는 힘이었다. 어둠의 터널을 지나 한 줄기 빛을 찾는 동안 독립운동의 노래는 계속되었다.

고통 견뎌내고 희망 일으키는 노래의 힘

간다 간다 나는 간다 너를 두고 나는 간다 / 잠시 뜻을 얻었노라 가불대는 이 시운이 / 나의 등을 내밀어서 너를 떠나 가게 하니 / 이로부터 여러 해를 너를 보지 못할지나 / 그동안에 나는 오직 너를 위해 일하리니 / 나 간다고 서러 마라 나의 사랑 한반도야

1910년 5월 12일 〈대한매일신보〉에 〈거국행去國行〉이라는 시가 실렸다. 등 떠밀리듯 조국을 떠나야 하는 서글픈 심정이 담겨 있다. 어디서든 조국을 위해 일하겠다는 씩씩한 각오도 번뜩인다. 정체를 감추고 필명을 썼지만 지은이는 도산 안창호였다. 음악 교사이자 작곡가인 이상준이 이 시에 곡을 붙여 노래를 만들었다. 〈거국행〉은 국권을 빼앗긴 한국인의 원통한 마음을 건드렸다. 총독부에서 금지했지만 조선 전역으로 전파되었다.

이 노래에는 안창호의 비장한 뒷모습이 어른거린다. 안중근의 하얼빈 의거에 연루되어 3개월간 옥살이를 하고 풀려난 직후였다. 국권 회복을 위해 비밀결사 신민회에 관여하고 수양 단체 청년학우회를 조직하여 일본 경찰의 표적이 된 도산이었다. 더는 국내에 머물 수 없게 되자 그는 1910년 소금 배를 타고 중국 칭다오로 갔다. 이듬해에는 연해주를 거쳐 미국으로 향하였다. 독립운동 근거지를 마련하려는 '거국행'이었다.

미국 샌프란시스코에서 흥사단을 창설한 도산은 대한인국민회 중앙총회장에 이어 대한민국임시정부 내무총장을 맡아 해외 독립

운동을 꾸려나갔다. 샌프란시스코, 하와이, 상하이, 연해주를 넘나들며 젊은 인재를 길러내고 민족의 이념을 고취하였다. 안창호는 독립운동에 노래를 적극적으로 활용하였다. 1916년 미국 하와이에서 《애국 창가》 악보집을 발간하기도 하였다. 도산은 고통을 견뎌내고 희망을 일으키는 노래의 힘을 믿었다.

1910년 무렵 만주에는 20만 명이 넘는 한국인이 살고 있었다. 이동녕, 이상룡, 이회영 등 신민회 인사들은 남만주로 건너가 독립군 기지 건설을 모색했다. 그들은 1911년 서간도에 자치단체 경학사를 세워 이주 한국인들을 조직했다. 또 광복 일꾼을 길러낼 목적으로 신흥강습소라는 교육기관도 열었다. 신흥무관학교의 전신이다.

> 칼춤 추며 말을 달려 몸을 단련코 / 새론 지식 높은 인격 정신을 길러 / 썩어지는 우리 민족 이끌어 내여 / 새 나라 세울 이 뉘뇨 / 우리 우리 배달나라에 / 우리 우리 청년들이라 / 두 팔 들고 소리 질러 노래하여라 / 자유의 깃발이 떴다 (〈신흥무관학교 교가〉 3절)

〈신흥무관학교 교가〉는 미국 남북전쟁 때 인기가 높았던 〈조지아행진곡〉을 편곡하여 민족과 청년의 기상을 담은 노랫말을 붙인 것이다. 3·1운동으로 자주독립의 열망이 폭발하자 국내외 청장년들이 항일 무장투쟁에 투신하기 위해 만주로 모여들었다. 신흥무관학교는 독립군 간부 양성기관이라는 중책을 맡아 독립운동의 요람으로 자리매김했다.

일본 육사 출신 장교 지청천, 운남강무학교 수석졸업생 이범석 등이 학교 교관으로 발탁되었다. 1920년 가을 일본군에 의해 폐교될 때까지 이 학교에서 2,100여 명의 독립군을 배출하였다. 교관과 졸업생들은 이후 만주, 연해주, 중국 본토 등지에서 항일 무장투쟁의 중추 역할을 하였다.

> 백두산의 찬 바람은 불어 거칠고 / 압록강 얼음 위에 은월이 밝아 / 고국에 전해오는 피비린 냄새 / 분하고 원통하다 우리 동족들 / 맹세코 싸우고 또 싸우리니 / 성결한 전사를 하게 하소서(〈기전사가〉 2절)

〈기전사가祈戰死歌〉는 독립군 지휘관 이범석이 작사·작곡한 노래다. 그는 신흥무관학교에 이어 북로군정서 교관을 맡았으며 1920년 10월 청산리 전투에서는 연성대장으로 종횡무진 활약했다. 결전을 앞두고 독립군은 성결한 전사戰死를 비는 노래를 부르며 전의를 불태웠다. 총탄이 쏟아지고 포연이 자욱한 전장이다. 생사의 경계에 서는 자는 죽음의 두려움에 직면한다. 노래는 그 두려움을 넘어 사생결단의 용기를 심어주었다.

일본군은 그해 6월 길림성 봉오동 계곡에서 홍범도, 최진동 등이 이끄는 독립군 연합부대에 일격을 당하자 압록강을 건너 대대적인 토벌 작전에 들어갔다. 북로군정서는 김좌진의 지휘하에 적을 백두산 부근 청산리 일대로 끌어들여 10월 21일부터 6일 밤낮을 치열하게 싸웠다. 삭풍이 몰아치는 수풀에서 야영하고 옥수숫가루로 허기를 때우며 팔목과 허리에 총을 칭칭 동여매고 침략자들을 향해 방아쇠를 당겼다. 끝내 대승을 거뒀다.

신대한국 독립군의 백만 용사야 / 조국의 부르심을 네가 아느냐 / 삼천리 삼천만의 우리 동포를 / 건질 이 너와 나로다 / 나가 나가 싸우러 나가 / 나가 나가 싸우러 나가 / 독립문의 자유종이 울릴 때까지 / 싸우러 나아가세(〈독립군가〉)

만주 독립군이 애창한 〈독립군가〉는 대한민국임시정부의 군가로 채택되어 항일 무장투쟁과 함께했다. 이 노래는 〈신흥무관학교 교가〉처럼 〈조지아행진곡〉 선율에 항일 의지를 다지는 가사를 붙인 것이다. 한 치 앞도 내다보기 어려운 싸움 속에서 〈독립군가〉는 든든한 길잡이가 되어주었다. 전사들은 죽어서 독립의 혼령이 되는 게 소원이라고 목청 높여 노래 부르며 진군했다. 독립혼이 깃든 이 노래는 오늘날 대한민국 국군의 군가가 되었다.

어른과 아이들이 함께 부르는 항일가요

일제 강점 아래 있었던 국내 대중은 항일가요抗日歌謠를 즐겨 불렀다. 1920~1930년대에는 식민지 폭압과 수탈이 고도화되면서 일본 군경, 회사, 지주 등에 대한 반감이 커졌다. 이에 대중의 직설적인 목소리를 담은 작자 미상의 항일가요들이 나돌았다. 국내 또는 외국 민요에 저항적인 가사를 붙인 곡들이 많았다. 이들 노래는 음반이나 악보가 아니라 구전으로 퍼져 나갔다.

일, 일본 놈의 / 이, 이등박문이가 / 삼, 삼천리강산에서 / 사, 사주가 나빠 / 오, 오대산을 넘다가 / 육, 육철포(육혈포)를 맞고 / 칠, 칠십 먹은 늙은이가 / 팔, 팔자 사나워 / 구, 구두발로 채워 / 십, 십자가리(열조가리)가 났다

〈십진가〉는 수학 십진법을 활용한 흥미로운 노래다. 1부터 10까지 숫자에 맞춰 다양한 가사로 불렸다. 이 노래는 안중근 의사에게 죽은 이토 히로부미를 내세워 한국인의 항일 의지를 표출했다. 1909년 10월 26일에 실행한 하얼빈 의거는 1920~1930년대에도 여전히 일제의 간담을 서늘하게 하는 사건으로 각인돼 있었다. 폭압과 수탈에 시달리던 한국인들은 이토 히로부미를 들먹이며 조선을 우습게 보지 말라고 경고한 것이다.

국문학자 김태준은 〈십진가〉에 대해 "어린아이들이 일본 사람을 욕설한 노래"라며 "불과 수십 년의 역사를 가졌을 뿐이나 확연한 걸작"이라고 평하였다(〈조선가요의 수노름〉,《동광》제29호, 1931년 12월 27일). 일제의 식민지 지배가 수십 년째 이어지며 어린 세대의 민족의식은 어쩔 수 없이 옅어지고 있었다. 아이들의 항일 의지를 고취하는 곡들이 나타난 것은 그래서다. 항일가요로 세대 간 인식의 격차를 해소하고자 한 것이다.

일, 일본놈이 간교하여 / 이, 이상타 마음먹었는데 / 삼, 삼천리를 약탈하다 / 사, 사실이 발각되어 / 오, 5조약에 떨어지니 / 육, 대륙반도 이천만이 분통친다 / 칠, 7조약을 맺은 놈들 / 팔, 팔도강산 다 넘기니 / 구, 국수 왜놈에 또 5적이다 / 십, 십년을 하루같이 독립투쟁 일어난다(〈아동십진가〉)

〈아동십진가〉는 을사늑약(1905)과 정미칠조약(1907)으로 나라 팔아먹은 매국노들을 질타한다. 이 노래를 지은 사람은 1900년대에 대신들이 일제의 국권 강탈에 협력하는 모습을 보고 분통을 터뜨렸을 것이다. 그때 그 심정을 노래에 불어넣어 아이들에게 민족 본연의 임무를 상기시키고자 하였다. 매국노들에게 분노한 어린 세대가 자라서 '10년을 하루같이' 독립투쟁하기를 열망하였다.

항일가요 〈십진가〉는 일제강점기 기성세대가 다음 세대에 전하려 한 민족 정서의 산물이었다. 어른들은 안중근 의사의 이토 히로부미 저격을 통쾌하게 여겼다. 일제에 협력하고 나라를 팔아먹은 매국노들에게 통분을 금치 못하였다. 하지만 일제강점기에 나고 자란 아이들은 그 정서가 낯설었다. 세대 간 공감이 필요했다. 학교에서 배우는 십진법으로 항일가요를 만들어 퍼뜨린 이유다.

침략의 광기에 사로잡힌 일제는 1937년 중일전쟁, 1941년 태평양전쟁을 잇달아 일으키며 아시아태평양 전역에 참화를 몰고 왔다. 전시체제에 들어간 대한민국임시정부는 1940년 9월 중국의 임시 수도 충칭에서 광복군을 창설했다. 이듬해 12월 김구 주석은 하와이 진주만을 공습한 일본에 선전포고를 했다. 민족혁명당 지도자 김원봉도 조선의용대 본대를 이끌고 광복군에 합류한다. 임시정부는 중국 본토의 한인韓人들과 일본군에서 탈영한 학병들을 받아들이며 병력을 키웠다. 또 미국전략사무국OSS과 협약을 맺고 특공훈련을 받았으며 미군 잠수함과 비행기를 이용한 비밀작전을 계획했다. 광복군은 국내 진공의 꿈에 부풀어 있었다.

우리는 한국독립군 조국을 찾는 용사로다 / 나가 나가 압록강 건너 백두산 넘어 가자 / 우리는 한국광복군 악마의 원수 쳐 물리자 / 나가 나가 압록강 건너 백두산 넘어 가자 / 등잔 밑에 우는 형제가 있다 / 원수한테 밟힌 꽃 포기 있다 / 동포는

기다린다 어서 가자 조국에(〈압록강 행진곡〉)

1940년대 광복군을 대표하는 노래, 〈압록강 행진곡〉이다. 이 곡을 쓴 한형석은 부산 출신의 음악가로 중국 상하이 신화예술대학에서 작곡을 전공했다. 그는 1939년 충칭에서 한국청년전지공작대 예술조장을 맡아 본격적으로 군가와 가곡을 만들기 시작했다. 이듬해에는 중국 국민군 소속 음악교관으로 일하며 중국어 군가를 작곡하기도 하였다. 1941년 광복군에 편입되자 한형석은 눈부신 작품 활동으로 항일 무장투쟁의 심장을 뛰게 하였다.

그가 내놓은 《광복군가집》에는 〈압록강 행진곡〉, 〈국기가〉, 〈조국행진가〉 등 주옥 같은 군가들이 수록되어 있다. 〈승기가〉는 광복군의 국기 게양식 때 사용되었으며, 가극 〈아리랑〉은 침체된 항일 전선에 활력을 불어넣었다. 1944년에는 광복군 제2지대 선전대장이 되어 지대장 이범석 휘하에서 활약했다. 광복군과 중국 국민군이 긴밀한 연합전선을 이루는 데 공헌하기도 하였다. 한형석은 음악으로 조국 해방을 향한 광복군의 진군을 지휘하였다.

이순신과 을지문덕의 용진법으로

요동 만주 넓은 뜰을 쳐서 파하고 / 여진국을 토멸하고 개국

하옵신 / 동명왕과 이지란의 용진법대로 / 우리들도 그와 같이 원수 쳐보세 / 나가세 전쟁장으로 / 나가세 전쟁장으로 / 검수도산 무릅쓰고 나아갈 때에 / 독립군아 용감력을 더욱 분발해 / 삼천만 번 죽더라도 나아 갑시다 / 한산도의 왜적을 쳐서 파하고 / 청천강수 수병 백만 몰살하옵신 / 이순신과 을지공의 용진법대로 / 우리들도 그와 같이 원수 쳐보세 / 나가세 전쟁장으로 / 나가세 전쟁장으로 / 검수도산 무릅쓰고 나아갈 때에 / 독립군아 용감력을 더욱 분발해 / 삼천만 번 죽더라도 나아 갑시다(《용진가》)

1910년대부터 만주 등지에서 의병과 독립군이 우렁차게 부른 〈용진가〉다. 동명왕과 이지란, 이순신과 을지문덕의 '용진법'은 무엇일까? 그것은 반만년 우리 역사에 생생히 살아 숨 쉬는 '용감력'이다. 삼천만 번 죽더라도 더욱 분발하여 나아가는 유장한 역사의 힘이다.

일제강점기 독립군, 독립운동가들은 역사를 지키기 위해 물러서지 않고 끈기 있게 싸웠다. 역사를 잊지 않는 민족은 고통을 견뎌내고 희망을 일으켜 마침내 어둠을 물리친다. 광복光復, 빛을 기어이 되찾는다.

정몽주는 과연 고려를 지키려고 이성계에 맞섰을까?

<단심가>와
고려 멸망
비사

고려 말에 이성계가 포은圃隱 정몽주鄭夢周(1337~1392)를 초청하여 연회를 열었다. 그의 다섯째 아들 이방원이 포은에게 술을 권하고 단가短歌(시조)를 지어 불렀다.

> 이런들 어떠하리此亦何如 / 저런들 어떠하리彼亦何如 / 성황당 뒷담이城隍堂後垣 / 다 무너진들 어떠하리頹落亦何如 / 우리도 이같이 하여我輩若此爲 / 아니 죽으면 또 어떠리不死亦何如

속마음을 떠보고 회유하려는 뜻도 있지만, 죽고 싶지 않으면 굽히라는 협박도 슬며시 얹었다. 포은은 빙긋이 웃고는 술잔을 돌려보내며 응수했다.

이 몸이 죽고 죽어此身死了死了 / 일백 번 고쳐 죽어一百番更死了 / 백골이 진토되어白骨爲塵土 / 넋이라도 있고 없고魂魄有也無 / 임 향한 일편단심이야向主一片丹心 / 가실 줄이 있으랴寧有改理也歟

조선 중기 문신 심광세가 1617년에 지은 《해동악부海東樂府》에 정몽주의 〈단심가丹心歌〉와 이방원의 〈하여가何如歌〉가 실려 있다. 두 노래가 나오는 현존 문헌 가운데 가장 오래되었다.

여기서 〈하여가〉는 〈단심가〉를 끌어내기 위한 노래일 뿐이다. 조선 시대에 뜨거운 화두가 되었던 것은 고려왕조와 운명을 함께 한 포은의 충절이었다. 정몽주는 누구이고, 그의 절의는 어떻게 바라봐야 할까?

황제와 막부를 움직인 카리스마

정몽주가 맨 먼저 두각을 나타낸 것은 공부였다. 1360년 23세의 나이로 문과 과거에서 장원을 차지한 것이다. 그는 고려 땅에서 공부를 제일 잘하는 수재였다. 시험만 잘 본 게 아니었다. 젊어서부터 학자로서 뛰어난 자질을 보였다.

공민왕(재위 1351~1374)은 성균관을 정비하고 유학 교육을 장려했다. 당시 고려 사대부들은 중국 신유학을 집대성한 주자朱子의 성리학에 심취하였다. 성균관 박사들의 성리학 강의는 인기가 높았다. '일타강사'는 단연 정몽주였다. 그의 강의를 들으려고 유생들이 구름처럼 모여들었다.

성균관 대사성 이색은 포은을 "동방이학東方理學의 조祖"라고 추켜세웠다. 이기론理氣論과 심성론心性論에 통달하여 고려 성리학을 일으켰다는 것이다. 성균관의 수장이 자기보다 아홉 살 어린 유학자를 이처럼 극찬했다.

정몽주는 이후 조정에서 학문을 관장하는 고위직을 두루 역임했다. 1374년에는 성균관을 통솔하는 대사성, 1385년에는 과거를 주관하는 동지공거, 1388년에는 국가 문서를 총괄하는 예문관 대제학을 지냈다. 유생들의 존경을 받는 명예로운 관직들이었다. 포은은 성리학을 숭상하는 신진사대부의 스승으로 자리매김했다.

대학자라고 해서 그를 고지식한 샌님으로 본다면 오산이다. 정몽주는 유약한 책상물림이 아니었다. 의외로 강단 있고 유능하며 카리스마 넘치는 인물이었다. 이러한 면모는 외교관으로 나섰을 때 두드러지게 나타났다.

1372년 포은은 고려 사신단의 서장관書狀官이 되어 명明나라의 수도 남경에 들어갔다. 명이 촉蜀을 평정한 것을 축하하는 사절이었다. 그런데 사신단이 배를 타고 돌아오다가 허산許山 앞바다에서 큰 풍랑을 만났다.

배는 침몰했고 정사正使 홍사범 등 많은 동료가 익사했다. 표류한 이들은 거센 물살과 싸운 끝에 간신히 인근 바위섬에 닿았다. 살아남은 자는 열두 명에 불과했다. 정몽주도 그중 한 사람이었다.

그곳에서 포은은 말다래를 베어 먹으며 13일을 버텼다. 말다래는 흙이 튀지 않도록 말안장 아래에 드리운 가죽 가림막이다. 절망적인 상황이었지만 포기하지 않고 악착같이 살아남은 것이다. 조난자들은 결국 구조를 받게 되었다. 지나가는 배가 그들을 발견하고 관아에 고한 덕분이다. 정몽주는 홍무제의 배려로 융숭한 대접을 받고 귀국길에 올랐다.

고난은 귀국 이후에도 계속되었다. 1374년 공민왕이 홍륜 등에게 시해되자 이인임이 우왕(재위 1374~1388)을 옹립하고 권력을 잡았다. 권신 이인임 일파가 북원北元 사신을 받아들여 국교를 맺으려고 하자 명나라에 사대하는 신진사대부들이 거세게 반발했다. 성균관 대사성 정몽주가 중심에 있었다.

이 일로 이인임에게 찍힌 포은은 경상도 언양으로 유배를 떠났다. 귀양살이는 2년 만에 풀렸지만, 권신들의 앙금은 가시지 않았다. 1377년 정몽주를 보빙사報聘使로 천거하여 일본 규슈의 하카타(지금의 후쿠오카)로 보낸 것이다.

그가 맡은 임무는 무로마치막부와 교섭해 고려를 약탈하는 왜구를 금하도록 만드는 것이었다. 2년 전 일본에 간 고려 통신사 나흥유는 첩자로 의심받고 일본 감옥에 갇혀 굶어 죽을 뻔했다. 당시 일본 사행使行은 목숨을 잃을 수도 있는 위험한 길이었다. 주위 사람들은 모두 걱정했지만, 정몽주는 꿋꿋하게 하카타로 건너갔다.

교섭 상대는 막부의 유력 인사인 규슈 절도사 이마가와 료순이었다. 포은은 고금의 사례를 들어 양국의 이해관계를 자세히 짚고 우호의 중요성을 침착하게 설득했다. 규슈 절도사는 그의 언변과 태도에 깊은 감명을 받고 왜구 단속에 협조했다. 정몽주가 돌아갈 때 막부 관리들을 함께 보내 고려 해안을 순찰하고 왜구를 붙잡도록 한 것이다. 실질적인 진전이었다. 포은이 얼마나 유능한 외교관인지 알 수 있는 대목이다.

성봉수는 무엇보다 왜구의 노예가 된 고려인들을 안타깝게 여겼다. 귀국길에 규슈에 끌려갔던 포로 수백 명을 데려왔다. 재상들을 설득해 몸값도 모았다. 왜구에게 포로 한 명이라도 더 구하기 위해 개경의 권문세족을 상대로 '모금 운동'을 펼친 것이다. 그의 애민정신과 책임감에 고려 백성들은 감동할 수밖에 없었다.

1384년 포은은 홍무제의 생일을 맞아 다시 명나라에 들어갔다. 당시 고려와 명나라는 북원과의 관계 문제로 갈등의 골이 깊어진 상태였다. 홍무제는 출병할 구실을 만들려고 고려에 무리한 세공歲貢을 요구하고 있었다. 세공이 약속과 다르다고 하여 고려 사신들을 장형杖刑에 처하고 유배 보내기도 하였다.

이런 상황에서 누가 사행길에 오르려고 하겠는가. 서로 피하려다 보니 어느새 홍무제의 생일이 60일 앞으로 다가왔다. 황제의 생일을 축하하는 성절사聖節使가 날짜를 맞추지 못하면 처형당할지도 몰랐다. 우왕은 이 위험한 임무를 포은에게 맡겼다.

정몽주는 즉시 길을 재촉하여 생일에 맞춰 남경에 도착했다. 홍무제는 그가 전에 사신으로 온 적이 있음을 알고 각별한 관심을 나타냈다. 포은은 황제 앞에서 표류했던 모험담을 소상히 밝혔다. 홍무제는 이야기를 흥미롭게 듣고 나서 고려에 부과한 세공을 대폭 감면해 주었다. 앞서 유배 보냈던 고려 사신들도 풀어주었다. 정몽주의 강단과 인품이 황제의 마음을 움직인 것이다.

포은은 인간적인 매력이 넘치는 사람이었다. 명나라 홍무제와 일본 규슈 절도사까지 사로잡을 만큼 남다른 카리스마를 갖고 있었다. 고려 땅에서 그의 명성과 평판은 나날이 치솟았다. 조정에서도 신망이 두터워 주위에 사람들이 모여들었다.

무고 사건 계기로 이성계에 맞서

이성계 또한 두 살 아래인 정몽주를 흠모하여 가까이 두고자 했다. 1364년 동북면병마사 이성계가 여진족 삼선·삼개를 화주(영흥)에서 격퇴할 때 정몽주는 종사관으로 주장主將을 보필했다. 1380년 이성계가 삼도도순찰사가 되어 황산(운봉)의 왜구를 섬멸할 때도 포은은 판도판서로서 보급을 지원했다. 1383년 여진족 호발도가 함주(함흥)를 점령하자 정몽주는 이성계 휘하의 조전원수로 출전하여 함께 적을 물리쳤다. 전장에서 생사고락을 같이하며 두 사람 사이에 끈끈한 신뢰가 형성되었다.

포은은 권문세족에 맞서 고려를 개혁하고 백성을 구제하려면 이성계의 무력이 뒷받침되어야 한다고 보았다. 1388년 이성계가 위화도에서 회군했을 때 같은 편에 선 것도 그래서였다.

이성계가 조준, 정도전, 윤소종 등 급진파 사대부들과 손잡고 사전私田 혁파에 나섰을 때도 반대하지 않았다. 급진파가 권문세족의 인적·물적 기반을 무너뜨리고 역성혁명에 필요한 민심을 얻고자 함을 몰랐을 리 없다. 정몽주는 고려를 되살리려는 온건파 사대부들을 대변하면서 실권자 이성계의 균형추가 되고자 했다.

역성혁명 세력은 과감하게 움직였다. 이번에는 고려왕조를 파국으로 몰아넣을 계책을 실행에 옮겼다. 1388년 10월 문하시중 이색과 제자 이숭인이 명나라에 들어가 33대 왕, 창왕의 알현(왕위 계승을 인정받으려는 목적으로)을 청했는데 이때 이성계의 아들 이방원이 서장관으로 동행했다. 황제는 창왕이 오건 말건 별로 관심이 없었다. 명나라는 이방원을 주목했을 것이다. 고려의 새 실권자가 친아들을 보낸 만큼 특별한 교감이 이루어졌을 가능성이 크다. 그 결과는 다음 해에 나왔다.

"어린 왕(창왕)에게 오지 말라고 전하라. 고려는 왕씨 임금(공민왕)이 시해되어 후사가 끊기는 바람에 다른 성이 왕씨를 가장하고 임금 노릇을 하니 삼한에서 대대로 지켜온 좋은 법이 아니다."《고려사》〈세가〉 창왕 1년)

1389년 9월 윤승순·권근이 명나라 황제의 성지^{聖旨}를 받아왔는데 기절초풍할 내용이 담겨 있었다. 우왕과 창왕이 왕씨가 아니라는 것이었다. 1376년 신돈의 비첩 반야가 태후궁에 잠입하여 우왕의 생모임을 주장한 이후로, 저자에는 우왕이 공민왕이 아닌 신돈의 자식이라는 풍문이 나돌았다. 그 저자의 풍문이 명 황제 주원장의 성지로 기정사실이 돼버렸다.

황제로부터 명분을 얻었으니 이제 임금을 갈아치울 차례다. 이성계는 11월에 흥국사에서 회동을 가졌다. 판삼사사 심덕부, 문하찬성사 정몽주와 지용기, 정당문학 설장수, 문하평리 성석린, 지문하부사 조준, 판자혜부사 박위, 밀직부사 정도전이 한자리에 모였다. 이 9인 회동에서 고려의 운명을 바꿀 결의가 나왔다.

"마땅히 가짜를 폐하고 진짜를 세워야 한다^{廢假立眞}. 이에 신종의 7대손 정창군 왕요를 옹립한다."《고려사》〈세가〉 공양왕 총서)

이성계 등은 그 길로 군사를 몰고 정비 안씨(공민왕비) 궁으로 가서 교서를 받아냈다. 그리하여 공양왕(재위 1389~1392)이 즉위하고 가짜로 몰린 우와 창은 서인으로 강등되어 죽음을 맞는다. 이로써 고려왕조의 정통성은 돌이킬 수 없이 훼손되고 말았다. 달리 보면 역성혁명의 정당성을 선전하기에 알맞은 조건이 갖춰진 셈이다.

포은은 왕을 옹립하여 공신의 영예를 누렸지만, 내적인 갈등에 빠졌다. 고려는 걷잡을 수 없이 무너지고 있고, 이성계는 본격적으로 창업의 길을 걷기 시작했다. 포은은 선택의 갈림길에 섰다.

그가 이성계에게 등을 돌린 결정적인 계기는 역성혁명 세력이 연거푸 벌인 무리한 옥사獄事였다. 이성계의 측근들은 우왕이 죽기 전에 일으킨 도발이나 명나라에서 일어난 실체가 불분명한 고변을 의도적으로 부풀려 고려에 충성하는 대신과 장수들을 사지로 몰아넣었다. 역성혁명의 걸림돌을 제거하려는 정치적 음모였다.

최영의 친족 김저의 옥사는 생전에 여흥(여주)에 머물던 우왕이 발단이었다. 1389년 11월 김저와 정득후가 우왕의 사주를 받고 이성계를 습격했다. 하지만 습격은 실패했고 김저는 혹독한 국문을 받았다. 옥리들은 공모자를 실토하라면서 대신과 장수들의 이름을 들먹였다. 모진 고문 끝에 김저는 변안열, 우현보, 우홍수, 우인열, 왕안덕 등이 이성계를 죽이고 우왕을 복위시키려고 했다는 공술(신문에 의한 진술)을 토해냈다.

역성혁명 세력은 그 진술을 공양왕 옹립 직후에 썼다. 공양왕이 이성계를 견제하기 위해 문신 이색과 무신 변안열을 요직에 임명하자 대간臺諫이 들고 일어났다. 감찰을 담당하는 사헌부, 간쟁에 종사하는 낭사를 이성계 일파가 장악한 것이다.

김저의 공술에 이름을 올린 변안열은 집중 표적이 되었다. 이성계에 필적하는 무장인 만큼 반드시 제거하려고 했다. 결국 그는 한양으로 귀양을 갔다가 1390년 1월 국문을 받지 않고 처형되었다. 고문당하면 또 다른 '충신'들이 연루될까 봐 왕이 한양부윤에게 첩지를 내린 것이다.

하지만 이성계 측근들은 관련자들을 고문하고 김저의 공술을 보태 정적들을 죄인 명부에 올렸다. 우왕과 창왕을 옹립한 이색, 창왕의 외조부 이림, 전 시중 우현보는 물론 그 자식들인 이종학, 이귀생, 우홍수까지 '신우·신창의 당'이라며 국문을 받고 유배길에 올랐다. 이숭인, 권근 등 이색 문하 또한 죄를 뒤집어썼다.

왜구 토벌전에서 혁혁한 공을 세운 장수들인 정지, 왕안덕, 우인열 등도 화를 입었다. 역성혁명 세력은 장차 이성계에게 대항할 가능성이 있는 무장들을 어떻게든 옥사에 엮으려고 했다. 하지만 직접적인 자백이나 증거가 없어 죽이지는 못했다. 그래서일까? 얼마 후 가중처벌할 수 있는 후속 옥사가 터졌다.

1390년 5월 사신 조반이 명나라에서 돌아와 놀라운 소식을 전했다. 파평군 윤이와 중랑장 이초라는 자가 명나라 홍무제에게 이성계와 공양왕이 모의해 명나라를 치려 한다고 고변했다는 것이었다.

윤이와 이초는 지위를 사칭한 정체불명의 인물이었다. 두 사람은 유배지에 있는 재상들이 은밀히 자신들을 파견해 고변하게 했다면서 그들이 누구인지 털어놓았다. 이성계 일파가 이미 유배 보낸 죄인들과 함께 여러 중신과 장수의 이름이 윤이의 글에 적혀 있었다. 은밀히 고변한다면서 마치 보란 듯이 면면을 드러낸 것이다.

이성계파 대간들은 다시 들고 일어났다. 윤이의 글에 나온 자들을 모두 잡아들여 국문해야 한다는 것이었다. 그렇지만 공양왕이 거부했다. 실체가 불분명하고 저의도 의심스러웠기 때문이다.

이때 연루자 가운데 김종연이 도망가는 사건이 발생했다. 그는 박위와 함께 왜구의 본거지 대마도를 정벌했던 장수였다. 켕기는 게 있으니 달아났을 것이라며 대간들이 목소리를 높였다. 결국 대대적인 옥사가 일어났다. 중신과 장수 수십 명이 순군옥으로 끌려갔다. 각지에 흩어진 유배 죄인들은 청주옥으로 모았다. 가혹한 국문이 이어졌다. 감옥에서 처절한 비명이 울려 퍼지고 사람들이 고문으로 죽어 나가자 포은이 나섰다.

1390년 7월 정몽주는 "(공양왕의 선조) 4대를 추봉하는 기회에 이색 등 죄인들을 사면하는 은혜를 내리소서"라고 임금에게 건의하여 허락을 받았다. 대간이 반발하자 그는 "윤이와 이초의 옥사는 죄가 명백하지 않고 이미 사면을 받았으니 다시 논죄할 수 없다"라고 일축했다. 정몽주는 이성계의 측근들이 선을 넘었다고 봤다. 역성혁명의 걸림돌을 제거하고자 죄 없는 사람들을 무고하는 것은 성리학의 절의에 어긋난다고 판단한 것이다.

거짓을 용납지 않은 포은의 진정한 절의

신망이 두터운 명신 포은이 움직이자 조정에 '정몽주당'이 형성되어 역성혁명 세력과 맞섰다.

그러자 이성계 일파는 1390년 11월 도망자 김종연의 정변 음모에 연루되었다며 공신 심덕부, 지용기, 박위를 숙청했다. 그들의 군권을 빼앗은 이성계는 1391년 2월 군제를 삼군도총제부로 바꾸고 삼군도총제사(이성계), 좌군총제사(조준), 우군총제사(정도전), 중군총제사(배극렴) 등 수뇌부를 자신과 측근들로 채웠다.

역성혁명 세력이 고려의 군권을 완전히 장악했지만, 포은은 기죽지 않았다. 공양왕의 신임을 얻어 수시중에 오른 정몽주는 조정을 일신하고 대간을 물갈이했다. 정몽주파 대간의 화력은 이성계 군부의 창칼에 못지않았다. 포은은 명백한 죄가 없는데도 이성계 일파에 의해 숙청당한 인사들을 풀어주었다. 그리고 왕에게 건의해 문서로 경고했다.

"지금 이후로 이 사람들의 죄를 다시 논하는 자는 무고誣告죄로 다스릴 것이다."《고려사》〈열전〉 '정몽주')

공양왕은 골치 아픈 문제가 해결되었다며 정몽주에게 안사공신安社功臣의 호를 내렸다. 사직을 안정시킨 공이 크다는 것이다. 포은은 명나라 법전《대명률大明律》과 원나라 법규집《지정조격至正條格》, 그리고 고려의 법령을 참고하여 새로운 법률을 만들어 올렸다. 정치적 음모를 꾸며 옥사와 무고를 남발하지 못하도록 법 제도를 정비한 것이다.

정몽주의 공명정대한 처사에 감복하여 사대부들이 모여들었다. 세가 순식간에 불어났다. '신우·신창의 당'이라고 낙인찍혔던 구세력도 포은에게 동조하여 힘을 실었다. 물론 공양왕도 뒷배가 되어주었다. 포은을 중심으로 고려를 수호하려는 세력이 모두 결집한 셈이다. 그리하여 1392년에 접어들면 오히려 정몽주 대세론이 역성혁명 세력을 압도하게 된다.

이성계 측근들은 대부분 조정에서 쫓겨났고 조준과 정도전은 귀양길에 올랐다. 엎친 데 덮친 격으로 이성계가 3월 해주에서 사냥하다가 말에서 떨어져 크게 다쳤다. 정몽주를 따르던 좌사의 김진양이 이 기회를 놓치시 않고 상소를 올렸다. 유배 중인 조준·정도전 등을 극형에 처하라고 요구한 것이다. 왕의 재가만 얻어낸다면 이성계의 좌우 날개를 꺾을 수 있는 결정적인 순간이었다.

하지만 공양왕은 두려움에 사로잡혀 결단을 내리지 못했다. 그 틈을 비집고 이방원이 발 빠르게 움직였다. 다친 아버지를 빨리 집으로 모시고, 사람을 보내 측근들의 극형을 막도록 했다. 그리고 위급한 집안을 구하기 위해 포은을 처단하기로 마음먹었다.

1392년 4월 정몽주가 이성계 병문안을 다녀가자 이방원은 수하들을 포은이 사는 동리로 보냈다. 조영규, 고여, 이부 등이 동리 입구에서 기다리다가 돌아오는 정몽주를 마침내 격살했다. 마지막 버팀목이 쓰러지자 고려는 거짓말처럼 와르르 무너졌다.

이방원은 조선 건국 후에 왕자의 난을 일으켜 왕권을 거머쥐었다. 1405년 태종은 자신이 죽인 정몽주를 영의정으로 추증하고 문충文忠이란 시호를 내렸다. 고려와 운명을 함께한 정몽주는 충절의 표상이 되었다. 역사의 아이러니가 아닐 수 없다.

정몽주의 절의파 학통은 조선 전기 사림士林으로 이어졌다. 포은의 문묘 종사는 선비들의 숙원이었다. 성인聖人 공자의 사당에 배향하는 것은 유자儒者로서 최고의 영예다. 그 숙원은 중종 12년(1517) 조광조와 사림에 의해 이루어졌다.

임진왜란 이후에는 숭모 열기가 더욱 뜨거워졌다. 포은이 절의를 지키다가 죽은 곳으로 선죽교善竹橋가 떠오른 것도 이때부터다. 그런데《고려사》와《태조실록》을 살펴보면 이방원의 수하들이 포은의 집 근처에서 대기하다가 살해했다고 기록되어 있다. 1485년 개성을 유람한 남효온도 현지 노인의 증언을 빌려 최후의 장소가 포은의 옛집이 있는 태묘동 입구라고 했다(《추강집》〈송경록〉). 어째서 선죽교로 바뀌었을까?

선죽교는 고려의 도읍 개성을 대표하는 다리다. 고려의 운명을 짊어진 신하가 붉은 피를 흘리며 쓰러지고, 그 피를 빨아들여 선비의 절개를 상징하는 대나무가 자라는, 그래서 정몽주의 최후를 극적으로 묘사할 무대 장치로 안성맞춤이다.

전란을 겪고 나서 흩어진 민심을 수습해야 했던 조선 지배층은 만고의 충신 정몽주를 현창顯彰하였고, 그의 충절을 부각하기 위해 선죽교를 이야기 무대로 활용했다. 〈단심가〉 또한 같은 맥락으로 볼 수 있다. 정말로 포은이 부른 노래일 수도 있지만, 그보다는 극적 효과를 높여주는 주제가에 가깝다.

조선 시대에 극적으로 현창된 이야기를 걷어내고 역사적 사실에 초점을 맞추면 또 다른 '단심丹心'이 돋보인다. 정몽주의 절의는 나라와 임금에 대한 충성심에 국한되지 않는다. 포은이 이성계에게 등을 돌린 계기는 역성혁명 세력이 터무니없는 옥사를 일으키고 무고를 일삼았기 때문이다.

그는 당대 최고의 성리학자였다. 성리학은 인간의 심성과 세상의 이치를 탐구하는 학문이다. 무고誣告로 죄 없는 사람들을 죽이는 짓은 심성을 더럽히고 세상을 어지럽히는 악행이므로 용납할 수 없었다. 거짓에 현혹되기 쉬운 오늘날, 우리가 포은의 절의를 주목해야 하는 이유다. 그는 거짓에 맞서 도리를 지키다가 의로운 최후를 맞았다.

육룡이 나르샤,
천명을 받아 나라 세웠으니

《용비어천가》에
담긴
조선 건국사

뿌리 깊은 나무는 바람에 아니 흔들릴새 꽃 좋고 열매 많나니 / 샘이 깊은 물은 가물에 아니 그칠새 내가 되어 바다로 가느니(《용비어천가》2장)

〈용비어천가龍飛御天歌〉는 역사 기록에 등장하는 최초의 한글 시가詩歌다. 세종대왕이 훈민정음을 반포하기 1년 5개월 전에 우리말 노래와 한역시漢譯詩, 그리고 사적事跡을 엮어 첫선을 보였다(《세종실록》1445년 4월 5일).

저 유명한 2장은 순수한 우리말이 한글을 만났을 때 얼마나 아름다운 시상과 율격을 빚어내는지 보여준다. 여기 세종의 가르침이 오롯이 담겨 있다. 뿌리 깊은 나무와 샘이 깊은 물은 모든 일에는 그 근원이 있음을 깨닫게 해준다.

'훈민정음訓民正音'은 '백성을 가르치는 바른 소리'라는 뜻이다. 세종이 백성에게 가장 먼저 가르치고 싶었던 것은 선대의 공덕을 높이 찬양하고 창업의 정당성을 널리 알리는 조선 건국의 노래였다. 그게 바로 〈용비어천가〉다. 막대기로 땅을 두드리며 이 노랫말에 어울리는 곡도 지었다. 〈치화평致和平〉과 〈취풍형醉豊亨〉, 그리고 〈여민락與民樂〉이다. 세종대왕은 노래로 백성을 교화하고자 했다.

《용비어천가》 앞세워 훈민정음 반포 추진

1442년 봄 세종이 경상도와 전라도 관찰사에게 다음과 같은 전지傳旨를 내렸다.

"홍무 13년 9월에 왜구가 떼를 지어 육지로 올라와 우리의 경계를 침략한 바 있다. 태조께서 군사를 이끌고 운봉에 이르러 단숨에 소탕하였으니, 그 훌륭한 공과 위대한 업적은 후세에 전하지 아니할 수 없는 것이다. 당시 군마軍馬의 수효와 적을 제어한 방책과 접전한 숫자와 적을 함락시킨 광경 등을 반드시 본 사람이 있을 터. 경들은 도내 여러 고을의 늙은이들을 방문하여 상세히 기록하고 아뢰어라."(《세종실록》 1442년 3월 1일)

세종은 할아버지 이성계의 대표적인 공적을 자세히 알고자 했다. 홍무 13년(1380) 7월 왜선 500여 척이 금강 하구 진포로 몰려왔다. 왜구들은 충청도, 경상도, 전라도를 휩쓸며 닥치는 대로 노략질하고 잔혹한 만행을 일삼았다. 9월에 이성계가 삼도도순찰사로 출정하여 운봉의 황산에 웅거한 왜구들을 비로소 섬멸했다. 이를 '황산대첩荒山大捷'이라고 일컬었다.

이 승전은 이성계가 변방의 무장에서 구국의 영웅으로 거듭나는 전환점이었다. 덕분에 중앙 요직에 진출한 그는 출세 가도를 달렸다. 정몽주, 정도전, 조준 등 신진사대부와 손잡고 역성혁명의 야망을 키웠다. 애초에 황산대첩이 없었다면 대업은 불가능했을 것이다.

기념비적인 공적에 대해 세종은 현지 실사를 명한다. 고을을 다니면서 노인들의 목격담을 채록하라는 특명이었다. 운봉은 지리산 아래 자리한 고장이다. 당시 왜구가 경상도 함양에서 지리산을 넘어 전라도 운봉에 이르렀기에 양도 수장에게 전지한 것이다.

세월이 흘러 이미 60여 년이 지난 뒤였다. 직접적인 목격담은 많지 않았을 것이다. 주로 구전口傳, 백성이 살을 붙인 무용담이나 영웅담을 채록했을 것이다. 그 이야기들을 어디에 쓰려고 했을까? 실록의 사관은 임금이 〈용비어천가〉를 짓기 위해 왕명을 내린 것이라고 밝혔다(《세종실록》 1442년 3월 1일). 이성계의 황산대첩뿐만이 아니었다. 세종은 선조들의 거룩한 공덕을 발굴하고 정리하여 널리 알리고자 하였다. 왕실의 권위를 높이고 창업의 정당성을 확고히 할 목적이었다. 이런 일에는 노래만큼 빠르고 효과적인 수단이 없었다. 이 사업은 훈민정음 창제로 날개를 달았다.

> 해동 육룡六龍이 나르샤 일마다 천복天福이시니 고성古聖이 동부同符하시니(《용비어천가》 1장)

마침내 여섯 마리 용이 날아올랐다. '용의 노래'는 백성을 가르치는 바른 소리, '훈민정음'과 짝을 이뤘다. 세종은 1443년 12월 친히 한글을 창제했다는 사실을 알리고, 1446년 9월 10일(양력 10월 9일)에 이를 반포했다. 그 사이 우여곡절이 적지 않았다. 한자를 숭상하는 유자儒者들이 들고일어났다. 집현전 부제학 최만리 등이 상소하여 '언문諺文'의 부당함을 아뢰었다.

"이는 대국을 따르는 도리가 아닙니다. 따로 글자를 가진 건 일본, 여진, 몽고 등 오랑캐들입니다. 중국을 버리고 오랑캐와 같아지려는 것입니까?"(《세종실록》 1444년 2월 20일)

최만리는 집현전의 실질적인 수장이었다. 위로 대제학, 제학이 있었지만 모두 고관이 겸직한 것으로 실권은 부제학이 갖고 있었다. 따라서 이 상소는 세종의 전폭적인 지원 속에 조선의 학문을 관장해 온 집현전의 반란으로도 볼 수 있었다.

반발의 수위도 높았다. "상스럽고 무익한 글자", "새롭고 기이한 기예일 뿐"이라고 매도했다. 임금이 친히 만든 글자를 상당히 과격하게 깎아내린 것이다. 이는 집현전뿐 아니라 유자들의 공론이기도 하였다.

세종도 예상치 못한 바는 아니었다. 훈민정음 창제를 사전에 알리지 않고 다 만들고 나서 기습적으로 발표한 것도 그래서다. 일단 기정사실이 되면 유자들이 반발해 봤자 찻잔 속 태풍이다.

게다가 훈민정음은 그들에게도 유익했다. 골칫거리였던 한자음의 혼란을 극복해 준 것이다. 같은 한자도 스승마다 지역마다 발음이 달랐는데, 한글 표음을 기준으로 자전을 만들면 손쉽게 통일할 수 있었다. 학문에 도움을 주니 유자들의 반발도 점차 수그러들었다.

세종에게는 계획이 다 있었다. 훈민정음 첫 작품으로 〈용비어천가〉를 내놓은 것은 다목적 승부수였다. 제목은 임금이 직접 지었다. 선대 육룡이 공덕으로 날아올라 조선의 왕업을 일구는 성스러운 시가다.

육룡은 세종의 직계 선조인 여섯 임금이다. 태종이 추존한 네 명의 국왕 목조 이안사, 익조 이행리, 도조 이춘, 환조 이자춘과 태조 이성계, 태종 이방원을 뜻한다. 세종은 〈용비어천가〉를 앞세워 훈민정음 반포를 밀어붙였다. 신하들은 '용의 노래'에 치여 감히 토를 달지 못했다.

조선 창업이 천명임을 노래로 알려

세종 27년(1445) 4월 5일 우찬성 권제, 우참찬 정인지, 공조 참판 안지 등이 임금에게《용비어천가》를 올렸다.

"신 등은 외람되게 문한文翰의 임무를 더럽혀 민속의 칭송을 삼가 채록했습니다. 또 목조부터 태종까지 거룩하고 기이한 사적事跡을 빠짐없이 찾아 모으고, 옛일을 근거로 왕업의 어려움을 자세히 갖추었습니다. 편찬한 시가는 총 125장으로 노래는 국어를 썼으며 한시를 지어 풀이했습니다. 아들과 손자에게 전하시어 대업이 쉽지 않음을 알게 하소서."

조정의 문장가들은 우리말 노래와 한역시, 사적을 엮어《용비어천가》125장을 편찬했다. 한글 가사는 대부분 2행으로 이뤄졌다. 앞 절에선 중국 제왕의 고사를 끌어오고 뒷 절은 이와 견줄 만한 육룡의 공덕을 노래했다. 공덕을 뒷받침하는 사실과 행적은 한문 주해로 달았다. 세종에게《용비어천가》를 올린 권제, 정인지, 안지 등은《고려사》편찬의 주역들이기도 하였다. 사적을 찾아 모으고 역사를 기술한 경험이 풍부했다.

> 관기官妓로 노하심이 관리官吏의 탓이언마는 조기삭방肇基朔方을 뵈아시니이다 / 서울 사자使者를 꺼리사 바다를 건너실 제 이백호二百戶를 어느 뉘 청請하니《용비어천가》17~18장 뒷 절)

이성계의 고조부 목조 이안사의 노래는 이성계 집안이 동북면에서 왕업을 여는 경위가 담겨 있다. 시작은 불미스러웠다.

전주 호족 이안사가 기녀를 두고 관리와 다투는 바람에 삼척으로 도망갔다. 그를 믿고 따르는 백성 170여 호가 함께 옮겨갔다. 그 관리가 강원도 안렴사로 부임하자 이안사는 배를 타고 다시 덕원(원산)으로 피신했다. 백성들은 이번에도 붙좇았다. 목조는 그 후 원나라에 귀부하고 두만강 건너 알동에 가서 오천호소五千戶所의 수천호戶千戶 겸 다루가치가 되었다. 동북면 사람들이 모두 그의 덕을 우러러 심복하니 왕업이 여기서 비롯되었다.

꾀 많은 도적을 모르사 보리라 기다리시니 센 할미를 하늘이 보내시니 / 삼한三韓을 남을 주리요 바다에 배 없거늘 여투시고 또 깊이시니 《용비어천가》 19~20장 뒷 절)

목조의 뒤를 이어 이성계의 증조부 익조 이행리가 세력을 키워 나가자, 여진족 천호들이 시기하여 군사를 일으켰다. 아무것도 모르는 이행리에게 머리가 센 노파가 경고했다. 익조는 두만강의 섬으로 달아나려 했지만, 물이 깊고 배도 없어 연안에 발이 묶이고 말았다.

절체절명의 순간, 갑자기 강물이 빠지는 이변이 일어났다. 이행리 일가는 물이 얕아진 틈을 타 강을 무사히 건넜다. 곧이어 적이들이닥쳤을 때는 다시 강물이 불어나 추격을 막았다. 두만강의 기적이었다. 하늘이 하신 일이라며 경흥 사람들이 익조를 따랐다.

선조들의 덕업과 하늘의 도우심으로 태조 이성계는 '화가위국化家爲國'의 큰 결실을 맺었다. 집안이 변하여 나라가 된 것이다. 이성계의 공덕은 〈용비어천가〉에서 압도적인 비중을 차지한다.

내 백성 어여삐 여기사 장단長湍을 건너실 제 흰 무지개 해에 뻬니이다 / 치진置陣이 남과 다르사 알아봐도 나아오니 물러가던 들 목숨 마치리이까 / 청講으로 온 왜와 싸우사 투구 아니 벗기시면 나라 소민小民을 살렸으리이까(《용비어천가》 50~52장 뒷 절)

황산대첩은 앞서 세종이 관찰사에게 명해 목격담을 모은 바 있다. 태조가 출정하여 장단을 지날 때 상서로운 흰 무지개가 떴다. 대승의 징조다. 태조가 진을 치는 걸 보고 왜장 아지발도는 다른 장수들과 다르다며 경계했다. 결국 태조는 화살을 쏘아 투구를 벗기는 놀라운 무위武威로 적장을 죽이고 왜구를 섬멸했다. 도탄에 빠진 백성을 구해낸 것이다.

창의반사唱義班師이실새 천리인민千里人民이 모이더니 성화聖化가 깊으사 북적北狄이 또 모이니 / 광부狂夫가 사학肆虐할새 의기義旗

를 기다리사 단사호장簞食壺漿으로 길에 바라옵나니 / 위화진려
威化振旅하므로 여망輿望이 다 모이나 지충至忠이실새 숭흥주中興主
를 세우시니(《용비어천가》9~11장 뒷 절)

대업을 이루는 데 가장 결정적이면서도 정치적으로 민감한 장면은 위화도 회군이었다. 이성계는 왕명을 어기고 군사를 돌려 나라의 운명을 좌우하는 권력을 잡았다. 조선 창업은 고려 멸망을 대가로 치렀기에 각계각층의 반감이 적지 않았다. 그 빌미가 위화도 회군이었으므로 각별히 옹호하고 미화해야 했다.

천 리 회군길에 백성들이 모여들었고 심지어 여진족까지 동참했다고 한다. 신하들은 도시락과 음료를 마련해 의로운 군대를 환영하였다. 방자하고 포학한 우왕에게 민심이 등을 돌린 것이다. '목자득국木子得國', 이씨가 나라를 얻는다는 노래가 세간에 나돌았다. 하지만 태조는 오히려 공양왕을 중흥 군주로 세워 사심이 없음을 보여주었다.

이 대목에서 〈용비어천가〉는 중국의 은주혁명殷周革命을 견준다. 은나라 주왕紂王이 잔혹한 폭정을 거듭하자 천하의 민심은 덕망 높은 서백西伯, 곧 주나라 문왕文王에게 쏠렸다. 그러나 서백은 죽을 때까지 주왕을 섬기며 충심을 지켰다. 반기를 든 것은 그의 아들이었다. 주나라 무왕武王은 태공망 여상과 주공 단의 보필을 받으며 제후들을 거느리고 은나라를 정벌했다. 하늘이 주왕을 버렸으니

천명天命을 받들겠다는 것이었다.

〈용비어천가〉에서 창업의 명분으로 삼은 것도 바로 천명이었다. 위화도 회군 당시 이성계가 군사를 돌려 강을 건너자마자 그동안 머물던 섬이 물에 잠겨 버렸다고 한다. 요동 정벌이고 뭐고 하마터면 다 죽을 뻔했는데 하늘이 도우사, 살아난 것이다. 불세출의 무공으로 외적을 다 물리쳐준 영웅을, 과감한 토지개혁으로 이李밥을 먹게 해준 은인을, 민심은 붙좇았다. 민심이 곧 천심이니, 조선 창업은 천명이었다.

왕권 중심의 조선 건국사를 정립하다

《용비어천가》가 최종적으로 완성된 것은 1447년 2월의 일이었다. 《훈민정음》이 반포되기 전에 정인지 등이 올린 초본을 세종은 계속 보수補修하게 했다. 최항, 박팽년, 신숙주, 성삼문, 강희안 등 집현전 관리들에게 이 일을 맡겼다. 왕은 특히 육룡의 사적이 담긴 역사 주해에 관심을 쏟았다. 세종은 실무자들을 감독하며 다음과 같은 주문을 남겼다.

"용비시龍飛詩에 태조께서 승천부에서 (왜구와) 접전하던 상황을 보태어 넣은 것은, 속언俗言에는 전함이 있으나 역사에 기재되지 않았기 때문이다. 이렇게 빠지거나 샌 것들이 더 있을 터. 사관들과 더불어 사초史草를 자세히 상고하라. 선대부터 태조까지 행사한 자취를 구석구석 뒤지고 찾아서 아뢰어라."《세종실록》1446년 10월 11일)

불세출의 대학자였던 세종 임금은 역사에도 조예가 깊었다. 그는 송나라의 사마광이 편찬한《자치통감資治通鑑》을 애독했다. 정사正史 외에도 풍부한 자료와 고증이 담긴 294권의 방대한 저술이다. 세종은 역사를 공부하는 데《자치통감》만큼 자세한 것이 없다며 집현전에 명하여 해설서를 편찬했다. 밤늦도록 원고를 검토하고 교정하느라 눈병에 시달리기도 하였다.

세종은 역사 기술이 자세하지 못한 것을 참지 못하였다. 전 왕조의 공식 역사서인《고려사》가 그의 치세 내내 완성되지 못하고 개찬改撰을 반복한 것도 그래서다. 1423년《수교고려사》, 1442년《고려사전문》이 완성되었지만 세종에게 퇴짜를 맞았다. 칭호, 공정성 등 여러 이유가 있었지만 공통된 지적사항은 바로 이것이다.

"《고려사》는 찬술이 소략하여 유루遺漏된 것이 많다."《세종실록》1446년 10월 11일)

꼼꼼하지 못하고 엉성하다는 뜻이다. 자료와 고증을 빠뜨려 허술하다는 뜻이다. 세종은《용비어천가》편찬을 통해 신하들에게 그 방법을 가르쳤다. 먼저 지방관들에게 명해 목격담을 채록하게 했다. 속언, 백성들이 입으로 전하는 구전도 모으도록 했다. 사관들의 협조를 받아 사초를 자세히 상고하게 했다. 고려 시대 실록,

비문, 문집 등을 구석구석 뒤지도록 했다.

역사를 대하는 자세도 남달랐다. "우리 전하께서는 이와 같은 사적이 비록 역사책에 실려 있다고는 하나 사람들이 다 펴보기가 어려운 일이라고 근심하셨다."(최항, 〈용비어천가발〉) 당시의 관찬 사서는 아무나 펴볼 수 있는 책이 아니었다. 이에 세종은 《용비어천가》를 대중적인 역사서로 만들고자 했다. 그가 역사 주해에 공을 들인 까닭이다.

1447년 10월 드디어 세종은 《용비어천가》를 열 권의 책으로 간행하였다. 모두 550질을 인쇄해 신하들에게 나눠줬다. 노랫말에 곡을 붙인 〈치화평〉과 〈취풍형〉, 〈여민락〉도 궁중과 민간의 연향에 쓰이기 시작했다. 선대의 공덕을 높이 찬양하고 창업이 천명임을 널리 알리려는 세종의 노력이 담긴 역사 이야기다.

1449년 1월 세종은 우찬성 김종서, 이조판서 정인지 등에게 마지막으로 《고려사》의 개찬을 명하였다. 《고려사》는 문종 1년(1451)에 편찬을 마쳤다. 《용비어천가》에 넣은 고려 말 이성계와 선대의 사적이 자세히 실렸다. 이미 사람들이 읽고 노래하는 역사 이야기를 정사에 수용하지 않을 수 없었던 것이다.

《용비어천가》는 세종의 '역사 바로 세우기' 사업이기도 했다. 왕권 중심으로 조선 건국사를 쓰고 후대에 가르침을 남겼다.

2부
권력과 노래

박정희 대통령의 신청곡이 금지된 까닭은?

⟨동백아가씨⟩와
한일 국교
정상화

헤일 수 없이 수많은 밤을 / 내 가슴 도려내는 아픔에 겨워 / 얼마나 울었던가 동백아가씨 / 그리움에 지쳐서 울다 지쳐서 / 꽃잎은 빨갛게 멍이 들었소(⟨동백아가씨⟩)

가수 이미자의 ⟨동백아가씨⟩(한산도 작사, 백영호 작곡)는 1964년 동명의 영화 주제가 음반에 실려 세상에 첫선을 보였다. 이 음반의 타이틀곡은 배우 최무룡이 부른 ⟨단둘이 가봤으면⟩이었다. 그런데 막상 음반이 발매되자 앨범 뒷면에 수록된 ⟨동백아가씨⟩가 히트곡으로 떠올랐다. 방송마다 이 노래가 흘러나왔고, 음악감상실에서는 '떼창'이 터져 나왔다. ⟨동백아가씨⟩의 인기가 치솟으며 음반은 날개 돋친 듯 팔려나갔다.

가수 이미자는 1959년 19세의 나이에 〈열아홉 순정〉(반야월 작사, 나화랑 작곡)으로 데뷔했다. 〈동백아가씨〉를 부르기 전까지는 가창력을 인정받기는 했지만, 톱스타는 아니었다. 이 노래도 원래는 유명 가수가 부르기로 했는데 레코드사에서 출연료를 아끼기 위해 바꿨다고 한다. 1964년 여름 이미자는 스카라극장 근처 목욕탕 건물 2층에서 만삭의 몸으로 녹음에 임했다. 찜통더위를 식히려고 얼음물에 발을 담그면서 영화 주제가를 불렀다.

그렇게 취입한 노래로 이미자는 거센 신드롬을 일으켰다. 영화 주제가 음반은 품절 사태를 빚었다. 지방 업자들이 여관에서 진을 치며 음반 한 장이라도 더 구하려고 아우성을 쳤다. 극장주들은 이미자를 '모셔가려고' 난리였다. 2천 원에 불과하던 극장 쇼 출연료는 20배 넘게 뛰어올랐다. 귀하신 몸이 된 것이다. 슈퍼스타의 탄생이었다. 〈동백아가씨〉 신드롬은 가요계 판도마저 뒤바꿨다.

대박곡 〈동백아가씨〉가 왜색 가요라고?

1960년대 들어 한국 가요계는 미국 팝 음악의 영향을 받은 '스탠더드 팝'이 강세를 나타냈다. 한명숙이 부른 〈노란 샤쓰의 사나이〉(1961)를 필두로 최희준의 〈우리 애인은 올드미쓰〉(1961), 현미의 〈밤안개〉(1962), 패티김의 〈초우〉(1962) 등이 인기를 끌었다. 미 8군 무대 출신의 가수, 창작자, 연주자들이 가요계에 진출하며 스탠더드 팝의 시대를 연 것이다.

반면 1930년대부터 가요계를 주름잡던 '트로트'는 쇠퇴하고 있었다. 트로트의 근간을 이룬 정서는 비탄悲嘆이다. 일제강점기와 한국전쟁 등 민족사적 시련을 겪으며 트로트는 한국인의 공감을 얻었다. 그러나 1960년대에 접어들자 반응이 시들해졌다. 천편일률적인 신파 감성에 질린 것이다.

〈동백아가씨〉는 식어가던 트로트 인기에 다시 불을 지폈다. 질려버린 신파 감성도 이미자가 부르면 가슴 뭉클한 호소력이 생겼다. 노래에 깃든 극적인 이야기도 흥미를 끌었다. 이 곡을 주제가로 쓴 영화 〈동백아가씨〉는 1963년 동아방송에서 인기리에 방영된 라디오 연속극을 리메이크한 것이다. 섬마을 처녀가 서울에서 온 청년과 사랑을 나누고 미혼모가 되어 인고의 시간을 보내며 애타는 이별과 재회를 한다는 이야기다. 미혼모는 트로트의 신파 감성을 극대화하며 새롭게 떠오르는 소재였다.

1960년대 산업화는 시골 청년들을 서울과 같은 대도시로 불러모았다. 사회 변동기는 야심만만한 젊은이들에게 부와 지위를 획득할 기회를 주었다. 서울에서 출세한 청년들은 조건 좋은 상대를 만나 결혼했고, 시골에서 정을 나눈 처녀들은 속절없이 버림받았다. 산업화와 도시화에 멍든 순정이었다.

이미자의 〈동백아가씨〉는 이런 시대 정서를 관통하며 대박을 터뜨렸다. 음반이 1년 만에 100만 장 넘게 팔렸다. 당시로선 경이로운 판매량이었다. 음반 차트에서도 무려 35주 동안 1위를 차지했다. 그러나 〈동백아가씨〉 신드롬은 얼마 후 예상치 못한 역풍을 맞았다. 1965년 12월 한국방송윤리위원회에서 이 노래에 방송금지 처분을 내렸다. 사유는 '왜색가요'라는 것이었다.

왜색倭色은 일본풍의 문화를 낮잡아 이르는 말이다. 한국 트로트는 일본 엔카演歌와 영향을 주고받으며 일제강점기에 형성되었다. 굳이 따지자면 트로트라는 장르 자체가 왜색과 무관치 않다. 왜색이라는 이유로 〈동백아가씨〉를 금지해야 한다면, 수십 년 동안 쏟아져 나온 트로트 가요도 모두 금지하는 것이 맞다. 그런데 왜 〈동백아가씨〉를 콕 찍어 방송금지 처분을 내린 것일까?

세간에 여러 가지 설이 나돌았다. 〈동백아가씨〉 성공을 시기한 경쟁 레코드사에서 인맥을 동원해 음해했다는 설도 있고, 일본 문화 범람을 우려한 사회단체가 관계 기관에 촉구했다는 설도 있다.

이 처분이 1965년 12월에 나왔다는 점을 눈여겨봐야 한다. 한일 수교에 관한 기본 조약 및 청구권 협정이 타결과 조인을 거쳐 양국 의회의 비준을 마친 직후였다. 박정희 정부가 격렬한 반발을 뚫고 한일회담을 강행하여 어렵게 성사한 일이었다. 이 시점에 왜색가요 방송금지 처분이 나온 건 어떤 의미일까?

한일회담의 뇌관, 청구권과 평화선

한일회담은 1952년 2월부터 1965년 6월까지 13년 동안 일곱 차례에 걸쳐 개최되었다. 애초 한일 양국이 수교에 앞장선 것은 아니었다. 한국은 경제 원조가 간절했고, 일본은 해외 투자를 원했지만 서로 불신과 증오가 쌓여 있어 국교를 맺기가 쉽지 않았다.

한일 국교 정상화를 밀어붙인 쪽은 오히려 미국이었다. 동아시아에서 소련과 중국의 팽창을 저지하려면 전략적으로 한·미·일 안보 협력이 필수였기 때문이다. 한국과 일본은 어쩔 수 없이 회담에 나섰다. 하지만 한일회담은 '청구권'과 '평화선' 문제로 난항을 거듭했다.

1952년 이승만 정부가 작성한 대일對日 청구권 요강을 보면 일제강점기에 조선은행에서 일본으로 반출한 지금地金 249톤과 지은地銀 67톤, 조선총독부가 한국인에게 갚아야 할 체신국의 저금·연금·보험금, 일본인이 한국의 각 은행에서 찾아간 저금액, 그리고 징병과 징용을 당한 한국인 급료·수당·보상금 등이 포함되어 있었다. 이는 법적 근거를 가진 최소한의 청구 내역으로 20억 달러 수준이었다. 단, 일본의 침략으로 한국인이 당한 신체적·정신적 고통과 물질적 피해에 대한 보상은 들어가지 않았다.

평화선은 이승만 대통령이 부산 피란 시절인 1952년 1월 18일에 선포한 해양주권선이다. 한반도 연안에서 60해리까지 대한민국의 영해라는 것이었다. 독도 또한 평화선 안에 들어왔다. 일본이 반발하고 미국도 만류했지만 개의치 않았다. 이 대통령은 오히려 실력 행사를 서슴지 않았다. 평화선을 넘어와 조업하는 일본 어선들을 나포하라고 명했다. 1965년까지 300척이 넘는 일본 선박이 억류되었다. 독도는 의용수비대를 투입해 지키게 했다. 독도에 대한 실효적 지배를 본격화한 것이다.

일본은 청구권을 인정하지 않았으며 평화선도 철폐하라고 주장했다. 양국의 이견이 크고 감정대립이 심해 회담은 휴회와 재개를 반복했다. 1953년 10월에는 일본 수석대표 구보타 간이치로가 "일본 통치는 한국인에게 은혜를 베푼 것"이라고 망언하는 바람에 회담이 결렬되었다. 일본의 술책이었다. 이승만 대통령의 반공포로 석방으로 한미 관계가 삐걱대자 더 유리할 때 하려고 회담을 고의로 지연시킨 것이다(동북아역사재단,《한일회담 일본외교문서 상세목록집》, 2021). 한일회담은 한동안 중단되었다.

밀린 숙제는 4·19혁명과 5·16군사정변을 거쳐 박정희 국가재건최고회의 의장에게 넘어갔다. 박정희 의장은 시국을 안정시키고 경제 원조를 계속 받으려면 반드시 미국의 지지를 얻어야 했다. 미국은 한일 국교 정상화를 조건으로 내걸었다. 박 의장으로서는 거부할 수 없는 제안이었다. 1961년 10월 한일회담이 다시 열렸고, 11월에는 일본을 방문한 박정희 의장이 이케다 하야토 수상을 만나 조속한 시일 내에 국교를 정상화하기로 합의했다.

이어진 회담에서 한국은 청구권을 놓고 8억 달러를 요구했다. 국가재건최고회의는 중장기 경제개발 계획을 수립하고 있었는데 그 재원으로 쓸 요량이었다. 그렇지만 일본은 청구권 금액 7천만 달러에 독립축하금 명목으로 추가 지원을 할 수 있다고 주장했다. 회담이 공전하자 미국 국무부가 개입했다. 1962년 7월 주한미국 대사관에 보낸 훈령이다.

"한국 정부에 청구권의 명목에 구애받지 말고 일본의 경제 원조를 받아들이라고 전하고, 만약 응하지 않는다면 미국의 원조를 다시 고려하겠다고 압력을 가하라."(강준만,《한국 현대사 산책 1960년 대편 2권》, 인물과사상사, 2004)

미국의 압력이 통했던 것일까? 1962년 11월 12일 김종필 중앙정보부장이 오히라 마사요시 일본 외상과 비밀회담을 하고 청구권에 대해 합의했다. 일본이 한국에 무상공여 3억 달러, 재정차관 2억 달러, 상업차관 1억 달러를 제공하기로 한 것이다. 김종필과 오히라는 회담 후 메모를 작성했다. 이른바 '김종필-오히라 메모'였다. 그런데 액수와 방식만 적고 자금 명목은 밝히지 않았다. 한국에서는 청구권 자금으로, 일본에서는 독립축하금으로 각각 해석할 여지를 남긴 것이다.

경제개발 재원을 확보하기 위해 국가재건최고회의는 회담의 또 다른 걸림돌인 평화선을 일본에 양보하려고 했다. 회담 타결을 위해 어쩔 수 없다는 것이었다. 평화선 철폐가 거론되자 국내 여론은 들끓었다. 해양주권을 스스로 포기하는 것이라며 분노했다. 회담은 교착상태에 빠졌고, 대표들은 역적으로 몰렸다.

　1963년 10월 제5대 대통령 선거에서 박정희 의장은 윤보선 후보를 15만 표 차(역대 대선 최소 표 차)로 꺾고 대통령이 되었다. 박 대통령은 다시 한일회담의 고삐를 죄었다. 정부는 1964년 3월 회담을 재개하며 '3월 타결, 4월 조인, 5월 비준' 방침을 천명했다. 대학생들을 중심으로 격렬한 반대 시위가 벌어졌다. 야당, 사회단체, 종교계 등은 '굴욕외교반대 범국민투쟁위원회'를 발족하고 힘을 모았다. 3월 22일 서울 장충단공원 집회에는 70만 명의 인파가 모여들었다. 분위기가 심상치 않았다.

　민심에 놀란 박 대통령은 일본에 머물며 회담을 이끌던 김종필 공화당 의장을 불러들이고 '김종필-오히라 메모'를 공개했다. 자금 명목을 밝히지 않은 금액은 사실상 청구권을 포기하는 것으로 비쳤다. 평화선 철폐와 함께 분통 터지는 합의였다. 데모가 폭발하며 전국으로 확산되었다. 정부는 부랴부랴 한일회담을 중단했지만, 반대운동의 열기를 잠재울 수 없었다. 6월 3일에는 전국에서 10만여 명이 시위를 벌였다. 서울에서는 시위대 수만 명이 광화문 일대를 점거하고 청와대로 향하였다.

'굴욕 외교' 반감 달래려고 왜색 낙인

청와대는 긴박했다. 정일권 국무총리는 박정희 대통령에게 헬기를 타고 피신할 것을 권유했다. 그날 오후 주한미국대사와 미8군 사령관이 급히 박정희 대통령을 만났다. 4·19혁명을 떠올렸는지도 모르겠다. 하지만 혁명은 일어나지 않았다. 오히려 밤 9시 40분을 기해 서울 일원에 비상계엄이 선포되었다. 6월 3일 하루 동안 시위대 1,200여 명이 체포되었다. 7월 29일 계엄이 해제될 때까지 학생 168명, 민간인 173명, 언론인 7명 등 모두 348명이 구속되었다(강준만,《한국 현대사 산책 1960년대편 2권》, 인물과사상사, 2004).

박정희 대통령으로선 정권 붕괴 위기를 가까스로 넘긴 셈이다. 실제로 그날 대통령이 시위 군중을 보고 사임하려 했다는 주장도 있다. 야당도 정권이 무너질 것으로 여기고 윤보선 전 대통령을 중심으로 각료들을 물색했다고 한다. 한일 국교 정상화를 매국이라 규정하고 총궐기를 촉구하던 강경파 정치인들은 막상 계엄이 선포되자 재빨리 몸을 숨겼다. 반면 민주당 대변인 김대중은 정권이 계엄을 선포할지 모르니 무조건 반대하기보다 대안을 준비하자고 설득하다가 야권에서 '사쿠라'로 몰리기도 했다.

한일회담은 1964년 12월에 재개되었다. 시위가 이어졌지만, 박정희 정부는 밀어붙였다. 1965년 6월 22일 한일기본조약과 4개 협정이 조인되었다. 청구권 협정은 '김종필-오히라 메모'와 거의 차이가 없었다. 정부는 무상공여 3억 달러와 비슷한 규모의 차관에 대일청구권을 소진했다. 이전 정부들이 20억 달러 이상 요구한 것과 비교하면 아쉬움이 컸다. 또 한국의 60해리 평화선 대신 일본 측 안인 12해리 전관수역을 설정했다. 이에 시위가 격화되자 박정희 대통령은 위수령을 발동하고 또다시 군대를 투입했다.

〈동백아가씨〉 방송금지 처분은 1965년 12월에 나왔다. 한일 양국이 비준서를 교환하고 수교에 마침표를 찍을 무렵이었다. 정부는 한일회담에 대한 반감을 털어버리고 국정을 추스르는 계기가 필요했을 것이다. '굴욕 외교' 프레임에 갇히면 정부는 힘들어진다. 여론을 바꾸고 국면을 전환해야 했다.

〈동백아가씨〉는 전시효과를 노린 상징적인 희생양이었는지도 모른다. 당대 최고의 인기 가요에 왜색이라는 낙인을 찍으면서 정부를 향한 비난의 화살을 돌리려 했다고 추론할 수 있다. 국익을 위해 어쩔 수 없이 한일 수교를 강행했지만, 박정희 정부는 민족적이라는 것을 국민에게 보여주고자 한 것이다.

〈동백아가씨〉는 방송에 이어 1968년 음반 제작 금지를 당했다. 그렇지만 공연 요청은 줄기차게 이어졌다. 이미자는 베트남전 국군장병 위문공연을 네 번 갔다. 무대에서 〈동백아가씨〉를 부르면 파월 장병들은 그리움에 사무쳐 흐느껴 울었다. 1970년대 후쿠다 다케오 일본 총리가 방한했을 때는 청와대 만찬에 초청받아 이 노래를 불렀다. 박정희 대통령의 신청곡이었다.

한일 수교는 아이러니하게도 이미자에게 또 다른 기회를 안겨주었다. 1966년 그녀는 일본에 진출해 음반을 내고 활동했다. 〈동백아가씨〉는 일본에서도 좋은 반응을 얻었다. 귀국 후에는 〈섬마을 선생님〉(이경재 작사, 박춘석 작곡)이 공전의 히트를 기록했다. 이 노래는 1967년 문화공보부 작곡상과 가창상을 수상하며 〈동백아가씨〉, 〈기러기 아빠〉(김중희 작사, 박춘석 작곡)와 함께 이미자의 대표곡이 되었다.

공교롭게도 세 곡 모두 금지 처분을 받았다. 〈동백아가씨〉는 왜색, 〈섬마을 선생님〉은 표절 혐의, 〈기러기 아빠〉는 비탄조라는 사유였다. 설득력이 없다. 차라리 노래 곡조가 조국 근대화와 진취적 기상을 강조하던 박정희 시대의 기조와 맞지 않다고 배척당했다면 모를까…. 이 노래들은 시대가 바뀌어 1987년에 해금되었다.

이미자는 '엘레지의 여왕'으로 트로트의 새로운 전성기를 열었다. 그녀의 엘레지에는 마력이 있다. 목 놓아 울지 않고 안으로 삼키는 슬픔이기에 더욱 사무친다. 이미자의 노래 인생에도 그런 슬픔이 어른거린다. 대가수라고 꽃길만 걸을 수는 없다. 남들은 모르는 인내와 절제의 시간이 여왕의 노래에 흐르고 있다.

'그리운 내 형제'는 왜 북송선에 탔을까?

재일동포
모국 방문과
〈돌아와요 부산항에〉

꽃피는 동백섬에 봄이 왔건만 / 형제 떠난 부산항에 갈매기만
슬피 우네 / 오륙도 돌아가는 연락선마다 / 목 메어 불러봐도
대답 없는 내 형제여 / 돌아와요 부산항에 그리운 내 형제여

(〈돌아와요 부산항에〉 1절)

'가왕' 조용필이 부른 〈돌아와요 부산항에〉는 20세기 최고의 대중가요로 꼽힌다. 실제로 2000년을 전후해 실시한 여러 설문조사에서 이미자의 〈동백아가씨〉, 서태지와 아이들의 〈난 알아요〉 등을 제치고 세기의 노래로 선정된 바 있다. 조용필은 1972년에 이 곡을 발표하고 1976년 리메이크해 톱스타 반열에 올랐다. 〈돌

아와요 부산항에〉로 '가왕'의 '위대한 탄생'을 알린 것이다.

사실 이 노래는 원곡이 따로 있었다. 가수 김해일(본명 김성술)이 1970년에 내놓은 〈돌아와요 충무항에〉(황선우 작곡)다. 이듬해 원곡 가수가 불의의 화재로 세상을 떠나는 바람에 밴드를 하던 무명 가수 조용필에게 기회가 왔다. 그는 원곡을 개작하고 편곡하여 1972년 자신의 음반에 〈돌아와요 부산항에〉를 수록했다. 노래는 부산을 기점으로 입소문을 타며 퍼져 나갔다.

〈돌아와요 부산항에〉가 큰 인기를 얻은 것은 1976년이었다. 그해 조용필은 새 음반을 발표하며 이 노래를 다시 만들었다. 트로트 음계를 썼지만 기존 트로트와 혁신적으로 달랐다. 전주에 직접 연주한 기타 리프를 넣고 록 음악의 활기찬 리듬을 가미했다. 중간중간 바이올린 연주를 깔아 애절하면서도 고급스러운 음악적 정서를 주었다. 귀에 착 감기는 조용필 특유의 음색이야 더 말해 뭐하겠는가.

음반은 밀리언셀러로 떠오르며 공전의 히트를 기록했다. 〈돌아와요 부산항에〉를 조용필만 부른 건 아니었다. 이미자, 나훈아, 조미미 등 당대 최고의 인기 가수들이 앞다퉈 이 노래를 녹음했다. 하지만 조용필을 넘어서진 못했다. 대중적이면서도 완성도 높은 그의 노래는 1970년대 중반 우후죽순 생겨난 음악다방에서 각광을 받았다. 인기는 벚꽃처럼 꽃망울을 터뜨려 부산에서 전국으로 번져 나갔다. 장르를 넘나들고 전 세대를 아우르는 '가왕'의 음악적 역량이 드디어 빛을 발한 것이다.

따뜻한 동포애 흐르는 세기의 노래

〈돌아와요 부산항에〉는 명실공히 국민가요가 되었다. 국민가요는 시대가 만든다고 한다. 뮤지션의 개인기가 아무리 뛰어나도 노래가 시운을 타지 못하면 비운의 명곡으로 묻히고 만다. 〈돌아와요 부산항에〉는 1972년 7·4 남북공동성명으로 대한민국과 북한 사이에 화해 분위기가 조성되고, 그 영향으로 재일동포의 모국 방문이 줄을 이으면서 인기가 급상승했다.

1975년 추석을 맞아 조총련계 재일동포 720여 명이 부산항을 통해 대한민국에 입국했다. 눈물바다가 된 가족 상봉 장면이 TV로 생중계되어 뭉클한 감동을 자아냈다. 국내는 물론 해외에서도 큰 화제가 되었다. 재일동포 모국 방문은 민단과 조총련을 아우르며 뜨거운 열기 속에 진행되었다. 방문객은 이듬해 4월 한식까지 7천여 명에 이르렀다.

조용필은 대중의 관심사를 자신의 노래에 담았다. 시대 정서에 맞게 〈돌아와요 부산항에〉의 개작과 편곡이 이뤄졌다. '님 떠난'을 '형제 떠난'으로 바꾸고, '보고픈 내 님아'를 '그리운 내 형제여'로 고쳤다. 여기서 형제는 재일동포를 뜻한다. 〈돌아와요 부산항에〉는 개인의 감정이 담긴 가요에서 동포애가 흐르는 시대의 노래로 탈바꿈했다. 한국인이 가장 즐겨 부르는 애창곡 중 하나가 된 것이다. 재일동포들에게도 '최애곡'으로 자리매김했다.

그렇다면 당시 재일동포의 모국 방문이 대중의 관심사가 되고 국내외에서 화제를 불러 모은 까닭은 무엇일까? 〈돌아와요 부산항에〉는 어째서 재일동포들의 가슴에 먹먹한 전율을 일으켰을까? 그들은 대체 누구일까?

일반적으로 '재일동포在日同胞'는 일본에 거주하는 대한민국 국민과 한국계 자손을 가리킨다. 재외동포청 현황을 보면 2023년 기준으로 총 80만 2,118명에 이른다. 이 가운데 대한민국 국민은 영주권자 33만 7,766명, 일반체류자 6만 1,720명, 유학생 1만 2,414명으로 도합 41만 1,900명이다. 일본 시민권자는 39만 218명을 기록하고 있다.

좁은 의미로는 일제강점기에 어쩔 수 없이 이민하거나 강제로 끌려갔다가 광복 이후 일본에 남은 조선인과 그 자손을 '재일동포'라고 일컫는다. 그들은 한민족의 뼈아픈 근현대사를 짊어지고 일본 땅에서 고난의 시간을 헤쳐왔다. 국적을 기준으로 세분하면 한국 국적, 조선적朝鮮籍, 일본 귀화인으로 나뉘는데 모두 합쳐 약 70만 명으로 추산된다. '재일한국·조선인' 또는 '자이니치在日'라고 부르기도 한다.

일본 땅에 조선인이 크게 는 것은 1920년대부터였다. 1915년까지만 해도 재일조선인은 3만여 명에 불과했다. 그런데 일제가 강력히 추진한 토지조사사업(1910~1918)과 산미증식계획(1920~1934)이 민족대이동을 몰고 왔다.

토지조사사업은 지주의 소유권을 보장해 주었지만, 소작농의 경작권은 인정하지 않았다. 이로 인해 조상 대대로 도지 땅을 부치던 가난한 농민들이 경작지를 빼앗기고 생존 위기에 몰렸다. 산미증식계획은 조선 쌀의 일본 유출을 심화하여 식량 부족과 쌀값 폭등을 불러왔다. 땅을 잃은 농민들은 꼼짝없이 굶어 죽게 생겼다.

먹고 살 길이 막막해진 농민들은 어쩔 수 없이 정든 고향을 버리고 머나먼 길을 나섰다. 북쪽 국경을 넘어 간도로 향하였다. 남쪽 바다를 건너 일본에 들어갔다. 하와이, 연해주 등지로 뿔뿔이 흩어졌다. 주린 목숨 움켜쥐고 멀리 쫓겨간 것이다.

재일조선인은 1920년대에 27만 명가량 늘어나 1930년에는 약 30만 명에 이르렀다. 조선인들은 일본 사회의 최하층으로 파고들었다. 폐품수집 등 허드렛일에 종사하며 어떻게든 자리를 잡으려고 애썼다. 밑바닥 인생이었지만 안간힘을 다해 살아남았다.

1931년 만주사변을 일으키며 일본은 대륙 침략을 본격화했다. 일제는 조선을 침략전쟁의 병참기지로 삼아 물자와 인력을 쥐어 짰다. 공권력을 이용한 반강제 모집으로 일본에 건너가는 조선인이 가파르게 증가했다. 중일전쟁 발발 직후인 1938년에 재일조선인은 약 80만 명으로 집계되었다. 그들은 공사판을 전전하며 궂은 일을 도맡았다. 소작인, 직공, 하인 등 일자리를 닥치는 대로 구했다. 하지만 임금은 일본인의 절반도 못 받았다.

1930년대 후반부터 일제는 전시 총동원 체제에 들어갔다. 국가 총동원법을 만들어 정부가 인력과 물자를 마음대로 동원하고 통제할 수 있도록 했다. 이 법은 식민지 조선에도 똑같이 적용되었다. 1940년대에 접어들자 침략전쟁이 장기화하고 태평양전쟁으로 확대되었다. 전쟁을 도발하긴 했지만, 자원 부족을 절감한 일본은 사활을 건 총동원에 나섰다. 일본 인력을 끌어모아 최전선으로 내보내고, 그 빈 자리를 식민지 노동력으로 채웠다.

수많은 조선인이 강제징용으로 끌려가 일본의 군수공장, 탄광, 금속광산, 공사장 등지에서 노예처럼 일했다. 재일조선인이 폭증하여 1945년경에는 230만 명을 넘어섰다. 일제는 말로는 '일본 신민'이라면서도 민족적 편견을 조장하여 조선인들을 핍박했다.

"우리는 독일 총통 히틀러가 유대인들에게 쓴 것과 같은 종류의 정책을 택해야 합니다. 법을 지키지 않는 모든 조선인을 어디 섬으로 끌고 가서 씨를 말려 버려야 합니다. (중략) 서구에서는 독일과 이탈리아 민족이, 동양에서는 야마토 민족이 다른 인종들을 지배하게 되어 있습니다. 그것이 하늘의 뜻입니다."

야나가와 헤이스케 일본 법무대신이 1941년 6월 기자회견에서 밝힌 입장이다(데이비드 스즈키·쓰지 신이치, 이한중 옮김, 《또 하나의 일본》, 양철북, 2014). 조선인들은 고분고분하지 않다며 법무대신은 입에 담지 못할 독설을 퍼부었다. 저항하는 조선인은 씨를 말려야 한다는 것이었다. 독일 총통 히틀러의 유대인 말살을 본보기로 거론했다. 섬뜩하다. 제노사이드genocide, 인종 청소의 참극이 어른거린다. 제국의 악의는 일본 사회를 물들였다. 조선인에 대한 차별과 멸시, 박해가 극심했다.

집을 빌려주지 않거나 가게 출입을 금하는 건 비일비재한 일이었다. 마을 한 집에 불이 나도 조선인의 집이면 불 끄는 걸 도와주지 않았다. 정거장, 대합실에서 자리를 양보하라며 구둣발로 찼다. 이삭 줍던 조선 여인을 도둑이라 욕하고 발길질하여 유산시키기도 했다. 고국을 잃고 흩어진 디아스포라diaspora의 일상적 고난이었다.

극심한 생활고에 쫓겨 북송선 탄 동포들

1945년 8월 15일 마침내 해방을 맞자 재일조선인 대부분은 귀환을 서둘렀다. 이듬해 3월까지 약 150만 명이 돌아갔다(일본 후생성 조사). 귀국을 망설인 동포들도 적지 않았다. 고국에 돌아가도 경작할 땅이 없거나 생계가 어려운 사람들이었다. 일본인과 결혼해 가정을 꾸린 이들도 있었다. 남북 분단과 이념 갈등으로 한반도

정세가 험악했던 상황도 우려가 되었다. 귀국했다가 한국전쟁 때 밀항선을 타고 일본으로 되돌아가기도 했다. 이래저래 약 60만 명의 조선인이 일본에 남았다. 그들이 오늘날 재일동포의 근간이 되었다.

1952년 4월 연합국과 일본의 전후 처리를 위한 샌프란시스코 강화조약이 발효되었다. 이에 따라 재일동포의 법적 지위도 바뀌었다. 일본 정부는 자국에 거주하는 조선인의 일본 국적이 조약에 따라 상실되었다고 선언했다. 재일동포는 모두 일반 외국인과 같은 처지가 되었다. 외국인의 체류를 허가하거나 퇴거를 강제하는 권한은 정부에 있었다. 일본 정부가 재일동포의 거주권을 틀어쥐고 입맛대로 요리할 수 있게 된 것이다.

재일동포는 일제의 식민지배와 침략전쟁이 낳은 존재다. 만약 과거를 반성한다면 역사적 경위를 살피고 책임 있는 자세를 취했을 것이다. 하지만 일본은 죄업을 인정하지 않고 오히려 재일동포의 생존권을 위협했다. 동포들은 외국인 등록을 하는 수밖에 없었다. 문제는 국적이었다. 고국은 남북으로 분단된 상태였다. 국적란에 어느 쪽을 기록해야 할지 애매했다. 동포들은 그래서 '조선'이라고 썼다. 이른바 '조선적朝鮮籍'이다. 대한민국도, 북한도 아니다. 그저 조선 사람이라는 뜻이다.

일본 정부는 재일동포의 권리를 억압했을 뿐 아니라 최소한의 복지 혜택도 빼앗았다. 1950년대 중반 동포들은 일자리가 없어 생활보호 대상자가 많았다. 일본 외무성 자료에 따르면 조선인 생활보호 수혜자가 약 2만 세대, 8만여 명이었다고 한다. 일본 정부는 재일동포에 대한 생활보호 지급을 중단해 극심한 생활고에 빠뜨렸다.

공교롭게도 그 무렵 북한에서 솔깃한 제안을 했다. 1955년 2월 재일동포의 '귀국사업'을 추진하겠다는 뜻을 밝힌 것이다. 북한으로 귀국하는 동포들은 생활을 책임질 것이라고 했다. 북한이 대한민국보다 우위에 있다는 것을 국제사회에 과시하고, 전쟁 피해 복구와 재건사업에 동원할 노동력을 확보하기 위해서였다. 그리하여 1955년에 설립된 조총련을 중심으로 재일동포 사회에서 '귀국운동'이 시작되었다.

일본 정부는 인도주의적 차원에서 재일동포의 귀환 의사를 존중하겠다고 했다. 진짜 속셈은 따로 있었다. 그들이 보기에 조선인들은 생활보호 비용도 많이 들고, 범죄율이 일본인보다 훨씬 높으며, 조총련 영향으로 좌경화 우려가 큰 집단이었다. 경비 절감과 치안 유지를 위해 귀찮은 조선인들을 내보내는 게 이득이었다. 이에 따라 기시 노부스케 내각은 1959년 2월 재일조선인의 '귀환업무'를 개시하기로 했다.

중재 역할은 적십자사가 맡았다. 일본적십자사와 북한적십자회는 1959년 8월 인도 콜카타에서 회담을 열고 협정을 체결했다.

대한민국 정부와 민단은 '북송北送'이라며 거세게 반발했다. 인도주의를 빙자해 재일동포를 북한으로 추방한다고 보았다. 이승만 정부는 '북송 저지 공작대'를 조직해 실력행사에 나섰다. 다이너마이트를 소지한 공작원들이 북송선이 정박할 예정인 일본 니가타에 잠입했다. 그러나 이 과격한 공작은 일본 경시청에 발각되는 바람에 실패하고 말았다. '니가타 일본적십자센터 폭파미수 사건'이었다.

일본은 마침내 귀환 업무를 성사시켰다. 1959년 12월 14일 북한의 만경봉호가 재일동포 975명을 태우고 니가타항을 떠났다. 협정 1차 만료시한인 1962년 11월 12일까지 7만 7,288명이 북한 땅에 발을 디뎠다. 일본 국적의 배우자와 자녀들도 포함되었다. 김정은 북한 국무위원장의 어머니 고영희도 1962년 열 살의 나이로 아버지를 따라 북송선에 탔다.

그런데 북송 동포들 가운데 북한 출신은 그리 많지 않았다. 원래 재일조선인의 90퍼센트 이상은 한반도 남쪽에서 건너간 사람들이었다. 그들은 왜 연고도 없는 북한으로 이주했을까? '사회주의 낙원'에 대한 환상도 있었지만, 무엇보다 생활고가 컸다. 일자리도 없는데 생활보호 지급까지 중단되니 일본에선 끼니를 잇기 힘들었다. 먹고 살려면 북송선에 오를 수밖에 없었다. 1970년대 이후 북송 동포들의 비참한 실상이 알려지면서 만경봉호 탑승객은 급격히 줄었다. 그래도 북송사업은 1984년까지 이어졌으며 모두 9만 3,339명이 이주했다.

같은 한국인, 더 큰 한국인

1965년에 맺어진 한일기본조약은 재일동포의 법적 지위에 중대한 영향을 끼쳤다. 대한민국 국적을 취득한 사람에게 특별영주권을 부여하기로 한 것이다. 추방 위협에 시달려온 동포들에게 한국 국적 취득은 거주권 보장을 의미했다. 게다가 재일동포의 원적지를 살펴보면 일본과 지리적으로 가까운 경상도와 제주도 출신이 많았다. 대한민국 국적을 취득하는 동포들이 빠르게 늘어났다.

1970년대에 이뤄진 재일동포 모국 방문도 큰 호응을 얻었다. 대한민국의 발전상과 가족 상봉의 감동은 조총련계 동포들의 마음까지 흔들었다. 조선적 대신 한국 국적을 취득하는 동포들이 더욱 많아졌다. 조용필의 〈돌아와요 부산항에〉도 한몫 단단히 했다. 동포들은 어느새 노래 속으로 빨려 들어가 오륙도 돌아가는 연락선 타고 부산항에 돌아오는 모습을 그렸다. 노래처럼 그리운 형제들을 외쳐 불렀다.

가고파 목이 메어 부르던 이 거리는 / 그리워서 헤매이던 긴 긴날의 꿈이었지 / 언제나 말이 없는 저 물결들도 / 부딪쳐 슬

퍼하며 가는 길을 막았었지 / 돌아왔다 부산항에 그리운 내 형제여(《돌아와요 부산항에》 2절)

최근에는 재일동포 사회에서 한국 국적 보유자가 조선적의 열 배에 이른다고 한다. 재일한국인은 해외에 나갈 때 대한민국 여권을 소지하고 일본으로 돌아갈 때는 '재입국 허가'를 받아야 한다. 일본 재입국 신청 서류에는 여행 목적을 써야 하는데 동포들은 대개 '거주residence'라고 적는다. 거주를 목적으로 여행하는 자, 난민이다(서경식,《난민과 국민 사이》, 돌베개, 2006).

재외동포청의 2023년 재일동포 현황을 보면 한국 국적과 조선적을 가진 영주권자가 33만 7,766명, 일본 국적을 보유한 시민권자가 39만 218명이다. 재일동포 4세까지 내려오며 일본 귀화인이 점점 늘어나고 있다. 영주권자도 젊은 세대는 한국어를 못하고 한국 문화에 어둡다. 그렇다면 그들을 한국인이라고 볼 수 있을까?

어쩌면 국적은 본질이 아닐지도 모른다. 언어와 문화도 자격요건일지언정 정체성을 결정한다고 볼 수는 없다. 한국인이 같은 한국인인 것은 근현대 고난의 역사를 공유하며, 차별과 억압 속에서 함께 저항하고 살아남았기 때문이다. 그 역동적인 기억과 짙은 유대감이 한국인을 더 큰 한국인으로 만든다.

'가요계 정화' 표적 된 한국 록의 대부

<미인>과
유신헌법
긴급조치

하늘은 파랗게 구름은 하얗게 / 실바람도 불어와 부푸는 내 마음 / 나뭇잎 푸르게 강물도 푸르게 / 아름다운 이곳에 네가 있고 내가 있네(〈아름다운 강산〉)

1972년 10월 신중현은 신곡 〈아름다운 강산〉을 발표한다. 이후 온 국민의 사랑을 받고 수많은 가수가 리메이크할 명곡이다. 이 노래의 탄생에는 정치적인 뒷이야기가 있다.

그 무렵 신중현은 박정희 대통령 측으로부터 노래를 지어달라는 요구를 받았다. '박정희 찬가'를 만들어달라는 것이었다. 신중현이 누구인가? 그는 1960년대에 그룹사운드 활동을 펼치면서 김추자, 김정미, 펄시스터즈 등 인기가수들의 곡을 썼다. 〈커피 한 잔〉, 〈빗속의 여인〉, 〈님은 먼 곳에〉, 〈거짓말이야〉 등 발표하는 노래마다 뜨거운 반응을 얻었다. 한마디로 '히트곡 제조기'였다.

상대는 박정희 정권이었다. '일개' 음악인이 어디서 감히 토를 단다는 말인가. 그러나 신중현은 거절했다. '박정희 찬가' 대신 그는 〈아름다운 강산〉을 내놓았다. 대통령이 아니라 이 강산과 여기 사는 사람들을 노래한 것이다.

신중현은 단지 하고 싶은 음악을 했을 뿐이다. 내키지 않는 음악은 하지 못하는 성격이었다. 이때부터 '검은 지프차'가 그의 주위를 맴돌았다. 유신의 그림자가 온 나라를 뒤덮으며 신중현의 앞길은 가시밭길로 변하였다.

'박정희 찬가' 거절하고 유신 정권에 미운털

1972년 10월 17일 탱크가 서울 도심에 나타나 중앙청 앞에 멈춰 섰다. 삼엄한 분위기에서 박정희 대통령이 유신을 선포하고 연설문을 낭독했다.

유신維新, 낡은 것을 뜯어고쳐 새롭게 하겠다는 것이었다. 겨레의 염원인 남북통일을 이룩하고 한국적 민주주의를 정착하기 위해 비상조치에 들어간다고 했다. 먼저 국회를 강제 해산하고 정치

활동을 금하였다. 나아가 비상국무회의에서 유신헌법 개정안을 발의하고 이를 국민투표에 부쳐 새 헌정질서를 수립하겠다고 했다. 수단은 물리력이었다. 저녁 7시 전국에 비상계엄이 선포되었다.

유신은 이미 예고돼 있었다. 박정희 대통령은 3선 개헌 끝에 나선 1971년 대통령 선거에서 김대중 후보에게 고전하고, 이어진 총선에서 신민당에 개헌저지선을 훨씬 넘는 89석을 내주면서 장기 집권에 빨간불이 켜졌다.

이듬해 닉슨 미국 대통령이 중국을 방문하고, 일본과 중국이 수교 절차를 밟자 박정희 정권을 뒷받침해 온 동북아 질서도 급격히 흔들렸다. 심지어 미국은 주한미군 철수를 통보하고 한반도에서 발을 빼려고 했다. 국내외 위기를 타개하기 위해 박정희 대통령이 비상조치를 마련한다는 소문이 공공연히 나돌았다.

1972년 7·4남북공동성명은 어떤 의미에서 유신의 신호탄으로도 볼 수 있다. 동북아의 긴장 완화 움직임은 대한민국은 물론 북한으로서도 간과할 수 없는 문제였다. 국제적 고립을 피하고 정권을 안정시키려면 새로운 비전을 보여줄 필요가 있었다. 남북한이 자주통일, 평화통일, 민족대단결 원칙에 합의하고 남북 관계 개선과 조국 통일 촉진에 나선다는 성명을 발표한 이유다.

그것은 박정희 정권과 김일성 정권이 헌법을 뜯어고쳐 각각 유신 체제를 구축하고 유일 체제를 강화하는 명분이 되었다.

박정희 정권의 유신헌법 개정안은 계엄령 아래 국민투표에 부쳐졌다. 공포 분위기 속에서 반대는 있을 수 없는 일이었다. 언론은 사전 검열을 받았고 대학은 문을 닫아야 했다. 일부 국회의원들은 악질로 분류해 구금하고 고문했다. 신민당의 최형우 의원은 비상조치 이전 국회 질의에서 김종필 국무총리에게 유신 음모를 따져 물은 바 있다. 그는 영등포 군부대에 끌려가 알몸으로 온갖 치욕스러운 고문을 당했다.

박 정권은 폭력적으로 반대를 틀어막고 대국민 홍보에 열을 올렸다. 〈10월 유신의 노래〉가 전국 방방곡곡 나돌았다.

> 10월의 유신은 김유신과 같아서 / 삼국통일 되듯이 남북통일 되어요 / 우리 몸에 알맞은 민주 나라 만들어 / 우리 모두 뭉쳐서 박 대통령 밀어요(〈10월 유신의 노래〉)

11월 21일 국민투표에서 유신헌법은 91.9퍼센트 투표율, 91.5퍼센트 찬성률로 통과되었다. 이제 대통령은 통일주체국민회의 대의원들이 간접선거로 뽑게 되었다. 국회의원은 73개 지역구에서 각기 두 명씩 선출하고, 73명의 전국구 의원은 대통령 뜻대로 임명했다. 이 전국구 의원단을 '유신정우회', 줄여서 '유정회'라고 불렀다. 공화당과 유정회를 합쳐 국회의원 3분의 2가 대통령 손아귀에 들어갔다. 대통령은 또 법관 임명권도 확보했다. 행정, 입법, 사법을 아우르는 절대 권력을 박정희 대통령이 틀어쥔 것이다.

"한 번 보고 두 번 보고 자꾸만 보고 싶네"

1972년 12월 27일 제8대 대통령 취임식이 장충체육관에서 열렸다. 4일 전 이곳에 대의원 2,359명이 모여 박정희 후보를 대통령으로 선출했다. 이른바 '체육관 선거'로 득표율 99.9퍼센트를 기록했다.

취임식에서 박정희 대통령은 "우리의 역사와 전통과 현실에 가장 알맞은 정치 제도를 육성 발전시킬 것"이라고 밝혔다. 유신으로 사실상 종신 대통령을 보장받은 점도 그에게는 '가장 한국적인 정치'였다. 취임식은 이화여대 합창단의 〈대통령 찬가〉(박목월 작사, 김성태 작곡)를 끝으로 막을 내렸다. 가난과 시련의 멍에를 벗고 민주와 부강을 이루려는 우리 대통령이 길이 빛난다는 내용이었다.

유신은 국내외 정치에 국한되지 않았다. 일상생활에 깊숙이 개입해 국민의 삶을 통제하고 간섭했다. 대표적으로 장발과 미니스커트가 도마 위에 올랐다. 1973년 3월 새로운 경범죄 처벌법이 발효되며 집중단속이 이뤄졌다. '우리 역사와 전통과 현실에 맞지 않는' 서구 퇴폐 문화로 지목한 것이다. 민족 문화 창달을 위해 정치 제도처럼 뜯어고쳐야 마땅했다.

장발 단속은 박정희 대통령 뜻이기도 했다. 그는 유신 선포 이전부터 청년세대 장발 문화를 혐오했다고 한다. 군인 출신 대통령은 장발에서 사회 규범을 거부하는 히피족의 반체제 성향을 읽었다. 이런 저속한 외래 풍조에 물들면 사회 기강이 흔들린다고 보았다. 유신 이후 장발에 대한 대통령의 지시가 잦아졌다. 텔레비전 보다가 한마디 툭 던지면 아래서는 난리가 났다. 눈덩이 효과였다.

경찰들은 곤봉과 가위를 들고 사냥하듯이 거리로 나섰다. 옆머리가 귀를 덮거나 뒷머리가 옷깃을 덮는 청년들이 사냥감이었다. 젊음의 거리 명동, 여러 대학이 자리한 신촌, 재수생이 많은 종로 등지에선 실랑이와 도주극이 자주 벌어졌다. 장발 청년들은 큰 길 대신 뒷골목으로 숨어들어 경찰들과 숨바꼭질을 벌였다. 붙잡히면 경찰서나 파출소로 연행되었는데 대부분 가까운 이발소에서 머리를 깎고 풀려났다.

미니스커트 단속은 시대의 진풍경이었다. 경찰들은 거리에서 미니스커트 입은 여성을 잡아 세우고 대자로 길이를 쟀다. 치마 밑단이 무릎에서 20센티미터 위로 올라가면 경범죄로 취급했다. 단, 무릎의 어느 지점에서 재느냐에 따라 결과가 달라졌다. 눈금 보는 경찰 마음대로였다. 미니스커트가 '풍기문란'이라고 했지만, 남자 경찰이 치마 밑에 대나무 자를 대고 처녀 허벅지를 살피는 것도 '미풍양속'은 아니었다.

'박정희 찬가'를 거절한 신중현은 유신 정권에 미운털이 박혀 곤욕을 치러야 했다. 박정희 대통령은 히피족 방송 출연을 제한하라는 지시를 내렸다. 장발한 록밴드는 그야말로 본보기였다. 몸을 사려도 모자랄 판에 신중현 밴드 '더 맨'이 TV에서 〈아름다운 강산〉을 불렀다. 리드보컬 박광수는 삭발했고, 멤버들은 머리핀으로 긴 머리를 걷어 올려 장발을 부각했다. 결국 신중현은 방송 활동이 어려워졌고, 〈아름다운 강산〉은 방송가 금기가 되고 말았다.

그의 입지는 날이 갈수록 좁아졌다. 유신 정권은 1973년 2월 방송법을 개정해 사전심의를 의무화하고 제재 규정을 강화했다. 그들이 볼 때 국민정신이나 미풍양속을 해칠 우려가 있는 것들은 방송할 수 없도록 했다. 음악의 경우 광란의 리듬이나 선율을 문제 삼았다. 신중현은 록을 기반으로 파격적인 실험을 거듭해 왔다. 이런 방송 환경에서는 음악 하기가 힘들었다. 하지만 그는 음악인답게 정면 돌파하기로 했다.

"한 번 보고 두 번 보고 자꾸만 보고 싶네 / 아름다운 그 모습을 자꾸만 보고 싶네 / 그 누구나 한 번 보면 자꾸만 보고 있네 / 그 누구의 애인인가 정말로 궁금하네 / 모두 사랑하네 나도 사랑하네"(〈미인〉)

1974년 8월 '신중현과 엽전들' 1집 앨범이 나왔다. 전해에 터진 오일쇼크로 시장이 침체에 빠졌는데도 이 음반은 미친 듯이 팔렸다. 무려 100만 장을 돌파하는 기염을 토했다. 타이틀곡 〈미인〉은 온 국민이 따라불렀다. 한 번 부르고 두 번 부르고 자꾸만 부르고 싶은 노래였다. 〈미인〉 열풍은 이듬해 중반까지 이어져 동명의 영화까지 만들어졌다. 신중현과 엽전들이 직접 출연한 영화였다.

이 앨범은 또 국악 5음계를 사용한 멜로디에 사이키델릭한 하드록과 그루브한 소울을 접목함으로써 한국적인 록의 신세계를 열었다. 세월이 흐를수록 음악적 가치를 높이 평가받아 한국 대중음악을 대표하는 명반으로 자리매김했다.

신중현은 이렇게 음악으로 자신을 옥죄는 시련을 이겨내고자 했다. 그러나 유신 정권은 그가 승승장구하는 것을 용납하지 않았다. 바야흐로 '가요 긴급조치'의 태풍이 몰려오고 있었다.

'가요계 정화'와 '대마초 파동'으로 활동 금지

1974~1975년에 발동한 긴급조치 1~9호는 유신 독재의 상징이 되었다. 그것은 유신에 대한 각계각층의 저항을 억누를 목적으로 국민의 자유와 권리를 정지한 조치들이었다.

특히 1974년 4월 3일에 나온 긴급조치 4호는 대학생들의 시위를 공산주의자들이 배후 조종한 조직사건으로 몰아 수많은 피해자를 낳았다. '민청학련'과 '인혁당재건위' 사건이었다. 사형을 선고받은 여덟 명은 이듬해 대법원 상고가 기각된 다음 날 형장의 이슬로 사라졌다. 극심한 고문으로 사건을 조작하고 이를 은폐하기 위해 전격 처형한 '사법 살인'이었다.

1975년 5월 13일에 공표한 긴급조치 9호는 그동안의 조치들을 집약한 결정판이었다. 유신 정권은 헌법 반대행위 금지(1호), 학생 집회 및 시위 금지(4호) 등을 넘어 헌법 논의 자체를 봉쇄해 버렸다. 주권자인 국민이 유신헌법에 대해 입만 벙긋해도 잡아넣을 수 있도록 했다. 긴급조치 9호는 1979년 12월 8일 해제될 때까지 무려 4년 7개월이나 유지됐다. 이 조치를 위반했다는 이유로 1천여 명이 기소되었고, 900명 이상이 유죄 선고를 받았다.

긴급조치 9호는 1970년대 중반 이후 한국 사회 전 분야에서 맹위를 떨쳤다. 그 여파는 곧 가요계에 불어닥쳤다. 1975년 6월 유신 정권은 한국예술문화윤리위원회(약칭 예륜)를 내세워 '가요계 정화'에 나섰다. 대중가요를 심의하여 정화기준에 부합하지 않는 곡은 음반 판매, 방송 출연, 공연 활동을 모두 금하였다.

1975년 한 해에만 222곡의 금지곡이 쏟아져 나왔다. 6월 21일 그해 발표한 가요 중에서 43곡(〈거짓말이야〉, 〈댄서의 순정〉 등), 7월 4일 월북자 관련 가요 중에서 87곡(〈고향설〉, 〈꼬집힌 풋사랑〉 등), 7월 9일 전해 발표한 가요 중에서 45곡(〈미인〉, 〈그건 너〉 등), 10월 2일 1968~1973년에 나온 가요 중에서 47곡(〈유달산아 말해다오〉, 〈사람 나고 돈 났지〉 등)이 예륜의 금지곡 처분을 받았다. 12월 11일에는 가수들이 속한 연예협회에서 자율금지곡이라 하여 5곡(〈왜 불러〉, 〈고래사냥〉 등)을 추가하기도 했다.

숫자도 숫자지만 금지곡의 면면을 살펴보면 더욱더 충격적이다. 신중현과 엽전들의 〈미인〉은 당시 온 국민의 애창곡이었고, 송창식의 〈왜 불러〉는 그해 MBC 10대가수가요제에서 최고인기가요상을 수상했다. 유신 정권은 국민에게 사랑받는 노래들을 가차 없이 금지곡으로 지정했다. 가사가 퇴폐적이라는 둥, 창법이 저속하다는 둥, 불신감을 조장한다는 둥 온갖 사유를 갖다 붙였지만 수긍하기 어렵다. 그냥 엿장수 마음이었다. 15곡 이상 금지 처분을 받은 신중현은 이 '가요 긴급조치'를 어떻게 바라보았을까?

"사람들이 〈미인〉 가사 중에 '한 번 보고 두 번 보고'를 '한 번 하고 두 번 하고'로 바꿔 부른답니다. 성적인 상상을 불러일으킨다는 거죠. 사실은 대학가에서 대통령의 장기집권을 풍자하는 의미로 바꿔 부른 게 이유였다고 합니다."(신중현,《내 기타는 잠들지 않는나》, 해토, 2006)

금지곡은 예고편에 지나지 않았다. 1975년 12월 3일 윤형주, 이장희, 이종용 등 당대 최고의 포크송 가수들이 대마초를 피웠다는 혐의로 잡혀 들어갔다. 뒤이어 신중현, 김추자, 박인수 등 신중현 사단의 핵심 멤버들도 연행되었다. 대마초 파동으로 1977년까지 137명의 연예인이 구속되거나 입건되었다.

한국에서 대마초 관리가 법제화된 것은 1970년대 초반의 일이다. 신중현은 1960년대에 대마초를 접했는데 간단히 조사받고 약식 기소되어 벌금형으로 종결한 바 있다. 유신 정권은 법제화 전에 끝난 일을 소급하여 그를 구속했다. '대마초의 왕초'임을 자백하라며 수사기관에서 물고문까지 가했다고 한다.

신중현은 영어囹圄의 몸이 되었다가 몇 달 만에 풀려났다. 연예협회에서 제명된 그는 무기한 활동 금지를 당했다. '박정희 찬가'를 안 쓴 대가는 혹독했다. '유신의 나라'에 그가 설 자리는 없었다.

백두산의 푸른 정기 이 땅을 수호하고 / 한라산의 높은 기상 이 겨레 지켜왔네 / 무궁화꽃 피고 져도 유구한 우리 역사 / 굳세게도 살아왔네 슬기로운 우리 겨레(〈나의 조국〉)

1976년부터 TV를 켜면 각하께서 몸소 지으신 〈나의 조국〉이 나왔다. 〈나의 조국〉은 단조 5음계 트로트 선율에 병영에서 부르는 군가풍의 노래다. 그는 사회 전체를 군대처럼 일사불란하게 움직이고 싶어 했다. 유신은 국민 총동원 체제였다. 박정희 대통령에게 노래는 하나 된 '우리'였다.

신중현은 박 대통령 서거 이후 1979년 12월에야 활동의 자유를 되찾았다. 금지곡들은 1987년 6·29선언 직후에 문화예술 자율화로 족쇄가 풀렸다. 하지만 1980년대 가요계에서 록은 뒷전으로 밀려나 있었다. 방송과 무대에선 댄스나 발라드가 각광을 받고 있었다. '한국 록의 대부' 신중현은 화려한 조명 뒤에서 묵묵히 기타를 연주하고 실험적인 곡을 만들어 나갔다. 그에게 노래는 '삶'이었다.

올림픽과 3S 정책에 매달린 정권

〈아! 대한민국〉과
제5공화국

하늘 높이 솟는 불 / 우리의 가슴 고동치게 하네 / 이제 모두 다 일어나 / 영원히 함께 살아가야 할 길 나서자 / 손에 손잡고 벽을 넘어서 / 우리 사는 세상 더욱 살기 좋도록 / 손에 손 잡고 벽을 넘어서 / 서로서로 사랑하는 한마음 되자 / 손잡고 (〈손에 손잡고〉)

1988년 9월 17일 잠실올림픽주경기장에 그룹 코리아나의 노래 〈손에 손잡고〉가 울려 퍼졌다. 160개국 1만 3,304명의 선수단이 한데 어우러지며 서울올림픽 개막식은 절정을 이뤘다. 4년 전 로스앤젤레스올림픽과 8년 전 모스크바올림픽은 냉전으로 분열된

'반쪽 올림픽'이었다. 반면 제24회 서울올림픽은 소련 등 공산권 국가들까지 대거 참가한 사상 최대 올림픽이었다. 노랫말처럼 '손에 손잡고 벽을 넘어서' 화합의 감동을 전 세계에 선사한 것이다.

〈손에 손잡고〉는 서울올림픽 개막 석 달 전에 공식 주제가로 발표한 노래다. 원래 올림픽 주제가로 선정해 둔 곡은 따로 있었다. 서울올림픽조직위원회가 공모와 의뢰, 경연을 거쳐 1986년에 내놓은 〈아침의 나라에서〉(박건호 작사, 길옥윤 작곡)다. 가수 김연자가 부른 이 흥겨운 노래는 이미 해외 무대에 오르며 서울올림픽을 홍보하는 데 쓰이고 있었다. 뒤늦게 공식 주제가를 바꾸려고 하자 한국연예협회 등에서 반발이 터져 나왔다.

자국 노래를 홀대한다는 비판이 쏟아졌지만, 서울올림픽조직위원회는 세계인이 공감할 수 있는 곡이라야 한다며 교체를 밀어붙였다. 〈손에 손잡고〉는 다국적 레코드사 폴리그램이 영화 〈탑건〉, 〈플래시댄스〉 등의 OST로 유명한 세계적인 작곡가 조르조 모로더와 손잡고 만들었다. 폴리그램 측이 제작과 유통 비용을 전부 대고 (100만 장 이상 판매 시) 음반 수익의 3퍼센트를 조직위에 지급하는 조건이었다.

결과는 대성공이었다. 〈손에 손잡고〉는 전 세계에서 1,700만 장 이상의 음반 판매를 기록하며 역대 올림픽 주제가 가운데 가장 큰 사랑을 받았다. 곡 자체도 좋았지만, 무엇보다 시대정신을 담고 있었기 때문이다. 서울올림픽은 자유 진영과 공산 진영의 냉전이

막을 내리고 베를린장벽이 무너지기 직전에 열린 화합의 올림픽
이었다. 대한민국에서 지핀 세계 평화의 뜨거운 염원이 '손에 손
잡고 벽을 넘어서' 지구촌 곳곳으로 퍼져 나갔다.

서울올림픽에 사활 건 제5공화국

서울올림픽은 우리나라가 전쟁의 폐허에서 신음하는 가난하고 위
태로운 분단국 이미지를 벗고 21세기를 바라보며 세계사의 주역
으로 거듭나는 전환점이었다.

한국의 올림픽 성적도 눈부셨다. 금메달 열두 개, 은메달 열 개, 동메달 열한 개로 소련, 동독, 미국에 이어 4위를 차지했다. 아시아의 강호 중국과 일본을 월등히 앞선 성적이었다. 한국인의 긍지와 자신감이 용솟음쳤다. 온 국민이 감격하고 환호했다. 하지만 이런 날을 손꼽아 기다리고 열망해 온 전임 대통령은 마음이 편치 못하였다.

"우리는 올림픽 사상 가장 성대하고 모범적인 인류화합의 대제전을 이 땅에서 개최함으로써 한국인의 확고한 평화 의지를 지구촌에 심게 될 것입니다. 국운 융성의 위대한 민족사를 창조해 가는 오늘의 우리들이 각계각층의 힘과 정성을 한데 모아 막바지 준비에 최선을 다한다면, 서울올림픽은 조국을 선진대열에 진입시

키는 결정적인 전기를 이룰 것이 틀림없습니다."(《중앙일보》 1987년 10월 14일)

서울올림픽이 막을 올리기 1년 전쯤, 전두환 대통령이 광주무등경기장에서 열린 제68회 전국체육대회 개회식에서 남긴 치사㪄詞다. 그는 5공화국의 핵심 과제로 올림픽을 꼽았고 대통령 임기 내내 개최 준비에 몰두했다. 서울올림픽은 5공화국을 관통하는 키워드였다. 하지만 그는 올림픽 개막식에 참석하지 못했다. 퇴임과 함께 '5공 청산'이 화두로 떠올랐고 독재의 대가를 치러야 했다.

12·12쿠데타로 권력을 쥔 전두환 신군부는 1980년 5월 비상계엄을 확대하여 광주 시민들을 잔혹하게 학살하고 김대중 내란음모 사건을 조작했다. 그해 8월 실권을 빼앗긴 최규하 대통령이 물러나자 전두환 단일후보가 통일주체국민회의 간접선거로 제11대 대통령에 당선되었다. 10월에는 대통령 7년 단임제와 선거인단 간선제를 골자로 한 5공화국 헌법안을 국민투표에 부쳐 통과시켰다. 삼청교육대 대거 연행과 인권 유린은 공포 분위기를 조성했고, 언론통폐합과 언론인 강제 해직은 국민 여론 통제로 이어졌다.

독재의 기반을 다진 전두환 정권은 1981년 1월 민주정의당을 창당하고 2월에 대통령 선거인단을 모아 '체육관 선거'를 치렀다. 3월 3일 전두환 대통령이 다시 제12대 대통령에 취임했다. 5공화국이 정식으로 출범한 것이다.

구색을 갖추기는 했지만, 본질은 총칼과 탱크를 앞세워 국민의 민주화 열망을 짓밟은 독재 정권이었다. 그들도 알고 있었다. 정통성이 부족한 권력은 오래가지 못한다. 사람들이 납득할 수 있는 명분이 필요했다. 5공화국의 존재 이유를 보여주기 위해 전두환 정권은 제24회 하계올림픽 유치에 나섰다.

올림픽 유치는 애초 박정희 정권 말기에 추진하던 사업이었다. 1979년 10월에는 내외신 기자들에게 공표하기도 했다. 10·26 사건으로 중단된 이 사업을 전두환 대통령이 끄집어낸 것이다. 정권의 정통성을 세울 업적과 비전이 '지구촌의 축제' 올림픽에 어른거렸다. 한국의 국가 이미지를 제고하고 국민에게 희망찬 미래를 보여줄 기회였다. 대통령의 뜻에 따라 1981년부터 본격적으로 올림픽 유치 작전이 펼쳐졌다.

국내외 여론은 부정적이었다. 정치 상황은 독재에 대한 반발로 불안정했고 재정 여건도 올림픽을 감당하기에는 버거웠다. 국제올림픽위원회IOC에 올림픽 유치신청서를 제출하긴 했지만, 정부 고위 관료들조차 반대 의견을 내며 만류하는 판국이었다. 경쟁상대인 일본 나고야는 1970년대 후반부터 일찌감치 유치 활동을 벌이고 있었다. 한국이 올림픽을 따낼 가능성은 거의 없어 보였다.

우여곡절 끝에 정주영 전국경제인연합회 회장이 서울올림픽 유치 민간추진위원장을 맡게 되었다. 올림픽 개최지 선정까지 불과 넉 달 남은 시점이었다. 투표권을 가진 각국 IOC위원들을 설득하기에는 턱없이 부족한 시간이었다. 하지만 정 회장은 해보지도 않고 포기할 수 없었다. 길이 없으면 닦으면 된다는 게 그의 경영 철학 아니던가.

한국은 개발도상국들을 중심으로 표밭을 다졌다. 일본은 도쿄 올림픽(1964년)을 개최한 지 얼마 되지 않았고 어느덧 경제 대국으로 부상했으니 이번에는 개발도상국 차례라는 논리로 설득했다. (박정희 대통령의 경호실장을 지낸) 박종규 전 대한체육회장은 홀스트 다슬러 아디다스 회장과 물밑 접촉을 했다. 독일 스포츠 기업 아디다스는 일본 나고야가 올림픽을 유치하면 자국의 아식스를 밀어줄까 봐 우려했다. 다슬러 회장은 올림픽 후원기업 선정권 등을 보장받는 조건으로 한국의 득표를 돕기로 했다.

1981년 9월 30일 서독 바덴바덴의 IOC 총회장. 한국 유치단은 제24회 하계올림픽 개최지 선정 결과를 기다렸다. 외신의 예측은 일본 나고야로 쏠렸지만 드라마틱한 반전이 기다리고 있었다.

"드디어 오후 3시 45분. 사마란치 IOC위원장이 투표 결과를 발표했다. 쎄울! 더 들을 것도 없었다. 우리 대표단은 일제히 만세를 부르면서 벌떡 일어나 서로 얼싸안았다. 내가 예상했던 46표보다 6표가 더 나와 52 대 27로 나고야를 물리친 것이다. 나도 놀랐고, 우리 대표단 모두가 놀란 득표수였다."(정주영,《이 땅에 태어나서》, 솔출판사, 2015)

억압과 자유화의 부적절한 동침

불가능해 보이던 올림픽 유치를 성사시키면서 전두환 대통령은 큰 자신감을 얻었을 것이다. 독재 정권에게 서울올림픽은 폭압을 정당화하고 민심을 호도할 명분이었다. 그들은 한 걸음 더 나아가 '스포츠 공화국'을 도모했다. 서울올림픽을 축으로 삼고 다양한 스포츠 이벤트를 엮어 국민의 시선을 사로잡았다.

우선 서울올림픽에 앞서 1986년 아시안게임을 유치했다. 서울은 1981년 11월 인도 뉴델리에서 열린 아시아경기연맹AGF 총회에서 북한과 이라크를 제치고 제10회 아시안게임의 개최지로 선정되었다. 이때부터 86아시안게임과 88올림픽은 하나가 되었다. 전두환 정권 인사들은 입만 열었다 하면 '86·88'이었다. 민족의 영광을 부르짖고, 세계 속의 한국을 외치며, 미래의 희망을 부풀렸다.

전두환 정권은 대회 준비뿐 아니라 경기력 향상에도 매달렸다. 국민의 마음을 하나로 모으려면 성적이 뒷받침되어야 한다. 경기력을 세계적 수준으로 끌어올려 메달을 많이 따야 한다. 돈 드는 일이므로 재벌기업을 끌어들였다. 정주영 현대그룹 회장이 대한체육회장으로 중심을 잡았다. 이건희 삼성그룹 부회장은 대한레슬링협회, 정몽구 현대정공 사장은 대한양궁협회, 김승연 한화그룹 회장은 대한복싱협회, 그리고 이명박 현대건설 사장은 대한수영연맹을 맡아 메달 유망주들을 육성했다.

"어린이에게 꿈을, 젊은이에게 정열을, 국민에게 건전한 여가 선용을!"

1982년 3월 23일 한국 프로야구가 출범과 함께 내건 캐치프레이즈다. 사흘 전인 3월 20일 전두환 정권은 체육부를 신설하고 5공의 2인자 노태우를 장관에 임명했다. 3월 27일 동대문운동장에서 열린 개막전에서는 전두환 대통령이 직접 시구를 했다. 이때 포수가 받은 공을 전달하기 위해 마운드로 다가가려고 하자 경호원들이 놀라면서 막아섰다. 연장 10회 말 끝내기 만루홈런으로 드라마를 쓴 이 경기는 프로야구의 흥행을 예고했다.

축구와 씨름도 프로화의 길로 들어섰다. 1980년대 초 컬러TV 보급과 중계방송 확대는 프로스포츠 인기를 높이는 데 이바지했다. 경기가 많이 열리는 주말은 텔레비전이 마치 운동회를 방불케 했다. 대표팀 감독이나 국위를 선양한 선수에게 전화를 걸어 치하하는 대통령의 모습도 '땡전 뉴스'로 TV 화면을 장식했다. '스포츠 공화국'의 환상에 취해가는 5공의 씁쓸한 단면이었다.

스포츠Sports, 섹스Sex, 영화Screen는 이른바 '3S'라 하여 전두환 정권의 '우민화愚民化' 정책을 대변하는 말로 알려져 있다. 3S로 국민을 맹하게 만들려고 했다는 뜻이다. 우민화는 5공에 항거하기 위해 다소 과장한 말이다. 실상은 자유화에 가깝다. 사람들을 계속 억누르면 언젠가 폭발한다. 5공은 꾹꾹 눌린 정치적 울분을 탈정치적으로 배출시키고자 했다. 억압과 자유화의 두 얼굴로 국민을 으르고, 달랜 것이다.

　1982년 1월 5일 밤 0시를 기해 야간 통행금지가 해제되었다. 1945년 미군정 치하에서 시행된 지 36년 만의 일이었다. 이제 통금 사이렌에 쫓겨 필사적으로 집에 뛰어 들어갈 필요가 없어졌다. 통금 시간을 어겨 경찰서 유치장에서 밤을 지새울 걱정도 사라졌다. 자유를 만끽하려는 군중심리에 밤 문화가 호황을 맞았다.

　심야극장은 컬러TV 등장으로 불황에 시달리던 영화계가 야간 통행금지 해제에 발맞춰 내놓은 기획상품이다. 1982년 2월 6일 국내 최초 심야 영화 〈애마부인〉(정인엽 감독, 안소영 주연)이 서울극장에서 개봉했다. 성적 욕망에 충실한 영화였다. 관능적인 심야의 자유였다. 첫날부터 인파가 구름처럼 몰려들었다. 영화는 6월 11일까시 상영하며 31만 명의 관객을 동원했다. 그해 한국 영화 흥행 1위였다. 폭발적인 인기에 힘입어 13편까지 시리즈를 이어갔다.

〈아! 대한민국〉의 두 얼굴

　하늘엔 조각구름 떠 있고 / 강물엔 유람선 떠 있고 / 저마다 누려야 할 행복이 언제나 자유로운 곳 / (중략) / 원하는 것은 무엇이든 얻을 수 있고 / 뜻하는 것은 무엇이건 될 수가 있어 / (중략) / 아아 대한민국 / 아아 우리 조국 / 아아 영원토록 사

랑하리라(〈아! 대한민국〉)

1983년 가수 정수라의 1집 앨범에 수록된 〈아! 대한민국〉(박건호 작사, 김재일 작곡)이다. 원하는 것은 무엇이든 얻을 수 있고, 뜻하는 것은 무엇이건 될 수 있는 대한민국! 국민이 바라는 '자유로운 이상향'이 아닌가. 이 노래는 이른바 '건전가요'다. 건전한 사회의식을 기를 목적으로 지은 가요다. 공연윤리위원회는 1979년부터 건전가요의 음반 삽입을 의무화했다. 음반에 넣어야 해서 넣는 곡이지, 히트를 기대하는 곡이 아니었다.

그런데 〈아! 대한민국〉은 달랐다. KBS 순위 프로그램 〈가요톱10〉에서 5주 연속 1위를 차지했다. 덕분에 가수 정수라는 연말 시상식에서 신인상을 휩쓸었다. 그야말로 대박이 난 것이다. 노래의 인기는 반짝하고 사라지지 않았다. 〈아! 대한민국〉은 1980년대 국민가요로 자리매김했다. 국민가요는 시대가 만드는 것이다. 무엇이 그것을 가능하게 했을까?

1985년 달러, 유가, 국제금리가 한꺼번에 하락하는 '3저' 국면이 도래하자 한국 경제는 초고속 성장 가도를 달렸다. 수출에 목숨 걸고, 석유를 전량 수입하며, 외채를 상환해야 하는 우리나라로선 호시절이었다. '단군 이래 최대 호황'이라는 말이 나돌았다. 한국인은 한 번도 맛보지 못한 풍요를 예감했다. '아! 대한민국' 콧노래가 절로 나왔다. 1986년 아시안게임을 거쳐 1988년 서울올림픽을 성공적으로 개최하면서 민족적 긍지와 자신감은 최고조에 달했다. 2절 노랫말처럼 우리의 모든 꿈이 세계로 뻗어가는 것 같았다.

반면 독재 정권에 항거한 민주화 세력은 경제 호황의 그늘에서 독버섯처럼 번진 부정부패를 파헤쳤고, 아시안게임과 서울올림픽 때문에 삶의 터전을 잃은 철거민·노점상·도시빈민과 연대했다. 그들에게 〈아! 대한민국〉은 사회 현실을 호도하는 '관제가요'로 비쳤다. 실제로 이 노래는 원래 (국무총리실 산하) 사회정화위원회와 한국방송협회가 주관한 건전가요 보급 옴니버스 앨범에 실렸었다. 5공에 반감이 컸던 대학생들은 '노가바(노래 가사 바꿔 부르기)'로 〈아! 대한민국〉을 야유하고 독재 정권을 질타했다.

하늘엔 최루탄이 터지고 / 강물엔 공장폐수 흐르고 / 저마다 누려야 할 권리가 / 언제나 짓밟히는 곳

결국 1987년 민주항쟁으로 직선제 개헌이 이루어졌다. 이듬해 여소야대 국회에서는 광주학살, 권력형 비리 등을 규명하는 5공 청산 청문회가 열렸다. 퇴임한 독재자는 서울올림픽 개막식에도 참석하지 못하고 11월 23일 백담사로 유배를 떠났다. 서울올림픽이 가져온 대한민국의 영광은 독재자가 아닌 국민에게 돌아갔다.

민주화운동 북돋운 저항의 노래

86세대
혈관 도는
민중가요

사랑도 명예도 이름도 남김없이 / 한평생 나가자던 뜨거운 맹세 / 동지는 간데없고 깃발만 나부껴 / 새날이 올 때까지 흔들리지 말자 / 세월은 흘러가도 산천은 안다 / 깨어나서 외치는 끝없는 함성 / 앞서서 나가니 산 자여 따르라 / 앞서서 나가니 산 자여 따르라(〈임을 위한 행진곡〉)

1980년대 민중가요를 대표하는 노래, 〈임을 위한 행진곡〉이다. 1980년 5·18민주화운동 당시 항쟁지도부를 규합하고 대변인으로 활동하다가 희생된 윤상원과 1978년 광주에서 들불야학 노동운동을 하던 중에 비운의 사고로 죽은 박기순의 영혼결혼식을 위해 만들어졌다. 1982년 소설가 황석영이 사회운동가 백기완의 장편시 〈묏비나리〉를 차용하여 가사를 쓰고, 전남대 출신으로 대학가요제에서 수상했던 김종률이 곡을 지었다. 영혼결혼식을 주제로 한 노래극 〈넋풀이〉에 고인이 된 두 남녀가 산 자들에게 남기는 마지막 노래로 쓰였다.

"여러분 우리는 저들에 맞서 끝까지 싸워야 합니다. 그냥 도청을 비워주게 되면 우리가 싸워온 그동안의 투쟁은 헛수고가 되고, 수없이 죽어간 영령들과 역사 앞에 죄인이 됩니다. 우리가 비록 저들의 총탄에 죽는다 할지라도 그것이 영원히 사는 길입니다. 이 새벽을 넘기면 반드시 아침이 옵니다."('아! 윤상원', 〈5·18민주화운동〉, 국가기록원)

1980년 5월 27일 새벽, 계엄군이 전남도청에 진입하자 윤상원은 무기고 앞에서 마지막 연설을 했다. 그의 시신은 다음날 시청 청소차에 실려 망월동 묘역에 가매장되었다. 신군부의 총칼에 맞서 '사랑도 명예도 이름도 남김없이' 목숨 바친 광주민주화운동의 결정적 장면 중 하나다.

〈임을 위한 행진곡〉에는 그날의 결기가 흐른다. '앞서서 나가니 산 자여 따르라'던 외침이 쟁쟁하게 울리고, '새날이 올 때까지 흔들리지 말자'는 맹세가 뜨겁게 끓어오른다. 이 비장한 단조 행진곡은 카세트테이프에 녹음되어 광주에서 전국으로 퍼져 나갔다.

〈임을 위한 행진곡〉은 1980년대 민주화운동의 시동을 거는 노래였다. 집회를 시작할 때 민주 열사에 대한 묵념과 함께 이 노래를 제창했다. 86세대(1980년대에 대학을 다닌 1960년대생)는 주먹을 불끈 쥐고 팔을 힘차게 휘두르며 〈임을 위한 행진곡〉을 부른 기억을 간직하고 있다. 86세대 운동권 심장에 각인되어 혈관을 돌았던 곡이다. 민주화를 쟁취한 주역이라는 그들의 정체성이 이 민중가요에 투영되어 있다. 함께 부르는 노래는 힘이 세다. 자신들만의 정서적 공감대를 형성하고 집단적 소속감을 느끼게 하는 힘이다.

광주항쟁, 민중가요를 일으켜 세우다

'민중民衆'은 부당한 지배체제에 억눌리거나 저항하는 사람들을 포괄적으로 일컫는 말이다. 근대 역사학자 신채호 등이 1920년대에 선구적으로 사용하면서 널리 퍼졌다. 신채호는 일제강점기에 아나키스트 독립운동을 펼치다가 순국했다. 민중이라는 용어는 본디 이러한 사회운동의 함의를 띠고 있었다. 1980년대에 이르면 민중이 노동자, 대학생, 지식인, 종교인, 정치인 등을 아울렀고 신군부 독재 정권에 항거하는 민주화 세력을 이루었다.

민중가요는 민주화운동이 치열했던 시대에 제도권 바깥에서 유통되어 민주화 세력의 호응을 얻은 저항적 성격의 노래를 가리킨다(김창남, '대중음악사의 맥락에서 본 민중가요', 김재용 외, 《민중의 시대》, 빨간소금, 2023). 1980년대는 민중가요라는 개념이 본격적으로 등장하고 창작과 공연, 보급과 수용이 활발히 이뤄진 시기였다.

결정적 계기는 광주학살이었다. 12·12 쿠데타로 권력을 잡은 신군부가 1980년 5월 광주민주화운동을 총칼로 진압하자 뜨거운 분노와 슬픔이 노래가 되어 입에서 입으로 전해졌다. 진상을 밝히려는 염원이 모여 민중가요를 일으켰다.

1980년을 전후해 대학가에는 노래 동아리들이 생겨나 운동권 구전 가요들을 모으고 현실 비판적인 노래들을 지어냈다. 대학 노래패 출신들은 졸업 후에도 단체를 만들어 전문적인 노래 운동을 펼치기 시작했다.

1984년에 결성한 노래모임 '새벽'은 대학교, 성당, 소극장 등지에서 공연을 진행하며 《노래를 찾는 사람들》이라는 카세트테이프 음반을 내놓았다(1집). 〈그루터기〉, 〈일요일이 다 가는 소리〉 등이 이 음반에 수록되었다. 1980년대 중반이 되면 '노래마을' 등 역량 있는 단체들이 속속 모습을 드러내며 노래 운동이 활기를 띠었다.

민중가요라고 해서 꼭 운동권 가요인 것은 아니었다. 민주화운동기념사업회에서는 1977년부터 1992년까지 나온 민중가요 1,650여 곡의 악보를 모아 《노래는 멀리멀리》(전 5권)를 펴낸 바 있다(2006~2008년). 이 모음집에 실린 작품들을 살펴보면 민중가요가 의외로 다채롭다는 것을 알 수 있다. 노래운동가들이 만든 사회성 짙은 곡뿐 아니라 한국과 영미권의 모던 포크송, 교회에서 흘러나

온 복음성가와 흑인영가, 출처가 불분명한 구전가요, 대중가요 노
가바(노래 가사 바꿔 부르기), 그리고 유명 가곡이나 동요까지 망라
했다. 사회운동에 쓰이고 저항의 의미를 부여받으면 맥락상 민중
가요였다.

그래도 1980년대 노래 운동의 주된 흐름은 분명히 있었다. 민
중가요의 중심에 자리한 곡들은 행진곡풍의 투쟁가와 비장한 서
정가요였다. 〈임을 위한 행진곡〉이 광주학살의 비극을 딛고 민주
화운동을 힘차게 추동한 투쟁가의 레전드라면, 〈그날이 오면〉은
노동자의 권리를 일깨운 전태일의 희생을 기리고 인간다운 삶을
꿈꾼 서정가요의 최고봉이다.

> 한밤의 꿈은 아니리 / 오랜 고통 다한 후에 / 내 형제 빛나는
> 두 눈에 / 뜨거운 눈물들 / 한 줄기 강으로 흘러 / 고된 땀방울
> 함께 흘러 / 드넓은 평화의 바다에 / 정의의 물결 넘치는 꿈 /
> 그날이 오면 / 그날이 오면 / 내 형제 그리운 얼굴들 / 그 아픈
> 추억도 / 아 짧았던 내 젊음도 / 헛된 꿈이 아니었으리 / 그날
> 이 오면 / 그날이 오면(〈그날이 오면〉)

이 노래를 작사·작곡한 문승현은 새벽 출신으로 노래마을의 백
창우 등과 함께 초창기 노래운동을 이끌었다. 그들은 김민기, 한
대수 등 1970년대 포크 뮤지션의 영향을 받았다. 포크 음악은 통

기타 하나만으로도 메시지를 효과적으로 전달할 수 있었다. 포크 계열의 어쿠스틱 사운드가 1980년대 민중가요의 바탕인 이유다.

민중가요의 확산에는 카세트테이프가 지대한 역할을 했다. 카세트테이프는 누구든 간편하게 녹음하고 편집할 수 있었다. 플레이어도 비교적 싸고 사용하기 쉬웠다. 5공 치하에서 민중가요는 합법적인 경로로 판매할 수 없었다. 1980년대 중반까지 제도권 밖에서 몰래 유통해야 했다. 카세트테이프는 보급과 수용이 쉬운 '민주적 매체'였다. 은밀한 노래는 민주화 세력의 목소리를 대변하며 멀리멀리 퍼져 나갔다.

이처럼 불법이지만 민주적인 음반 유통의 효시는 1978년에 나온 김민기의 노래굿《공장의 불빛》이었다. 싱어송라이터 김민기는 1970년대에〈아침이슬〉,〈친구〉,〈상록수〉,〈금관의 예수〉등을 발표하며 민주주의에 대한 열망을 모으는 문화적 구심점으로 자리매김했다.《공장의 불빛》은 동일방직 노조 탄압의 실상을 알리는 작품이었다. 동료의 녹음실에서 비밀리에 제작한 음반을 카세트테이프로 복제해 대학가와 공단 등지에 유통시켰다. 카세트테이프의 대중 확산력은 업계 화제로 떠오를 만큼 놀라웠다.

1980년대 노래운동가들은 이 유통 모델을 전국적으로 키워나갔다. 민중가요 카세트테이프는 대학가 서점, 학생회, 노동조합 등 운동권 네트워크를 활용해 판로를 넓혔다. 음반 수익은 운동단체와 활동가들을 보조하는 소중한 재원이 되었다.

대중가요와 비교했을 때 수익성도 나쁘지 않았다고 한다. 대중가요 음반은 몇몇 인기 스타만 돈을 벌고 나머지는 소비자의 외면으로 제작비도 뽑지 못했지만, 민중가요 음반은 제작비가 적게 들 뿐 아니라 고정 수요층이 형성돼 있어 손해 볼 위험성이 낮았다. 다시 말해 크게 성공을 거두지는 못해도 열심히 하면 실패는 면할 수 있는 게 민중가요 시장이었다.

지상파 방송의 배경 음악이 된 〈사계〉

1987년 6월 항쟁과 직선제 개헌 쟁취는 제도권 밖에 머물던 민중가요의 판도를 바꾸었다. 한국 사회 민주화가 이뤄지면서 각종 금지곡이 제재에서 풀렸고 노래 운동도 합법적인 지위를 차지했다.

1987년 10월 노래모임 새벽을 중심으로 새로운 음악 단체가 결성되었다. 바로 '노래를 찾는 사람들(노찾사)'이었다. 1980년대 후반 노찾사 공연은 가는 데마다 성황을 이루었다. 큰 공연만 한 해에 7~8회 이상 열었다.

김광석, 안치환, 권진원 등 훗날 대중적으로 명성을 떨칠 가수들이 노찾사 무대에 섰다. 노래모임 새벽의 디바 윤선애도 청아한 목소리로 함께했다. 〈솔아 솔아 푸르른 솔아〉, 〈마른 잎 다시 살아나〉, 〈저 평등의 땅에〉 등 명곡들이 쏟아져 나왔다. 〈사계〉는 MBC TV 프로그램 〈퀴즈 아카데미〉 배경 음악으로 쓰이기도 했다.

> 빨간 꽃 노란 꽃 꽃밭 가득 피어도 / 하얀 나비 꽃나비 담장 위에 날아도 / 따스한 봄바람이 불고 또 불어도 / 미싱은 잘도 도네 돌아가네 / 저 하늘엔 별들이 밤새 빛나고 / 흰 눈이 온 세상에 소복소복 쌓이면 / 하얀 공장 하얀 불빛 새하얀 얼굴들 / 우리네 청춘이 저물고 저물도록 / 미싱은 잘도 도네 돌아가네 / 공장엔 작업등이 밤새 비추고_〈〈사계〉〉

민중가요가 매주 지상파 방송에 울려 퍼지다니 불과 몇 년 전까지만 해도 상상조차 할 수 없었던 일이다. 민주화는 노래 운동의 저변을 넓혀주었다. 1989년 10월에 낸 《노래를 찾는 사람들》 2집 음반은 무려 70만 장의 판매고를 기록했다. 대중이 민중가요에 귀 기울이는 시대로 접어든 것이다. 민중가요도 대중적으로 진화했다. 새로운 단체들이 활동하면서 사운드가 풍성하고 다양해졌다. 포크 일변도에서 벗어나 록이나 트로트도 인기를 얻었다.

민중가요의 대중가요화는 문화산업 지형을 바꿔놓았다. 무엇보다 사전심의를 빙자한 검열 제도를 무너뜨림으로써 창작과 표현의 자유를 확대하는 데 공헌했다. 6월 항쟁 이후 민주주의에 대한 대중의 열망이 커지면서 공연윤리위원회의 가요 심의 기준은 대폭 완화되었다. 함부로 가위질할 수 없는 사회 분위기 덕분이었다. '민중의 넋이 주인 되는 참세상 자유 위하여'(〈솔아 솔아 푸르른 솔아〉), '기나긴 밤이었거든 죽음의 밤이었거든'(〈잠들지 않는 남도〉) 같은 표현들도 이전과 달리 사전심의를 통과했다.

"한 번 사례가 생기면 그 사례에 맞추게 되어 있으므로, 규제가 한 번 풀리기 시작했다는 것은 매우 중요한 일이다. 이는 대중가요의 표현과 사유의 폭을 크게 넓히는 조건을 형성해 주었다."(이영미, '1980년대 조용필과 발라드의 시대', 《한국 대중가요사》, 민속원, 2006)

검열의 장벽은 구멍 난 둑이 무너지듯 빠른 속도로 허물어졌다. 결정적인 역할을 한 인물은 가수 정태춘이었다. 그는 서정적인 포크송으로 출발해 차츰 사회 비판적인 노래를 짓다가 민중가요로 영역을 넓힌 독특한 이력을 갖고 있다.

1990년 《아, 대한민국…》을 제작한 정태춘은 공개적으로 검열을 거부하고 보란 듯이 비합법 음반을 유통·판매하였다. 공연윤리위원회의 사전심의제를 철폐하기 위해 정면 돌파를 택한 것이다. 1993년에 내놓은 정태춘·박은옥의 《92년 장마, 종로에서》도 공개적인 비합법 음반이었다.

정태춘은 검찰에 기소되어 재판을 받았지만, 대중을 만나고 동료들을 설득하며 끈질기게 저항을 이어 나갔다. 사전심의를 빙자한 검열 제도에 대해 위헌 제청도 신청했다. 사회적 공감대가 형성되면서 의미 있는 변화들이 나타났다.

1995년 서태지와 아이들의 4집 수록곡 〈시대유감〉이 심의에서 불가 판정을 받자 서태지는 가사를 고치는 대신 연주곡으로 대체하여 '유감'을 표했다. 팬들은 들고일어났고 철폐 운동이 거세졌다. 결국 1996년 헌법재판소의 위헌 판정이 나오고 개정 법률이 시행됨으로써 가요 사전심의제는 폐지되었다.

검열 철폐 운동은 가요에서 영화로, 또 문화산업 전반으로 번져 나갔다. 지속적인 제도 혁신에 따라 창작과 표현의 자유가 크게 증대되었고 억눌렸던 상상력과 감수성이 폭발적으로 분출했다. 오늘날 케이팝과 케이K-콘텐츠가 세계적인 경쟁력을 확보하고 지구촌의 사랑을 듬뿍 받게 만든 밑거름이다. 민주화의 과실이 문화예술계에서 탐스럽게 영근 것이다.

약자의 목소리가 되고 86세대 정체성 이뤄

민중가요는 그러나 1990년대 중반에 접어들며 대중적인 인기를 잃고 급속도로 내리막길을 탔다. 요인은 여러 가지였다.

우선 1992년 서태지와 아이들 등장 이후 대중가요가 청소년 취향으로 재편되는 바람에 민중가요의 입지가 좁아졌다. 김광석 등 몇몇 가수는 대중가요계에 자리를 잡았지만, 민중가요를 주도한 노래모임들은 다시 현장으로 돌아갔다.

1990년대 초반부터 유행한 노래방도 영향을 미쳤다. 학사주점에서 소주잔을 기울이며 함께 민중가요를 부르던 대학생들이 삼삼오오 노래방에 들어가 댄스곡과 발라드에 심취했다. 노래 문화가 가볍게 바뀌면서 무게 있는 노래가 시들해진 것이다.

민중가요의 퇴조는 무엇보다 운동권 쇠퇴와 맞물려 있었다. 민주화운동이 치열했던 1980년대에는 운동권 대학생과 노동자들이 자발적으로 민중가요를 듣고 부르고 율동까지 곁들여 즐겼다. 그들이 카세트테이프를 구매했고 공연을 관람했으며 좋아하는 노래를 전파했다. 운동권 문화 한복판에 민중가요가 있었다.

하지만 1990년대에 문민정부가 들어서고 민주화가 빠르게 진행되자 운동권 존재 이유가 퇴색했다. 대학생과 노동자들 참여도 눈에 띄게 줄어들었다. 민중가요에 대한 자발적 수요가 사그라진 것이다. 핵심 기반이 위축되면 대중적인 확장성도 기대하기 어렵게 된다. 그것이 민중가요가 부닥친 뼈아픈 현실이었다.

그렇지만 민중가요는 사회운동이나 집회·시위 현장에서 여전히 생명력을 뿜어내고 있다. 호소할 곳 없는 약자 편에서 때로는 치열한 투쟁이, 때로는 따뜻한 위로가 되어 힘을 북돋우는 것이다.

86세대 운동권 기억 속에서도 민중가요는 살아 있다. 그 시절 심장에 각인되어 혈관을 돌았던 노래들이 이따금 귀에 쟁쟁하고 심금을 울린다. 그 노랫말과 음표들 사이에서 젊은 날의 자신을 마주하는 것이다.

'천재 시인' 정지상을 벤 라이벌의 시기심

〈송인〉과
서경천도운동

버들은 전 가닥 푸르고^{柳色千絲綠} / 복숭아꽃은 만 점 붉도다^{桃花萬點紅}

고려 문하시중 김부식(1075~1151)이 연못가 정자에 앉아 봄날의 정취를 노래하고 있었다. 버들가지의 푸르른 그림자는 잔물결 위로 하늘하늘 일렁이고, 누각 아래 피어난 복숭아꽃은 붉디붉은 미색으로 뜨락을 물들인다.

김부식은 1136년 2월 '묘청의 난'을 진압하고 1년여 만에 서경^{西京}(평양)을 평정한 공으로 문하시중에 올랐다. '일인지하 만인지상'이 되고 새로 맞이한 봄날이 얼마나 찬란하고 아름다웠을까.

"쯧쯧, 버들이 천 가닥인지 만 점인지 그대가 어찌 아는가? 세어 보았는가?"

문득 공중에서 말소리가 들려 고개를 들어보니 정지상(?~1135)의 귀신이 창백한 얼굴로 혀를 차고 있었다. 귀신은 다짜고짜 김부식의 뺨을 갈기며 시는 그렇게 짓는 것이 아니라고 꾸짖었다. 정지상은 시구를 한 글자씩 수정하고는 멋들어지게 낭송하였다.

버들은 가닥가닥 푸르고 柳色絲絲綠 / 복숭아꽃은 점점이 붉도다
桃花點點紅

시중 김부식과 학사 정지상은 당시 고려 문단의 쌍두마차이자 앙숙이었던 모양이다. 귀신에게 뺨 맞고 시까지 조롱당하자 시중은 부들부들 떨었다. 정지상이 묘청의 반역에 연루되었다는 혐의로 재판 없이 죽은 건 김부식 작품이었다. 라이벌이 죽었지만, 김부식의 자격지심은 아직도 가시지 않았다. 그의 시기심이 정지상을 죽음으로 몰아넣었다는 세간의 의혹도 귀신처럼 따라붙었다.

천재 시인에서 인종의 총신으로 거듭나다

이 일화는 고려 중기 문장가 이규보의 《백운소설白雲小說》에 담긴

이야기다. 김부식과 정지상의 라이벌 관계는 고려 문단의 오랜 화두였다. 역사의 승자는 김부식이었지만 문장에서만큼은 정지상을 능가하지 못했다.

정지상은 서경 사람이다. 《고려사》에 열전이 전하지 않아 생애를 자세히 알 순 없지만, 본인이 쓴 〈사사물모씨표謝賜物母氏表〉에 몇 가지 사정을 언급하고 있다. 〈사사물모씨표〉는 인종이 그의 어머니에게 물건을 하사하자 자식으로서 감사를 표한 글이다. 그는 어려서 아버지를 여의고 어머니의 슬하에서 컸다. 친척들도 모두 흩어졌다고 하니 가난하고 외로운 환경에서 자랐을 것이다. 하지만 소년은 천재적인 시재詩才를 발휘하며 주목을 받았다.

누가 흰 붓을 가지고何人將白筆 / 을乙자를 강물에 썼는고乙字寫江波

다섯 살 무렵 강 위에 뜬 해오라기를 보고 정지상이 지은 시다. 그야말로 신동이 출현한 것이다. 덕분에 '학상學祥'이라는 학교에 들어갈 기회를 얻었다. 소년은 학교와 산사山寺를 오가며 학업에 매진했다. 문학뿐 아니라 역학易學, 노장사상, 불교 등을 폭넓게 공부해 박학다식한 면모를 갖췄다. 가장 빼어난 것은 역시 시였다.

비 갠 긴 둑에 풀빛 고운데雨歇長堤草色多 / 남포에서 임 보내니 슬픈 노래 동하네送君南浦動悲歌 / 대동강 물이야 언제나 마르려나大同

江水何時盡 / 이별 눈물 해마다 푸른 물결에 보태지니 別淚年年添綠波

그가 서경에서 공부할 때 지었다고 알려진 〈송인送人〉이다. 이 한시는 고려 시대를 대표하는 이별 노래로 평가받고 있다. 이별의 눈물이 보태져 대동강 물이 마르지 않을 것이라는 표현은 참신하고 아름답다. 비, 대동강 물, 푸른 물결이 자연스럽게 눈물과 연결되어 이별의 슬픔을 고조시킨다. 시가 널리 퍼지며 정지상의 명성은 나날이 높아졌다.

관직으로 나아갈 길도 열렸다. 예종 7년(1112) 그는 진사시에서 장원을 차지했다. 2년 후에는 문과에도 급제하였다. 예종 대에 관리 생활을 시작한 정지상은 실무직과 지방관을 두루 맡으며 경력을 쌓은 것으로 보인다. 그가 조정에서 두각을 나타낸 것은 인종 5년(1127)이었다.

인종 재위기(1122~1146)는 안팎으로 거센 풍파가 몰아친 시기다. 1126년 2월 젊은 국왕은 측근 지녹연, 김찬, 안보린 등을 시켜 외척 이자겸을 치려고 했다. 이자겸은 선왕 예종과 인종에게 2대에 걸쳐 딸들을 시집보내 무소불위의 권력을 움켜쥐었다. 14세의 어린 나이에 즉위한 인종은 장인이자 외조부인 이자겸에게 가로막혀 기를 펴지 못했다. 왕은 재위 4년 만에 측근들을 앞세워 친위 병력을 모으고 외척을 제거하려 했다.

이 거사는 그러나 실패로 끝났다. 고려 최강의 무장 척준경이 이자겸의 편에 서서 반격에 나섰기 때문이다. 척준경은 예종 때 여진 정벌전에서 혁혁한 무공을 세운 전쟁영웅이었다. 인종과 측근들의 친위 병력은 전설의 무장 앞에 움찔하여 무력해지고 말았다. 척준경은 소수 병력만으로 궁궐을 장악하는 괴력을 발휘했다. 이때 화공火攻을 쓰는 바람에 궁궐이 거의 다 불탔고, 임금을 보위하던 신하들은 잔인하게 도륙당했다.

인종은 장인 이자겸의 집에 유폐되었고 나랏일은 이자겸과 척준경이 농단하였다. 여진족이 세운 금나라에 사대하는 일도 백관이 반대하였으나 두 사람의 뜻에 따라 찬성으로 돌아섰다. 금나라가 요나라를 멸할 만큼 강대해졌으니 섬기지 않을 수 없다는 것이었다. 이에 고려는 금나라에 신하를 칭하는 표문을 바쳤고 오랜 세월 깔보던 여진을 황제국으로 받들게 되었다. 자존심 상하는 일이었고 민심도 극도로 나빠졌다.

이자겸은 심지어 인종을 독살하고 왕위를 찬탈하려는 움직임을 보였다. 인종도 가만있지 않았다. 내의원 최사전을 은밀히 보내 척준경을 회유한 것이다. 1126년 5월 척준경은 국왕의 밀명을 받고 이자겸을 권좌에서 끌어내렸다. 이자겸이 유배지에서 죽자 이번에는 척준경이 발호했다. 하지만 그는 무장 출신이라 정치력이 떨어지고 세력이 두텁지 못했다. 1127년 3월 척준경을 탄핵하는 목소리가 터져 나왔다. 좌정언 정지상의 상소였다.

"작년 2월 척준경은 궁궐을 범하며 폐하가 계신 곳에 화살을 쏘았고 불까지 질렀습니다. 또 좌우에서 폐하를 모시는 자들을 모두 잡아 죽였습니다. 예로부터 난신 중에 이와 같은 자는 드물었습니다. (이자겸을 제거한) 5월의 사건은 한때의 공로지만, (폐하를 위태롭게 한) 2월의 사건은 만세의 죄입니다. 어찌 한때의 공으로 만세의 죄를 덮을 수 있겠습니까."《고려사절요》인종 5년 3월)

과연 문장가는 문장가였다. 이자겸 제거는 한때의 공로지만, 인종에 대한 불경은 만세의 죄라고 했다. 정지상의 탄핵은 조정 안팎의 공론이 되어 일등공신 척준경을 무도한 죄인으로 만들었다. 고려 최강의 무장이었던 권신을 멀리 암타도로 유배 보내는 데 일조한 것이다. 국왕으로서는 반드시 제거해야 하지만 은인이라 처치 곤란했던 인물을 명분에 어긋나지 않게 정리했다. 이를 계기로 정지상은 천재 시인에서 인종의 총신으로 거듭났다.

서경 천도 기치 들고 개경 세력과 대립하다

그런데 정지상은 혼자가 아니었다. 묘청, 백수한 등 서경 세력과 함께했다.

1127년 척준경 등을 유배 보낼 무렵 인종은 서경에 행차했다. 승려 묘청과 일관 백수한의 건의를 받아 상안전常安殿에서 관정도량灌頂道場(이마에 물을 뿌리는 불교 의식)을 열고 대동강에 용선龍船을 띄워 뱃놀이를 즐겼다. 또 정지상에게 명하여 《서경書經》〈무일無逸〉 편을 강론하게 했으며 서경 유신儒臣 25명을 불러 시를 짓도록 하고 술과 음식을 하사했다. 이윽고 젊은 국왕은 야심 찬 포부를 드러냈다. 서경에서 유신維新 조서를 반포한 것이다.

"일관의 건의에 따라 서도西都에 행차하여 지난날의 잘못을 깊이 뉘우치고 유신維新의 가르침이 있기를 바라며 중앙과 지방에 포고하니 백성들이 모두 듣고 알게 하라."《고려사절요》인종 5년 3월)

인종은 서경을 서도西都, 곧 서쪽 도읍이라 칭하고 이곳에서 새로운 정치를 펼치겠다는 의지를 밝혔다. 이어서 열다섯 가지 지침이 나오는데 대체로 백성들의 실생활을 돌보겠다는 내용이었다. 유신은 국왕의 정치적 승부수였다. 정변으로 궁궐이 불타고 금나라에 사대함으로써 왕실의 권위가 땅에 떨어졌다. 임금에겐 왕권 강화의 기반이 절실히 필요했다. 서경 세력은 좋은 파트너였다. 묘청, 백수한, 정지상 등은 인종이 원하는 게 뭔지 알고 있었다.

"묘청은 서경의 승려였다. 일관 백수한이 서경의 분사分司에 있으면서 묘청을 스승이라 불렀다. 두 사람은 음양가의 비술에 의탁하여 뭇사람을 현혹했다. 정지상 또한 서경 사람이라 그들의 말을 깊이 믿었다."《고려사》〈열전〉 '묘청')

서경은 옛 고구려의 왕도이자 이를 계승한 고려의 정신적 수도였다. 하지만 개경의 문벌과 외척, 관리와 유학자들이 실권을 쥐면서 서경 사람들은 소외감을 느껴야 했다. 고려의 뿌리라는 자부심이 큰 만큼 개경 중심의 유교 정치에 대한 반발도 거셌다. 그들은 음양의 묘리가 깃든 풍수도참風水圖讖을 내세워 서경의 부흥을 꿈꿨다. 인종 6년(1128)에는 드디어 서경 천도의 기치를 들어 올렸다. 국왕의 측근이 된 정지상이 앞장섰다.

"상경上京(개경)은 기업이 이미 쇠퇴하였고 궁궐도 모두 타서 남은 것이 없습니다. 서경에 왕기王氣가 있으니 마땅히 임금께서 옮겨 가시어 수도로 삼아야 합니다."(《고려사절요》인종 6년 8월)

서경 세력이 정국을 주도하자 조정 대신과 왕의 근신들도 대세에 따라 호응하였다. "묘청은 성인聖人이고 백수한은 계승자이니 그들에게 나랏일을 묻고 청하는 바를 수용하면 유신이 이루어질 것"이라고 연명聯名으로 상소했다. 묘청 등은 호응을 등에 업고 서경 천도의 원대한 의의를 임금에게 아뢰었다.

"신 등이 서경의 임원역林原驛 땅을 살펴보니 음양가에서 말하는 '큰 꽃의 형세大花勢'였습니다. 만약 이곳에 궁궐을 세우고 임금께서 옮겨 가신다면 천하를 병합할 수 있고, 금나라가 폐백을 바치며 항복할 것이고, 36국이 모두 신첩臣妾이 될 것입니다."(《고려사절요》인종 6년 8월)

서경에 천하의 중심이 될 길지吉地가 있으니 궁궐을 세우고 왕도를 옮기면 금나라는 물론 사방의 나라가 복속할 것이라는 예언이다. 인종은 이를 받아들였다.

1129년에 서경 대화궁이 완성되었고, 1131년에는 외성인 임원 궁성이 모습을 드러냈다. 팔성당八聖堂도 설치했다. 백두산 등 8대 명산에 선인·천녀의 이름을 붙이고 부처·보살을 실체로 삼아 제사를 지내게 한 것이다. 풍수도참과 산악숭배, 불교와 도교를 아우르는 민간신앙 종합판이었다.

정지상은 팔성당 제문에서 "드디어 평양平壤의 중앙에 이 대화大花의 세勢를 헤아려 새로이 궁궐을 짓고 삼가 음양에 순종했다"라고 감격했다. 하지만 유교 정치를 신봉하는 관리와 유학자들은 국가 통치 체제를 흔든다며 묘청 일파를 공격했다. 그들이 요망한 술법으로 사람들을 현혹하고 있다는 비판도 쏟아져 나왔다.

1132년 1월 개경 정궁 만월대 재건 공사가 시작되었는데 묘청은 궁궐터에 병가압승兵家壓勝의 기운을 불어넣는다며 태일옥장보법太一玉帳步法이라는 술법을 부렸다. 사방에 장졸들을 배치하고 하얀 삼베 노끈을 잡아당기는 의식이었다. 이 술법은 도선 국사가 강정화에게 전하고, 강정화가 묘청에게 전하고, 묘청이 일관 백수한에게 전한 것이라고 했다. 그 목적은 전쟁에서 이기고 적을 복속시키는 데 있었다.

금나라와의 전쟁을 염두에 둔 것이다. 묘청 일파는 임금에게 칭제건원稱帝建元을 주청했다. 스스로 황제가 되어 독자 연호를 쓰자는 것이었다. 더는 금나라에 사대하지 않겠다는 뜻이었다. 이렇게 되면 금나라와의 무력 충돌이 불가피해진다. 우려의 목소리가 높았지만 개의치 않았다. 서경 세력은 오히려 금 정벌을 주장했다.

묘청 일파의 비전은 허황된 이상으로 흘러갔다. 허점을 보이자 평장사 김부식, 참지정사 임원애 등 유력 대신들이 보란 듯이 성토했다. 김부식은 유학자 관료 집단 우두머리이고, 임원애는 임금의 장인이었다. 개경의 문벌과 외척을 대표하는 실세들이 반격에 나서며 1133년부터 분위기가 바뀌기 시작했다.

어느 나라 어느 시대나 수도를 옮기는 것은 지배층의 해체와 재구성으로 이어진다. 서경 천도는 개경 지배층의 뿌리를 뽑겠다는 뜻이었다. 개경 세력은 격렬하게 저항했다. 유교 정치 이념에 반하는 사상과 종교, 술법으로 민심을 어지럽힌다고 묘청 일파를 공격했다. 칭제건원과 금 정벌은 나라를 망치는 자충수라고 규탄했다. 요승 묘청의 목을 베어 화의 싹을 잘라야 한다고 목소리를 높였다.

'묘청의 난' 빌미로 정지상을 제거한 김부식

서경 세력 대 개경 세력의 대립과 갈등은 내전으로 치달았다. 1135년 1월 서경에서 묘청의 난이 터졌다. 묘청, 조광, 유참 등이 국왕의 거처를 서경으로 옮길 것을 요구하며 군사를 일으킨 것이다. 국호를 대위^{大爲}, 연호를 천개^{天開}라 하였으며 군대는 천견충의^{天遣忠}

義라고 이름하였다.

그런데 개경에 있던 백수한, 정지상과는 함께 모의하지 않았던 것 같다. 백수한은 친구에게 정변 소식을 듣고 오히려 임금에게 알렸다. 정지상 또한 국왕 측근으로서 자리를 지킨 것으로 보인다.

인종은 김부식에게 부월鈇鉞을 하사하고 토벌군 원수로 삼았다. 국왕은 그에게 반역과 관계없는 자는 죽이지 말라고 당부했다. 하지만 김부식은 정지상, 백수한, 김안 등이 함께 반역을 도모했을 것이라며 그들을 먼저 제거하자고 재상들을 설득했다. 재상들이 동의하자 정지상 등 세 명을 불러들이고 무사들을 시켜 궁궐 문밖에서 베었다. 처형이 아닌 암살이었다. 임금에게는 사후에 보고하였다. 사전에 허락을 구했다면 용납하지 않았을 것이다.

당시 사람들은 정지상의 죽음을 석연치 않게 여겼다. 《고려사절요》는 김부식과 정지상은 문단에서 명성을 나란히 했는데 김부식이 불평이 쌓여서 반역을 핑계로 정지상을 죽였다고 했다. 정사에서 이런 설을 소개할 정도면 신빙성이 있다는 뜻이다. 그렇다면 김부식의 불평은 무엇이었을까?

앞서 소개한 《백운소설》의 일화에 힌트가 있다. 김부식이 지은 노래를 정지상의 귀신이 꾸짖고 고쳐주었다. 고려 사람들은 정지상의 시재詩才가 김부식보다 윗길이라고 보았다. 개경 문단을 대표하던 김부식은 서경 촌뜨기에게 뒤지는 것을 참기 어려웠을지도 모른다. 영화 〈아마데우스〉에서 살리에리는 모차르트의 천재성에 열등감을 느끼고 괴로워하다가 경쟁자를 독살한다. 김부식도 비슷한 심정을 느끼지 않았을까?

어느 시대나 천재의 목숨을 위협하는 것은 시기심이다. 정지상으로선 억울한 죽음이었을 수도 있겠다. 하지만 그는 떳떳하게 죽었을 것이다. 어쨌든 서경 천도 운동을 주도한 것은 사실이었으니까. 그것이 진정으로 국왕을 위하고 고려의 자존을 되찾는 길이라고 믿었으니까. 정지상은 고려 최고의 절창絕唱답게 죽기 전에 노래를 불렀을 것 같다. 자신이 지은 고향 노래 〈서도西都〉를 자랑스레 부르고 눈을 감았으리라.

도성 거리 봄바람에 보슬비 지나가니紫陌春風細雨過 / 가벼운 티끌 조차 일지 않고 버들가지 휘늘어졌네輕塵不動柳絲斜 / 푸른 창 붉은 문에 생황 노래 목이 메니綠窓朱戶笙歌咽 / 이 모두가 이원의 제자 집이라네盡是梨園弟子家

수로부인은 비를 부르는 신녀였다

〈해가〉와
신라 기우제

거북아 거북아 수로부인을 내놓아라 / 남의 아내 훔쳐간 죄 얼마나 큰가? / 만약 거역하고 내어놓지 않으면 / 그물로 잡아 구워 먹으리(《삼국유사三國遺事》〈기이〉 '수로부인')

바닷가 백성들은 막대기로 언덕을 치면서 입을 모아 노래를 불렀다. 여럿이 함께 부르는 주술의 노래다. 순정공純貞公은 초조하게 지켜보며 아내의 귀환을 빌었다. 과연 용궁으로 붙잡혀 간 수로부인은 무사히 돌아올까?

신라 제33대 성덕왕(재위 702~737) 때의 일이다. 진골 귀족 김순정이 하서주河西州(강릉) 도독에 임명되어 길을 떠났다. 가족과 하인들을 거느리고 동해안을 따라가는 부임 길이었다.

이르는 곳마다 구경꾼들이 몰려들었다. 신임 도독의 화려한 행차도 볼 만했지만, 세간의 관심사는 따로 있었다. 절세 미녀로 소문난 수로부인에게 시선이 쏠렸다. 구경꾼들은 그 아리따운 자색을 멀리서나마 일별하기를 소원했다.

행차가 임해정臨海亭에 이르렀을 때 믿기지 않는 사건이 벌어졌다. 바닷가 정자에서 점심을 먹고 있는데 홀연 뇌성벽력과 함께 집채만 한 파도가 일더니 용이 나타났다. 바다의 용은 눈 깜짝할 사이에 수로부인을 낚아채서 파도 속으로 사라졌다.

순정공이 발을 동동 구르며 아내를 구할 방도가 없겠느냐고 소리쳤다. 한 노인이 앞으로 나와 말했다.

"옛사람이 이르기를, 여러 사람의 입은 무쇠도 녹인다고 했습니다. 바닷속 짐승인들 어찌 여러 사람의 입을 두려워하지 않겠습니까? 백성들을 모아 노래를 지어 부르게 하십시오. 막대기로 언덕을 두드리며 불러야 합니다. 그러면 부인을 볼 수 있을 것이오."

김순정은 바닷가 백성들을 불러 모아 노인이 말한 대로 시행했다. '여러 사람의 입'은 힘이 셌다. 바다의 용이 슬그머니 물에서 나오더니 납치해 간 수로부인을 놓아줬다. 뭇사람들이 함께 부르는 주술의 노래에 용궁의 주인도 순순히 응한 것이다.

여러 사람의 입은 무쇠도 녹인다

고대인들은 신령하고 초월적인 힘이 우주 삼라만상을 지배한다고 믿었다. 인간 세상의 문제도 그 힘에 기대거나 호소하여 해결하려고 했다. 이른바 '주술呪術'이라는 것이다.

주술 가운데 널리 행한 방법은 여러 사람이 입을 모아 주문을 외우는 것이었다. 그 주문을 대대손손 전하는 가장 좋은 방법은 노래였다. 아득히 먼 옛날에는 글자가 별로 쓰이지 않았기 때문이다. 여럿이 함께 부르는 주술의 노래가 나타난 이유다.

상고시대 제천의식을 보면 알 수 있다. 3세기에 편찬된 중국 정사 《삼국지三國志》에 삼한三韓의 제천의식을 묘사한 대목이 나온다. "5월에 씨뿌리기를 마치고 신에게 제사를 지내는데 떼로 모여서 노래를 부르고 춤을 추었다."(《삼국지》〈위서〉 '오환선비동이전')

노래는 신에게 제사 지내는 의식의 일환이었다. 옛사람들은 신 들린 채로 함께 노래하며 애환을 토로하고 소망을 간절히 빌었다.

앞의 노래는 《삼국유사》 '수로부인' 조에 나오는 〈해가〉다. 익히 알려진 또 다른 고대가요와 무척 비슷하다. "거북아 거북아 / 머리를 내어라 / 내어놓지 않으면 / 구워서 먹으리." 그렇다. 같은 책 '가락국기' 조에 실린 〈구지가龜旨歌〉다.

아득히 먼 옛날 아홉 추장이 다스리는 고을에 기이한 일이 일어났다. 북쪽 구지봉에서 사람을 부르는 소리가 난 것이다. 주민들이 몰려갔더니 형체는 보이지 않고 신령한 소리만 들렸다. "산봉우리의 흙을 파면서 이 노래를 부르고 춤을 추면 하늘에서 임금이 내려와 새 나라를 세울 것"이라는 계시였다.

주민들이 따르자 과연 하늘에서 황금알 여섯 개가 내려왔다. 황금알에서 나온 아이들이 6가야의 임금이 되었다. 그 첫째가 바로 금관가야의 수로왕이었다. 〈구지가〉에서 거북에게 내놓으라고 한 '머리'는 '우두머리'를 뜻한다. 주민들이 주술의 노래를 부르며 신령에게 간절히 빈 것은 새 나라를 세울 임금이었다.

그런데 왜 거북을 부를까? 거북은 바다와 육지를 넘나든다. 저쪽 세계와 이쪽 세계를 잇는 상징이다. 신령과 인간 사이를 오가는 메신저다. 거북에게 주술을 거는 데는 공식이 있다. 먼저 거북아, 거북아, 부른다. 이어서 머리를 내어라, 명한다. 다음은 내어놓지 않으면, 하고 가정한다. 마무리는 구워 먹겠다는 협박이다.

부름, 명령, 가정, 협박! 거북을 요리하는 법이다. 〈해가〉 역시 이 요리법을 쓴다. 다만 더 구체적이다. 남의 아내 훔쳐 간 죄를 따진다. 그물로 잡겠다며 제압 수단도 밝힌다. 〈구지가〉의 배경 연도(서기 42)에서 700여 년 흘러 인간 세상이 꽤 발전했다. 과거와 달리 법률과 도구를 써서 정교하게 거북을 협박하는 것이다.

그렇다면 〈해가〉에서 거북을 부르는 목적은 무엇일까? 용에게 납치당한 아내를 구출하려 했다는 '수로부인' 조의 이야기는 황당

무계하다. 《삼국유사》 특유의 은유다. 이 은유에는 (현대인과 명백히 달랐을) 고대인의 사고방식과 언어가 깔려 있다. 진실에 다가가려면 사료를 비교·검토하여 시대에 맞게 재해석해야 한다.

《삼국사기三國史記》를 살펴보면 '수로부인' 조의 시대 배경인 성덕왕 연간에 자연재해가 많이 발생했다는 것을 알 수 있다. 재위 36년 동안 가뭄, 지진, 전염병, 우박 등 크고 작은 재해 40여 회가 기록되어 있다. 그중에 가장 눈에 띄는 것은 10여 차례의 가뭄과 그에 따른 기근이었다. 비가 안 내리니 곡식이 여물지 않고 흉년으로 백성이 몹시 굶주렸다. 특히 705년부터 707년까지 2년간 이어진 역대급 가뭄과 기근은 성덕왕 대의 강렬한 기억으로 남았다. 굶어 죽는 사람들이 쏟아져 나오자 성덕왕은 나라 곡간을 열고 구휼과 배급에 들어갔다. 서기 707년 정월 초하루부터 7월 말일까지 한 사람당 하루 석 되씩 벼를 나눠줬다. 모두 합계를 내보니 30만 500석이었다고 한다(《삼국유사》 〈기이〉 '성덕왕').

거듭된 흉년에 나라 곡간 사정도 여의치 않았다. 왕은 신령한 힘에 기대고자 했다. 715년 6월에 크게 가물자 하서주 용명악의 거사 이효를 불러 임천사 못가에서 비를 빌게 했다. 나라에서 기우제를 지낸 것이다. 영험이 있었을까? 곧 비가 내려 열흘이나 퍼부었다고 한다. 거사 이효는 이듬해 가뭄에도 기도를 올렸다. 비를 부르는 주술은 계속되었다.

《삼국유사》'수로부인' 조에서 순정공이 하서주 도독으로 부임한 것도 가뭄과 무관치 않아 보인다. 목차상 바로 앞에 있는 '성덕왕' 조가 흉년이 들어 백성들에게 식량을 배급했다는 이야기다. 다음 조에 성덕왕 때 부른 주술의 노래 〈해가〉가 나온다면 기우제에 관한 것이어야 앞뒤가 맞다. 게다가 하서주에는 비를 부르는 영험한 거사 이효가 있지 않은가. 성공적인 기우제로 가뭄과 기근에 지친 주민들을 달래는 게 신임 도독의 첫 임무였을 것이다.

수로부인을 납치한 바다의 용은 비를 내려달라고 기도하는 대상이다. 신라 사람들은 용을 용왕의 분신이라고 여기며 물을 다스리는 수신水神으로 받들었다. 진평왕 50년(628)에는 여름에 크게 가물자 용을 그려서 비를 빌었다고 한다. 바다나 강 부근에 용왕당(용신당)이 자리한 것도 그래서다. 가뭄이 닥치면 수신에게 기우제를 올리고 주술의 노래를 불렀다.

납치 사건이 벌어졌다는 임해정은 바다에 면한 정자이므로 용왕에게 기도하기에 적당한 장소였다. 그곳에서 점심을 먹었다는 것은 음식을 장만해 제사상을 차렸다는 뜻으로 해석할 수 있다. 고대인의 주술적인 사고방식이 '점심'이라는 언어로 표현되었다고 봐야 할 것이다.

순정공에게 조언한 노인은 기우제를 주관한 제사장이 아니었을까.《삼국사기》성덕왕 14년 조에 등장하는 하서주 용명악의 거사 이효였을 수도 있다. 여러 번 비를 빌고 영험을 입증한 장본인이다. 신임 도독이 부임 길에 기우제를 지내고자 했다면 응당 그를 불렀을 터.

제사장은 능수능란했다. "여러 사람의 입은 무쇠도 녹인다"라며 경내의 백성들을 모았다. 주술의 노래 〈해가〉를 함께 부르게 했다. 기우제의 집단 주문이다. 막대기로 언덕을 두드리게 했다. 기우제에 걸맞은 음향효과다. 후드득후드득, 빗소리를 연상케 하는 소리가 나지 않겠는가.

접신과 신명을 은유한 수로부인 이야기

여기서 주목해야 할 것은 수로부인의 역할이다. '수로水路'는 곧 물길이다. 용왕과 접신接神해 물을 끌어오는 게 부인의 임무였다. 바다의 용에게 붙잡혀간 것은 수로부인이 접신할 때 일종의 환각 상태에 빠졌음을 암시한다. 이른바, '신명神明'이다. 신비체험을 통해 수신과 합일한 것이다.

접신이라니, 수로부인은 무당이었단 말인가? 오늘날 무당은 대개 내림굿을 하여 신령을 받아들이고 함께 생활한다. 하지만 수로부인은 일시적으로 신이 들려 영매 노릇을 한 것으로 보인다. 신라에서는 상류층 여성이 국가적인 제의에 적극적으로 참여했다. 진골 귀족의 아내 수로부인은 기우제의 신녀를 맡았다.

그럼 접신은 어떻게 했을까? 과거 시베리아에서는 샤먼들이 특수한 버섯을 먹고 황홀경 상태에 들어가 조상신에 빙의되었다. 고대 아폴론 신전 여사제들은 바위틈에서 새어 나오는 연기를 쐬고 무아지경인 채로 신탁을 받았다. 버섯과 연기는 환각제였다. 수로부인도 비슷한 방법을 썼을 것이다. 《삼국유사》에 환각제를 암시하는 대목이 나온다.

수로부인이 용에게 잡혀갔다가 돌아오자 순정공은 바닷속 일을 궁금해했다. 부인은 "용궁 음식이 달고 부드러우며 향기롭고 깨끗하여 인간의 것이 아니었다"라고 묘사했다. 시베리아 샤먼의 버섯이 떠오른다. 또 부인의 옷에서 이상한 향기가 풍겼는데, 이 세상에서는 맡아보지 못한 것이었다고 한다. 아폴론 신전의 연기와 흡사하다. 용궁 음식과 옷 향기에 접신하는 데 쓰였을 환각제가 암시된 것이다.

단, 환각제는 신을 지필 때 도움을 줄지언정 접신의 전 과정을 지배하지는 않는다. 신녀가 신명에 푹 빠져서 수신과 합일하도록 이끄는 것은 기우제에 나온 백성들이다. 뭇사람들이 함께 주술의 노래 〈해가〉를 부르고 막대기로 언덕을 두드리는 광경을 그려보라. 거북아, 거북아, 노래가 반복될수록 수로부인의 홍조 띤 얼굴은 달아오른다. 후드득후드득, 막대기 두드리는 소리에 심장박동도 빨라진다. 환영의 용이 덮치며 신명은 정점을 찍는다.

신녀의 신명은 다시 백성들에게 파급된다. 수로부인이 신이 들려 경련하면 군중의 피가 들끓는다. 노래하고 두드리고 시끌벅적 난장이다. 가뭄과 기근에 맺힌 응어리들이 조금은 풀리는 것 같다. 고해의 바다를 떠도는 울분들이 소용돌이치며 가라앉는다.

기우제는 사실 고도의 정치 행위였다. 진골 귀부인을 신녀로 삼아 비를 염원하는 주술을 걸고 집단적인 신명을 불러일으켰다. 비는 올 수도 있고 안 올 수도 있는 것이다. 하지만 민심을 다스리는 것은 얼마든지 가능하다. 제의와 주술이 아득히 먼 옛날부터 국가적으로 장려된 이유다. 신과 인간의 합일이라는 멍석을 깔고 지배층과 피지배층의 반목을 해소한 것이다. 주술의 노래를 다 함께 부르며 너와 내가 우리로 거듭난 것이다.

수로부인은 신녀로서 명성이 높았던 것 같다. 《삼국유사》에는 수로의 미색이 뛰어나 깊은 산이나 큰 못을 지날 때마다 '신물神物'에게 붙들려갔다고 적혀 있다. 바다의 용뿐 아니라 산에 군림하는 신령한 호랑이, 못에 똬리를 튼 오래 묵은 구렁이와도 접신했으리라. 곳곳에서 벌어지는 제의와 주술에 신녀로 초빙된 것이다.

요즘으로 치면 행사 많이 뛰는 인기 스타였다. 그녀에게는 〈해가〉 말고도 대표곡이 또 있었다. 바로 〈헌화가〉다. 이 노래의 뒷이야기도 '수로부인' 조에 실려있다.

순정공의 부임 행차가 임해정에 이르기 전의 일이었다. 어느 바닷가에서 점심을 먹었는데 주위 경관이 기가 막혔다. 천길 바위 봉우리가 병풍처럼 바다를 둘렀고, 그 위에 철쭉꽃 한 무리가 탐스럽게 피어 있었다. 수로부인이 풍경에 반해 산책하다가 꽃 무리를 보고 주위 사람들에게 말했다.

"누가 저 꽃을 꺾어 나에게 주겠소?"

하인들은 난처한 기색이었다. 바위 봉우리 위에 위태롭게 핀 꽃이다. 수로부인에게 바치고 싶지만, 목숨까지 걸 수는 없다. 가족들도 고개를 절레절레 흔들었다. 사람의 발길이 닿기 어려운 곳이니 단념하라고 했다. 수로는 아쉬운 표정을 감추지 못하고 탄식했다. 봄날의 물오른 철쭉을 절세 미녀는 갖고 싶었다.

한 촌로가 암소를 끌고 지나가다가 이를 보았다. 수로부인의 탄식에 노인은 안타까웠다. 아름다운 부인을 위해 마땅히 꽃을 꺾어 줘야 하지 않겠는가. 하지만 부인은 노인이 범접하기 어려운 고귀한 신분이다. 노인은 조심스레 노래를 지어 자신의 마음을 전했다.

붉은 바윗가에 / 잡고 있는 암소 놓게 하시고 / 나를 아니 부끄러워하시면 / 꽃을 꺾어 바치오리다《삼국유사》〈기이〉 '수로부인')

〈헌화가獻花歌〉였다. 수로부인이 허락하자 촌로는 천길 바위 봉우리를 타기 시작했다. 어려서부터 오르내린 바위였을 것이다. 가파른 봉우리를 능숙하게 올라가서 철쭉을 꺾어 내려왔다. 꽃을 바치자 부인은 고운 미소로 화답했다. 노인은 어디 사는 누군지도 밝히지 않은 채 암소를 끌고 사라졌다. 그 순박한 촌로의 노래를 사람들은 즐겨 불렀다.

그런데 이 노래와 이야기에는 반전이 있다. 천길 바위 봉우리 위의 철쭉꽃을 노인이 꺾어서 수로부인에게 바쳤다. 분위기가 꿈처럼 몽환적이다. 이 대목은 수로부인의 태몽을 은유한 게 아닐까? 태몽 설화는 대개 귀인의 출생을 알리는 것이다. 바위 봉우리 위의 꽃으로 보아 그 귀인은 여성일 가능성이 크다. 부인의 자식은 누구일까? 이제 수로 일가의 역사적 실체를 밝혀보자.

수로부인의 실체와 신라 후기 권력투쟁

《삼국유사》'수로부인' 조의 뒤에는 신라 제34대 효성왕(재위 737~742)과 제35대 경덕왕(재위 742~765)의 이야기가 나온다. 성덕왕의 두 아들이다.《삼국사기》에 따르면 경덕왕은 742년에 즉위하는데 왕비가 이찬 순정順貞의 딸이었다.《삼국유사》의 순정純貞공과 한자만 조금 다르다.

그 시대 기록은 같은 인물이라도 한자 이름을 혼용하곤 했다. 이찬 순정과 순정공은 동일 인물이라고 봐야 할 것이다. 이찬은 신라 17관등 중 두 번째이므로 신분은 진골이고 성은 김씨다. 김순정과 수로부인 사이에서 난 딸이 후일 왕비가 된 것이다. 앞의 태몽 설화가 가리키는 귀인이다.

문제는 즉위 이듬해 왕비 교체가 단행되었다는 점이다. 경덕왕은 이찬 김순정의 딸 삼모부인을 자식이 없다는 이유로 궁궐에서 내보내고, 서불한 김의충의 여식 만월부인(경수왕후)을 새 왕비로 삼았다. 즉위 직후임을 고려하면 자식이 없다는 건 핑계에 불과했다. 삼모부인을 내친 속사정은 따로 있었다. 선왕 때부터 누적된 지배층의 갈등이 원인이었다.

경덕왕은 효성왕의 동생이다. 그런데 효성왕 연간에 불미스러운 사건들이 연이어 일어났다. 왕은 739년 이찬 순원順元의 딸 혜명을 왕비로 삼았다. 참고로 왕의 어머니 소덕왕후도 순원의 여식이었다. 효성왕이 이모와 혼인한 것이다. 2대에 걸쳐 딸을 왕비에 앉힐 만큼 김순원의 권력이 막강했다는 뜻이기도 하다.

효성왕에게는 원래 박씨 왕비가 있었지만, 김순원에게 쫓겨난 것으로 보인다. 《삼국사기》에는 740년 7월에 "붉은 옷 입은 여인이 예교 아래에서 나와 조정의 정치를 비방하고, 효신공의 집을 지나더니 갑자기 보이지 않았다"라는 기록이 있다. 모호하긴 하지만 쫓겨난 왕비의 한과 분노가 연상되는 장면이다.

8월에는 파진찬 영종이 반역을 꾀하다가 처형당했다. 영종의 딸은 효성왕의 후궁이었는데 임금의 사랑과 은총이 날로 더했다. 질투가 난 혜명왕후가 친족들과 모의해 후궁을 죽이려고 했다. 여식의 목숨이 위태로운데 가만있을 아비가 어디 있나. 영종은 왕비의 족당族黨을 치려다가 역모로 몰려 제거된 것이다.

효성왕은 외조부이자 장인으로 인해 본부인과 애첩을 잃었다. 권신이 왕권을 억누른 것이다. 효성왕은 기를 못 펴다가 일찍 세상을 떠났다. 뒤이어 즉위한 경덕왕도 소덕왕후 소생이고 김순원의 외손자였다. 하지만 그는 형의 전철을 밟지 않았다. 743년 왕비를 교체한 건 왕권 회복을 위한 새 임금의 결단이었다.

사건의 전개 과정을 보면 경덕왕의 장인 김순정과 권신 김순원은 친족이었을 것으로 짐작된다. 순정順貞과 순원順元이라는 이름으로 보아 형제였을 수도 있다. 김순원은 조카딸(삼모부인)을 외손자(경덕왕)의 짝으로 삼아 3대째 왕비 배출을 도모하다가 임금과 조정의 반발을 초래해 숙청당한 것으로 보인다.

수로부인의 딸이 궁에서 쫓겨난 진짜 이유다. 김순정도 조정에서 물러나야 했을 것이다. 권력 다툼에 휘말려 역사의 뒤안길로 사라진 수로 일가는 그러나 주술의 노래와 함께 은유적으로 부활했다. 먹고 살기 고단한 백성들은 지배층의 갈등에 관심 없다. 차라리 가뭄과 기근에 맺힌 응어리를 신명으로 풀어준 아름다운 신녀가 그립다. 거북아 거북아 수로부인을 내놓아라, 비를 부르는 노래는 계속된다.

3부
전쟁과 노래

난리통에 부른 위로와 희망의 노래

유행가로
돌아보는
한국전쟁

유행가는 시대의 산물이다. 그때 그 시대 사람들이 꿈에 그리거나 가슴 아파하는 뭔가를 건드렸을 때 노래는 들불처럼 번져 국민가요가 된다. 시대의 풍파가 거셀수록 유행의 강도는 세진다. 한국전쟁 발발 직후의 유행가들도 그러했다.

  1950년 6월 25일 새벽, 북한군은 삼팔선을 넘어 남침을 개시했다. 이 시절의 유행가는 전쟁의 주요 장면들을 관통하고 있다. 한국전쟁 때 한국인은 어떤 노래를 부르며 시름을 달래고 다시 일어섰을까?

납북의 한 서린 〈단장의 미아리고개〉

미아리 눈물 고개 님이 넘던 이별 고개 / 화약 연기 앞을 가려 눈 못 뜨고 헤매일 때 / 당신은 철사줄로 두 손 꽁꽁 묶인 채로 / 뒤돌아보고 또 돌아보고 맨발로 절며 절며 / 끌려가신 이 고개여 / 한 많은 미아리고개(〈단장의 미아리고개〉)

가수 이해연이 1956년에 발표한 〈단장의 미아리고개〉(반야월 작사, 이재호 작곡)다. 미아리고개에 단장斷腸, 창자가 끊어질 것 같은 6·25의 한恨을 투영하고 있다. 서울의 북쪽 관문인 이 고개에서 대체 무슨 일이 벌어진 것일까? 철삿줄로 꽁꽁 묶여 뒤돌아보고 맨발로 절며 끌려간 사람들은 또 누구일까?

1950년 6월 27일 밤 국군의 미아리 저지선에서는 맹렬한 포격전이 벌어졌다. 서울 시민들은 귀를 막고 두려움에 떨었다. 새벽에는 한강 인도교가 거대한 폭발음과 함께 끊어졌다. 피난에 나선 무고한 인명이 대거 희생되었다. 이윽고 날이 밝자 서울은 딴 세상이 되었다. 그 생생한 목격담을 역사학자 김성칠이 꼼꼼하게 일기에 남겼다.

"포성이 뜸해지기에 밖을 내다보니 낙산 위에 늘어섰던 포좌砲座가 간 곳이 없다. 미아리고개로 자동차보다도 크고 육중해 보이는 것이 천천히 내려오고 있다. 저것이 대포알을 맞아도 움쩍하지 않는다는 이북의 탱크가 아닌가 싶다. 전찻길엔 이상한 군복을 입은 군인들이 떼지어 행진하고 있다. 밤사이 세상은 아주 뒤집히고야 만 것이다."(김성칠,《역사 앞에서》, 창작과비평사, 1993)

6월 28일 소련제 T-34형 탱크가 줄지어 넘어온 미아리고개는 그 후 민간인들이 북으로 끌려가는 길목이 되었다. 서울을 점령한 북한 정권은 먼저 정치인과 명사들을 잡아갔다. 서울에는 김규식, 조소앙 등 독립운동과 민족통합에 굵직한 발자취를 남긴 인물들이 머물고 있었다. '남행열차'를 타지 못한 국회의원도 60여 명이나 되었다. 북한은 선전전에 이용하기 위해 그들을 차례차례 평양으로 데리고 갔다.

한국전쟁 당시 납북 피해자는 8만 명 이상으로 드러났는데, 전쟁 발발부터 서울 수복까지 3개월 새 집중적으로 끌려갔다. 공무원, 의사, 변호사, 교육자 등 사회지도층 인사들이 다수 포함되었다. 1950년 9월 15일 인천상륙작전이 펼쳐지고 북한군이 후퇴하면서 미아리고개는 아비규환이 되었다. 고개 인근에 살던 주민의 증언이다.

"끌려가던 사람들이 하도 많아 어림잡아 헤아릴 수도 없었지요. 손목을 묶을 쇠사슬이 모자라 소 끄는 밧줄로 엮어 끌고 갔고, 뒤처진 사람들은 구덩이에 몰아넣고 학살해 부근의 산마다 시체들이 즐비했었지요."(〈중앙일보〉 1990년 6월 21일)

미아리고개는 그렇게 눈물 고개, 이별 고개가 되었다. 미군 기밀문서에 따르면 1950년 10월 평안남도 대동군의 한 언덕에서 납북 공무원 2천여 명이 한꺼번에 학살당했다고 한다. 대다수 납북 피해자는 전쟁통에 살았는지 죽었는지 알 길이 없다.

〈전우야 잘 자라〉, 낙동강 전선 딛고 북으로

전우의 시체를 넘고 넘어 앞으로 앞으로 / 낙동강아 잘 있거라 우리는 전진한다 / 원한이야 피에 맺힌 적군을 무찌르고서 / 꽃잎처럼 사라져간 전우야 잘 자라
우거진 수풀을 헤치면서 앞으로 앞으로 / 추풍령아 잘 있거라 우리는 돌진한다 / 달빛 어린 고개에서 마지막 나누어 먹던 / 화랑 담배 연기 속에 사라진 전우야
고개를 건너서 물을 건너 앞으로 앞으로 / 한강수야 잘 있구나 우리는 돌아왔다 / 들국화도 송이송이 피어나 반기어 주는 / 노들강변 언덕 위에 잠들은 전우야(〈전우야 잘 자라〉 1~3절)

〈전우야 잘 자라〉(유호 작사, 박시춘 작곡)는 1950년 9월 서울 수복 직후에 나온 진중가요陣中歌謠다. 작곡가 박시춘은 육군 문예중대에서 활동했고, 이 노래는 국군의 애창가요가 된다. 정식 군가는 아니지만, 반격에 나선 국군의 애환과 기상이 잘 담겨 있다.

국군은 북한군에 밀려 후퇴를 거듭하다가 미군 참전과 유엔 원조로 기사회생했다. 더글러스 맥아더가 지휘하는 유엔군 사령부가 세워지고 국군도 연합군의 일원이 되었다. 8월 1일 미8군 사령관 월튼 워커는 낙동강 방어선을 구축하라는 명령을 내렸다. '피란 수도' 부산을 둘러싸고 북쪽으로 약 135킬로미터, 서쪽으로 약 90킬로미터에 이르는 네모꼴 방어선이 완성되었다.

연합군은 힘을 모아 낙동강 방어선을 사수했다. 전선마다 지옥도를 방불케 하는 혈전이 벌어졌다. 시체가 쌓였지만 치울 수 없어 시체를 방패 삼아 싸울 지경이었다. 그 사이에 부산항을 통해 병력과 화력 지원이 이루어졌다. 반면 북한군의 공세는 미군의 폭격으로 보급에 차질이 생기면서 차츰 무너졌다. 전쟁의 흐름이 바뀌고 있었다.

유엔군 총사령관 맥아더는 마침내 반전의 승부수를 던졌다. 인천상륙작전이었다. 9월 15일 연합군 함정 261척, 병력 7만 5천여 명이 인천으로 밀고 들어갔다. 동시에 낙동강 방어선의 국군과 미군도 총공세로 전환했다. 노랫말처럼 전우의 시체를 넘어 앞으로 나아갔다. 낙동강을 박차고 추풍령(2절), 서울(3절), 삼팔선(4절)으로 진격했다. 9월 28일 서울 수복에 성공하자 유엔군 사령부는 일단 삼팔선에서 진격을 멈추기로 했다. 중국이 삼팔선을 넘으면 참전하겠다고 경고했기 때문이다. 미국 대통령 해리 트루먼은 중국과의 확전을 원치 않았다.

하지만 북진통일을 부르짖어온 이승만 대통령은 국군 단독으로 삼팔선을 돌파하라는 지시를 내렸다. 10월 1일 강원도 양양에서 국군 제3사단 23연대가 삼팔선을 넘어섰다(이날을 1956년부터 '국군의 날'로 삼았다). 이튿날 맥아더도 삼팔선 돌파를 명령함으로써 연합군은 일제히 북진을 개시했다.

국군은 10월 19일 미군과 함께 평양을 점령한 데 이어 압록강까지 거침없이 치고 올라갔다. 이때 가장 많이 부른 노래가 〈전우야 잘 자라〉였다고 한다. '화랑 담배 연기 속에 사라진 전우'와 같이 걷는 길이었다. 비장하면서도 가슴 뿌듯한 행군이었다. 10월 25일 국군 제6사단 7연대가 드디어 압록강 연안 초산을 점령했다. 강물이 군용 물통에 담겨 대통령에게 전해졌다.

이승만 대통령은 10월 30일 평양역 광장에서 10만 군중을 앞에 두고 연설했다. "살아도 같이 살고 죽어도 같이 죽자"라고 외쳤다. 감개무량한 순간이었다. 그러나 전쟁은 또 다른 반전을 맞고 있었다. 압록강을 건너 중국군이 몰려온 것이다.

흥남 철수 실향민의 노래, 〈굳세어라 금순아〉

1950년 12월 함경남도 흥남 부두, 피난민들이 그물망에 매달려 미국 선박에 기어올랐다. 삭풍이 매섭게 몰아쳤지만, 떨어지는 사람들이 속출했지만, 아랑곳하지 않고 죽기 살기로 올라갔다. 북새통에 밟혀 죽고, 물에 빠져 죽고, 가족과 생이별하는 사람들이 쏟아져 나왔다.

이 극적인 장면은 국민가요를 탄생시켰다. 〈굳세어라 금순아〉(강사랑 작사, 박시춘 작곡)는 1953년 가수 현인이 독특한 창법으로 불러 실향민들에게 뜨거운 호응을 얻었다.

눈보라가 휘날리는 바람 찬 흥남 부두에 / 목을 놓아 불러 보았다 찾아를 보았다 / 금순아 어디로 가고 길을 잃고 헤매었더냐 / 피눈물을 흘리면서 일사 이후 나 홀로 왔다(〈굳세어라 금순아〉)

흥남 철수는 1950년 12월 연합군이 중국군에게 밀려 퇴로를 차단당하자 해상으로 탈출한 작전이다. 11월에 맥아더 사령부 직속 미군 제10군단은 함경도 방면에서 국경으로 진군해 중국군을 궤멸시키기로 했다. 미군 제1해병사단과 제7사단, 국군 제1군단이 작전에 투입되었다. 하지만 미군은 장진호 부근에서 적의 포위망에 갇히고 만다. 중국군 제9병단 산하 7개 사단이 에워싸고 맹공을 가했다. 제10군단 지휘부는 부득불 후퇴 명령을 내렸고, 미군은 영하 30도가 넘는 혹한 속에서 악전고투 끝에 흥남으로 빠져나왔다. 얼마 전만 해도 승승장구하며 평양을 찍고 압록강에 이른 연합군이었다. 어째서 전황이 역전되었을까? 동상에 시달리고 병기마저 얼어붙는 혹한의 날씨도 한몫했지만, 무엇보다 적의 전투력을 얕본 게 패인이었다. 6·25 당시 중국군이라고 하면 흔히 인해전술을 떠올리지만, 병력과 화력은 연합군이 우위였다는 게 훗날의 분석이다. 그들의 무서움은 다른 데 있었다.

중국군은 꽹과리와 피리, 함성으로 천지를 진동시켜 연합군에게 공포를 안겨주는 심리전을 구사했다. 인해전술이 아니라 허장성세였다. 연합군은 혼비백산해 전투 의욕이 저하되었다. 유격전도 악몽이었다. 중국군이 때와 장소를 가리지 않고 불쑥불쑥 튀어나오니 연합군은 쉬지도 못하고 피로가 쌓였다.

이 심리전과 유격전은 중국공산당이 국민당 군대를 몰아붙일 때 쓴 전법이었다. 연합군은 공포심과 피로감이 극에 달해 전투력을 제대로 발휘하지 못하고 철수 작전에 들어갔다(강준만,《한국 현대사 산책 1950년대편 1권》, 인물과사상사, 2004).

흥남에서 철수한 것은 10만여 명의 병력뿐만이 아니었다. 피난민 수십만 명이 밀려들었다. 공산당 치하에서 살 수 없어 탈출하려는 사람들, 미군이 원자탄을 투하한다는 소문에 몸을 피하려는 이들이 부두를 가득 메웠다. 추위와 굶주림 속에서 구원의 그물망을 잡으려고 한 것이다.

이들을 실어나르기 위해 함선 132척이 동원되었다. 미국 상선 매러디스 빅토리호도 참여했다. 정원 2천 명을 한참 초과해 1만

4천여 명을 태운 배는 거제도 장승포항에 피난민들을 내려줬다. 2014년 개봉한 〈국제시장〉에서 주인공 덕수가 매달린 그 배다.

"막순아! 정신 똑똑히 차리라. 놀러 가는 게 아이다. 오라바이 손 꼭 잡아라."

영화 속 소년은 등에 매달린 여동생에게 고함쳤다. 하지만 아수라장 속에서 남매는 잠깐 사이에 손을 놓치고 말았다. 황망한 이별이었다. 부산에 정착한 덕수에게는 흥남 부두에서 잃어버린 막순이가 가슴에 박힌 못이었다.

남매는 1983년 이산가족 찾기 방송에서 극적으로 상봉한다. 전시 고아로 미국에 입양된 여동생을 만나고서야 덕수는 그 한 맺힌 못을 뽑아낼 수 있었다. 노모도 비로소 편안히 눈을 감았다.

피란 수도 부산에 달이 뜨면 실향민들은 영도다리 위로 모여들었다. 난간을 붙잡고 하염없이 달을 쳐다보았다. 두고 온 고향 산천이, 헤어진 가족이 눈에 밟혔다. 피난길에 얼어 죽고, 굶어 죽고, 폭격 맞아 죽은 이들이 가슴 저렸다. 누군가 노래를 흥얼거린다. 한 사람 두 사람 따라부른다. 웅성웅성 노랫소리가 커진다.

금순아 굳세어다오 / 남북통일 그날이 되면 / 손을 잡고 웃어 보자 / 얼싸안고 춤도 춰보자(〈굳세어라 금순아〉 2절)

〈전선야곡〉, 고지전 병사의 심금을 울리다

1951년 1월 4일 중국군의 남진으로 서울이 다시 넘어갔지만, 3월 이후 연합군이 총반격에 나서 기어코 서울을 되찾았다. 한때 미군을 한반도에서 빼고 한국 정부와 주요 인사들을 해외로 피신시키는 계획을 수립할 만큼 전황이 비관적이었으나, 중국군 또한 물자 보급이 끊기고 군사 작전에 차질이 생기면서 연합군이 삼팔선까지 밀고 올라갈 수 있었다.

만주에 원자폭탄을 투하하려던 맥아더 사령관은 제3차 세계대전을 우려한 트루먼 대통령과 충돌한 끝에 4월 11일 해임되었다. 후임 사령관 매슈 리지웨이는 화력을 총동원해 적을 최대한 살상하는 작전을 펼쳤다.

미군의 융단폭격으로 북한 땅은 폐허가 되었다. 피해가 눈덩이처럼 불어나자 북한과 중국은 휴전 의사를 타진했다. 미국 또한 전쟁에 대한 국민 지지가 곤두박질친 데다 공산주의 종주국 소련만 어부지리를 보는 상황이라 출구가 필요했다. 이승만 대통령의 반대에도 불구하고 결국 전쟁을 멈추기 위한 회담이 성사되었다.

정전회담은 1951년 7월 10일부터 1953년 7월 27일까지 25개월이나 지리멸렬하게 이어졌다. 전쟁을 중단하겠다며 회담을 열었지만 조금만 수틀려도 결렬되기 일쑤였다.

그 사이 전선에서는 수많은 청년이 목숨을 잃었다. 휴전되기

전에 한 치의 땅이라도 더 확보하기 위해 삼팔선을 따라 뺏고 빼앗기는 고지 쟁탈전이 벌어졌다. 일진일퇴의 공방전에 심신이 지친 병사들은 이 노래를 부르며 시름을 달랬다.

들려오는 총소리를 자장가 삼아 / 꿈길 속에 달려간 내 고향 내 집에는 / 정한수 떠 놓고서 이 아들의 공(功) 비는 / 어머님의 흰 머리가 눈부시어 울었소 / 아 쓸어안고 싶었소(〈전선야곡〉)

〈전선야곡〉(유호 작사, 박시춘 작곡)은 1952년 가수 신세영이 내놓자마자 시대를 대표하는 곡으로 떠올랐다.

판문점에서는 정전회담이 열리고 있었지만, 고지전은 날이 갈수록 치열해졌다. 백마고지의 경우 열흘간 스물네 차례나 주인이 바뀌는 혈전 끝에 국군 제9사단이 승리를 거두기도 했다. 자고 일어나면 전우가 쓰러지고 시체가 쌓이는 나날이었다.

장병들은 정전 소식을 애타게 기다렸을 것이다. 하지만 고지전은 기약 없이 계속되었다. 긴장이 흐르는 참호에서 보초를 서며, 보이지 않는 적군에게 총구를 겨눈 채로, 병사들은 〈전선야곡〉을 나지막이 불렀다.

뺏고 빼앗기는 한 치의 땅은 일개 병사에게 별 의미가 없다. 꿈길이나마 내 고향 내 집에 이르면 긴장감에 막혔던 숨통이 잠시 트인다. 달빛 아래 정화수 떠 놓고 아들의 생환을 비는 어머니가

보인다. 아, 흰 머리가 눈부신 어머니를 쓸어안고 싶다. 병사가 이를 악물고 살아남아야 할 이유가 이 노래에 담겨 있었다.

희망 품고 집에 가는 길, 〈이별의 부산정거장〉

한편 1951년 1·4후퇴를 전후해 민간인들도 대거 피난길에 올랐다. 중국군이 물밀듯이 밀고 내려온다는 소문에 앞다퉈 남쪽으로 향한 것이다. 그들은 부산 등지에 임시 거처를 마련하고 집으로 돌아갈 날만 기다렸다. 중부 이남 지역민들은 연합군의 반격으로 곧 귀향할 수 있었다. 하지만 전선에서 가까운 서울, 경기, 강원 주민들은 절망적인 시간이 길어졌다.

피란 수도 부산은 인구 100만 명을 넘어섰다. 판잣집이 산비탈, 하천 변, 공터를 뒤덮었다. 피난민의 일상은 분주하고 고단했다. 날이 희뿌옇게 밝으면 아버지는 날품팔이 일거리를 얻기 위해 부두에 나가고, 어머니는 무작정 시장 바닥에 좌판을 깔고 장사에 나섰다.

먹고 살기 어려워도 교육은 계속되었다. '피난 학교'가 만들어졌다. 부산역을 주름잡는 구두닦이 소년도, 집안일 도맡아 하는 또순이 소녀도 학교는 꼬박꼬박 나갔다. 오늘 죽도록 힘들어도 내일의 시간표는 짜야 한다. 더 나은 삶을 살 수 있다는 희망은 포기할 수 없었다.

1953년 7월 27일 드디어 정전협정이 체결되었다. 전쟁의 시계가 멈추고 서울로 환도가 이루어졌다. 희망과 절망을 오가며 위태롭게 흔들리던 피난 생활도 작별을 고해야 할 때다.

> 보슬비가 소리도 없이 이별 슬픈 부산정거장 / 잘 가세요 잘 있어요 눈물의 기적이 운다 / 한 많은 피난살이 설움도 많아 / 그래도 잊지 못할 판자집이여 / 경상도 사투리의 아가씨가 슬피 우네 / 이별의 부산정거장(〈이별의 부산정거장〉)

1954년에 나온 〈이별의 부산정거장〉(유호 작사, 박시춘 작곡)은 가수 남인수가 불러 크게 히트했다. 음반 10만 장이 불티나게 팔렸다. 이별의 애틋한 노랫말과 달리 리듬은 뭔가 설레고 경쾌하다. 피난 생활을 청산하고 집으로 돌아가는 건 심장 뛰는 일이었다. 쿵짝쿵짝, 경쾌한 리듬은 바로 그 희망찬 심장박동이었다.

정거장에서 작별한 '경상도 사투리의 아가씨'는 어쩌면 설움도 많았지만 그래도 잊지 못할 피란 수도 부산이었는지도 모른다. 판잣집을 뒤로하고 기적이 운다. '희망열차' 타고 귀환하는 사람들에게 부산도 아쉬운 듯 화답한다.

> 고향에 가거든 잊지 말고 / 한두 자 봄소식을 전해주소서(〈이별의 부산정거장〉 3절)

존망의 기로에 선 신라의 승부수

〈태평송〉과 나당동맹

대당大唐이 위대한 왕업을 여니 / 높고 큰 황제의 포부 창성하여라 / 전쟁이 그치니 천하가 안정되고 / 문치를 닦으니 백왕百王이 잇는다 / (중략) / 나부끼는 깃발은 어찌 그리 빛나며 / 징과 북소리는 어찌 그리 웅장한가 / 황명을 거스른 변방 오랑캐는 / 베이고 엎어져 천벌을 받으리라 / (중략) / 삼황오제가 이룬 한결같은 덕이 / 우리 당 황실을 비추리라《삼국유사》〈기이〉'진덕왕')

당나라의 태평성대를 노래한 신라 진덕여왕의 오언율시 〈태평송太平頌〉이다. 진덕여왕(재위 647~654)은 김춘추와 김유신이 주도한 정권에서 허수아비 노릇을 한 임금이다. 선덕과 진덕과 진성, 신라 여왕 세 명 중에서도 존재감이 가장 미약하다. 그나마 알려진 게 당나라를 찬양하는 노래를 짓고 비단에 자수를 놓아 바친 일이었으니 굴욕감마저 준다.

이는 존망의 갈림길에 선 나라 사정과 무관치 않았다. 〈태평송〉은 백제와 고구려의 거듭된 침공으로 풍전등화에 놓이고, 외교적 고립에서 벗어날 길이 보이지 않았던 신라의 처절한 몸부림이었다. 나라와 백성을 구하기 위해, 진덕여왕은 몸소 당나라를 찬양하는 노래를 수놓아 구원의 손길을 간구한 것이다. 신라가 살아남을 유일한 방도는 당나라와의 군사동맹뿐이었기 때문이다. 하지만 그것은 '독이 든 성배'이기도 하였다.

대야성 함락과 김춘추의 각성

신라는 선덕여왕 11년(642)을 기점으로 심각한 국가적 위기에 직면했다. 그해 7월 백제가 군사를 크게 일으켜 신라 서쪽 40여 개의 성을 빼앗았다. 새로 즉위한 의자왕은 신라의 명줄을 끊겠다는 듯이 친히 출병, 군사를 독려했다. 554년 관산성(옥천) 싸움 도중에 붙잡혀 참수당한 성왕의 원수를 갚자며 전의를 불태웠다. 흩어져 성을 수비하던 신라군은 백제 대군의 총공세에 무력하기만 하였다.

8월에는 백제와 고구려가 손잡고 당항성(화성)을 함락시켰다. 당나라와의 해상 교역로를 봉쇄해 신라를 고사시키겠다는 의도였다. 이 때문에 몇 년 후 당태종을 만나고 돌아오던 신라 사신 김춘추가 고구려 순라군과 맞닥뜨려 목숨을 잃을 뻔했다. 종사관 온군해가 의관을 바꿔 입고 대신 칼을 맞은 덕분에 간신히 빠져나왔다. 어쩌면 삼국통일 역사가 바뀌었을지도 모를 급박한 순간이었다.

신라에 가장 뼈아픈 타격은 대야성(합천) 함락이었다. 대야성은 서쪽 국경 지역을 아우르는 전략 요충지였다. 이곳을 빼앗기면 수도 서라벌이 적의 사정권에 들어가게 된다. 조정에서는 김춘추의 사위인 이찬 품석을 도독으로 앉혀 대야성을 지키게 했다. 642년 가을 백제 장군 윤충이 군사 1만 명을 이끌고 공격했지만, 쉽게 내줄 리가 없는 성이었다.

하지만 백제는 기어코 대야성의 급소를 찾아냈다. 신라 도독 품석이 바로 화를 부르는 문이었다. 품석은 수하에 둔 사지 검일의 아리따운 아내를 탐하여 빼앗았다. 원한을 품은 검일은 백제군이 쳐들어오자 첩자 모척과 내통하고 성내 창고에 불을 질렀다. 식량과 군수물자가 몽땅 불에 탔으니 신라군이 농성하며 버틸 여력이 사라진 셈이다.

대야성은 사기가 떨어지고 두려움에 휩싸였다. 이에 도독을 보필하던 아찬 서천이 백제 장군 윤충에게 살려준다면 항복하겠다는 뜻을 전하였다. 윤충은 밝은 해를 두고 맹세한다며 이를 받아들였다. 그 말을 믿은 품석은 성문을 열어 장수와 군사들을 내보냈다. 그러나 백제군은 약속을 저버리고 항복한 신라군을 급습하여 모두 죽여버렸다.

절망에 빠진 품석은 먼저 처와 자식을 죽이고 스스로 목숨을 끊었다. 대야성은 백제군의 수중에 떨어졌다. 도독의 탐욕과 어리석음이 빚은 최악의 결과였다. 이로써 신라의 대백제 방어선은 압량주(경산)까지 후퇴하였다. 서라벌이 적의 위협에 노출된 것이다. 여왕의 정치적 입지도 크게 흔들렸다. 신라는 내우외환의 소용돌이에 빠져들었다.

위기와 기회는 동전의 양면과 같다. 한국사의 결정적 순간들이 증명해 준다. 신라는 망국의 위기에서 빠져나갈 길을 찾다가 삼국통일의 호기를 맞았다. 주역은 김유신과 김춘추였다.

대야성 함락은 숨은 실력자 김춘추를 각성시켰다. 죽은 품석의 처가 바로 애지중지하던 딸 고타소였기 때문이다. 아버지로서 상심이 컸다. 온종일 기둥에 기대서서 눈도 깜빡이지 않았다고 한다. 사람이나 물건이 지나가도 알아채지 못하였다. 깊은 상심은 뜨거운 분노로 이어졌다. 백제 의자왕이 애통하게 죽은 딸자식의 시신을 감옥에 파묻었다는 소식을 들은 것이다. 기만하여 죽이고서 옥살이까지 시키다니! 김춘추는 굳게 다짐하였다.

"대장부가 되어 어찌 백제를 병탄하지 못할쏘냐."《삼국사기》〈신

라본기〉 선덕여왕 11년)

　김춘추의 아버지는 진지왕의 아들 용춘이고, 어머니는 진평왕의 딸 천명부인이다. 성골은 아니지만, 신라에서 가장 고귀한 혈통이자 왕실과 가장 가까운 혈육이었다. 그가 이모 선덕여왕을 받드는 친왕 세력의 구심점이었음을 미루어 짐작할 수 있다.
　여왕을 못마땅하게 여겨온 진골 귀족들은 백제의 침공을 빌미로 노골적인 적의를 드러냈다. 선덕여왕을 몰아내기 위해 그들은 김춘추를 표적으로 삼았다. 대야성 함락 원인을 제공한 품석의 장인이었기에 그는 정치적으로 궁지에 몰렸다. 수세 국면을 뒤집을 반전 카드가 절실했다. 그해 겨울 김춘추가 고구려에 사신으로 간 이유가 여기에 있다.
　《삼국사기》는 그가 백제에 복수할 군사를 청하겠다며 고구려 사행을 자원한 것으로 서술하였다. 하지만 고구려는 백제 못지않게 신라를 적대하고 있었다. 612년 수나라 양제가 침공한 틈을 타 신라가 죽령 서북쪽 땅을 훔쳤다고 하며 수시로 국경을 침범하고 백성들을 잡아갔다. 그 땅을 돌려주지 않는 한 고구려가 신라에 군사를 내줄 리가 없었다. 김춘추도 잘 알고 있었을 것이다. 그런데도 자원하여 적국에 들어간 까닭은 무엇일까?
　시기를 주목할 필요가 있다. 그가 가기 직전 고구려에 큰 정변이 일어났다. 연개소문이 열병식에 초대한 귀족 100여 명을 처단하고 왕궁에 들어가 영류왕마저 시해했다. 국제 정세에 밝은 김춘추는 그 파장에 촉각을 곤두세웠을 것이다. 이 정변은 당나라 중심의 천하 질서에 지각변동이 일어날 것임을 예고하고 있었다.

당태종 이세민은 수 멸망기에 창궐한 군웅들을 무찌르고 중국을 통일하였다. 주변 종족과 국가들도 잇달아 제압하였다. 북쪽으로는 돌궐과 거란을 평정하고, 서쪽으로는 토욕혼과 고창을 정복하고, 남쪽으로도 여러 이민족과 변읍을 복속시켰다. 신라, 백제 등의 다른 나라들 또한 당나라에 조공하고 국왕 책봉을 받았다.

동북의 고구려와 서남의 토번은 독자적인 위상을 갖고 있었다. 하지만 두 나라도 당나라에 우호적인 자세를 취하였다. 토번의 군주 송첸캄포는 당나라 종실의 문성공주를 왕비로 맞았고, 고구려 영류왕은 태자를 당나라에 보내 조공하였다. 당태종의 위세가 드높으니 일단 그가 구축한 천하 질서를 받아들이기로 한 것이다.

연개소문의 정변은 단순한 내란이 아니라 천하 질서에 균열을 낸 사건이었다. 당태종은 영류왕 시해를 묵과하지 않고 책임을 물을 것이다. 그럼 연개소문은 어떻게 나올까? 김춘추는 그 답을 찾기 위해 청병請兵을 구실로 호랑이굴에 들어간 것이다. 연개소문의 의중을 정확히 파악하고 향후 천하의 지각변동을 읽어내 신라가 살길을 모색할 속셈이었다.

《삼국사기》에서는 김춘추가 죽령 서북쪽 땅을 돌려달라는 보장왕의 요구를 완강히 거절하여 별관에 구금되었다고 하였다. 연개소문의 뜻이었으리라. 고구려는 신라에 군사를 내줄 생각은 손톱만큼도 없었다. 김춘추는 뇌물을 써서 왕의 총신인 선도해 등을 만나며 고구려의 실정을 알아냈다. 연개소문의 기질상 당나라와의 전쟁은 불가피해 보였다. 천하의 구도가 그려지고 신라가 나아갈 길이 보였다.

춘추와 유신, 혼인동맹에서 나당동맹으로

이제 돌아가기만 하면 된다. (사전에 약조한 대로) 대장군 김유신이 움직였다. 어진 재상을 구해오라는 왕명을 받아 결사대 1만 명을 거느리고 한강을 건넌 것이다. 신라군이 국경을 넘었다는 보고가 들어오자 보장왕은 사신을 풀어주었다. 아직은 정변으로 내정이 불안한 고구려군은 신라군과 크게 싸울 형편이 못 되었다.

김유신과 김춘추는 일찍이 혼인으로 한 집안을 이루었다. 김유신의 여동생 문희가 김춘추와 부부의 연을 맺은 것이다. 김춘추와 몰래 만난 문희가 혼전 임신을 하자, 김유신이 여동생을 불태워 죽이겠다며 연기를 피워올렸다는 일화가 전한다. 선덕여왕이 김춘추를 보내 구해주고 특별히 결혼을 허락했다. 여왕은 정치가 김춘추와 무장 김유신, 지략과 담력을 갖춘 두 인재가 환상의 복식조가 되어 취약한 왕권을 든든하게 뒷받침해 주길 바랐다.

고구려에서 돌아온 김춘추는 열렬한 환영을 받았을 것이다. 연개소문이 누구인가? 영류왕을 시해하고 시신을 토막 내 구덩이에 버린 인물이다. 그 무시무시한 자가 겁박하는데도 죽령 서북쪽 땅의 반환을 완강하게 거절하고, 구금되어 목숨이 위태로운데도 오히려 고구려의 실정을 파악하여 돌아왔다. 민심이 붙좇으며 그의 발언권이 커졌다.

김춘추는 당태종의 천하 질서가 도전에 직면해 있다고 보았다. 고구려, 백제, 왜국이 연대하여 당나라에 맞서고 신라를 고사시키려 하고 있었다. 신라가 살길은 당나라와 군사동맹을 맺는 것뿐이었다. '나당羅唐동맹'으로 '삼국연대'를 부수겠다는 구상이었다. 이후 신라는 당나라에 꼬박꼬박 조공하며 백제와 고구려의 침공에 시달리는 사정을 계속 호소했다.

645년, 당태종은 신라를 침공하지 말라는 자신의 명을 연개소문이 단호하게 거부하자 고구려 원정에 나섰다. 당군은 요동성, 개모성 등 핵심 성들을 깨뜨리고 주필산 전투에서 고구려군에 대승을 거뒀으나 안시성에서 치명적 손실을 입고 퇴각한다. 이때 신라는 없는 살림에 군사 3만 명을 징발하여 당태종의 정벌을 도왔다. 그러나 전해까지만 해도 당나라에 조공하던 백제는 당군을 지원하려고 병력을 뺀 신라를 습격하여 곤경에 빠뜨렸다.

압량주 군주가 된 대장군 김유신은 백제의 파상공세를 막아내며 신라의 구세주로 떠올랐다. 선덕여왕은 백제군이 쳐들어와 위급할 때마다 그를 찾았다. 김유신 군단은 전장에서 돌아오자마자 다시 전장으로 달려갔다. 하지만 백제와 고구려의 협공을 혼자 감당하기는 버거웠다. 악전고투가 계속되는 가운데 여왕이 병석에 눕자 진골 귀족들의 반란이 일어났다.

647년 1월 상대등(신라 최고 관직) 비담이 군사를 일으켜 왕궁으로 쳐들어왔다. '여주불능선리女主不能善理', 여왕은 잘 다스리지 못한다는 것이 거사의 명분이었다. 선덕여왕은 이미 오늘내일하는 상태였고 성골로서 다음 국왕에 내정된 승만공주를 겨냥했을 것이다. 반란군은 성골 남자의 씨가 말랐으면 이제 진골에게 왕위를 넘기라고 목소리를 높였다.

김유신은 친위군을 모아 맞서 싸웠다. 양군은 각각 월성과 명활성에 진을 치고 열흘간 공방전을 벌였다. 그동안 선덕여왕이 세상을 떠났지만, 친위군은 끝내 반란군을 무찌르고 비담 등의 목을 베었다. 곧이어 선왕의 사촌 승만공주가 보위에 오르니 신라의 마지막 성골 임금, 진덕여왕이다. 나라 사람들의 시선은 막후 실세 김춘추에게 쏠렸다.

김춘추는 그해 왜국에 직접 다녀왔다.《일본서기》647년 조에 그의 방문 기록이 나온다. 용모가 아름답고 담소를 잘하는 인물로 그려졌다. 왜국에서 권신 소가씨가 몰락하고 다이카개신이 이루어졌을 때다. 당나라 율령제를 본뜬 정치개혁 속에서 친백제파와 친신라파가 힘겨루기를 했다. 김춘추는 신라와 왜국의 관계를 조율하고 당나라와도 연결하려 했을 것이다. 삼국연대의 고리를 끊어내고 나당동맹으로 끌어당기려는 노력이었다.

648년에는 셋째 아들 문왕과 함께 당나라로 건너갔다. 당태종은 늠름하고 위엄있는 김춘추의 모습에 반해 후하게 대우했다. 김춘추는 황제와 만나 백제의 침공을 거론하고 출병을 요청했다. 천하 구도를 논하며 고구려에 설욕하려면 백제를 먼저 쳐야 한다고 진언했을 것이다. 당태종에게 고구려 원정 실패는 회한이었다. 신라의 군사 지원을 방해한 백제의 행위도 떠올랐을 것이다. 김춘추의 집요한 설득에 황제는 당군의 출병을 약조했다.

하지만 당태종은 이듬해 세상을 떠나고 말았다. 신라는 그의 아들 고종이 약조를 실행에 옮기도록 사대事大에 공을 들였다. 관리들의 의관을 당나라 복식으로 바꾸었다. 고유 연호 '태화太和' 대신 중국의 '영휘永徽'를 썼다. 진덕여왕은 오언율시 〈태평송〉을 짓고 손수 비단에 자수를 놓아 바쳤다. 시구처럼 '황명을 거스르는' 백제와 고구려를 벌하라고 청하였다. 살아남기 위한 신라의 몸부림이었다.

더욱 격렬해진 전선은 수호신 김유신에게 맡겨졌다. 그는 심리전에 능한 장수였다. 적군을 속이는 교묘한 전법뿐 아니라 아군의 사기를 올리는 수완도 출중했다. 진덕여왕 때 동잠성(김천) 등지에서 백제군과 맞붙었는데 몹시 고전했다. 이에 김유신 휘하의 비령자와 아들 거진, 종 합절이 차례로 적진에 뛰어들어 용감하게 싸우다가 전사하였다. 이를 지켜본 신라군은 격분하여 단숨에 백제군을 무너뜨렸다.

김유신의 존재감은 김춘추의 외교전을 뒷받침하는 힘이었다. 스스로 구하고자 하는 의지와 노력이 없으면 당나라는 승산을 낮게 보고 군사를 보내지 않을 것이다. 실제로 김춘추가 당태종을 만나 외교전을 펼칠 무렵 김유신은 백제 땅으로 들어가 20여 개의 성을 함락시켰다. 대야성에서는 성안의 백제군을 옥문관까지 유인해 복병으로 섬멸하였다. 이때 적장 여덟 명을 사로잡고 백제 측과 교섭을 벌여 감옥에 파묻은 품석·고타소 부부의 유해와 교환했다. 고타소의 넋은 뒤늦게 아버지 김춘추의 품에 안겼다.

"먼저 당나라와 결전하고 백제를 치리라"

654년 진덕여왕이 세상을 떠나고 김춘추가 왕위에 올랐다. 삼국통일전쟁의 막을 올린 태종무열왕이다. 즉위 이듬해에 고구려, 백제, 말갈이 연합하여 신라 북쪽 변경의 서른세 개의 성을 빼앗았다. 신라의 거듭된 구원 요청에 당나라는 마침내 백제로 출병한다.

660년 당나라 장수 소정방이 13만 대군을 거느리고 바다를 건너 기벌포로 들어왔다. 김유신이 지휘하는 신라군 5만 명은 육로를 따라 탄현을 넘어섰다. 나당연합군은 7월 10일에 백제 사비성

남쪽에서 만나기로 하고 진군을 서둘렀다.

신라군은 황산벌에서 백제 장수 계백의 5천 결사대에 가로막혀 고전하다가 화랑 관창의 투지와 희생 덕분에 간신히 뚫고 나왔다. 당군의 진영에 이르렀을 때는 약속 날짜가 지나 있었다. 당나라 대총관 소정방은 군령을 어겼다며 신라 감독관 김문영의 목을 베려고 하였다. 김유신은 신라군의 기를 꺾으려는 소정방의 수작을 용납하지 않았다.

"황산 싸움을 보지도 않고 날짜 어긴 것만 죄를 삼다니 이런 모욕은 참을 수 없다. 먼저 당나라 군사와 결전을 치른 후에 백제를 치리라."《삼국사기》〈신라본기〉 태종무열왕 7년)

김유신은 큰 도끼를 잡고 군문에 섰다. 성난 머리칼이 꼿꼿이 서고 허리에 찬 보검이 절로 튀어나왔다. 소정방의 오만한 태도와 당나라의 성대한 군세를 접한 김유신은 직감했다. 저들은 백제와 고구려는 물론 신라마저 집어삼키려고 할 것이다. 신라가 '독이 든 성배'를 받은 셈이다. 그나마 다행이라면 독배를 받아 든 인물이 수호신 김유신이었다는 점이다. 나당동맹은 출발과 함께 나당전쟁의 불씨를 지폈다.

삼국통일 위한 문무왕의 '헤어질 결심'

<모죽지랑가>와
나당전쟁

간 봄 그리매 / (임께서) 더 못 살아 울어 설워하더이다 / 애달 픔 나토시던 모습이 / 해 거듭하는 즈음에 개더이다 / 눈 돌이킬 새 / 만나 뵙기 어찌 지으오리까 / 낭이여, 그리는 마음에 가올 길 / 다북쑥 마을에 잘 밤 있사오리까《삼국유사》〈기이〉 '효소왕대 죽지랑')

누구에게나 인생의 봄날은 있다. '득오'에게는 풍류황권(風流黃卷, 신라 화랑도의 명부)에 이름을 올리고 화랑 '죽지'를 따르던 낭도 시절이 그리운 봄날이었나 보다. 죽지는 효소왕(재위 692~702) 때 세상을 떠난 것으로 보이는데 득오가 〈모죽지랑가慕竹旨郎歌〉를 지어 사모와 애도의 정을 노래하였다.

　죽지가 화랑으로 활동하던 때는 진평왕(재위 579~632) 말년으로 추정된다. 신라 화랑도는 애초 청소년 수양 단체로 출발했는데 이 무렵에는 국가 인재 등용문이라 할 만큼 위상이 높아졌다. 이에 김대문은 《화랑세기》 서문에서 "어진 재상과 충성스러운 신하가 여기에서 나왔고, 훌륭한 장수와 용감한 병사가 이로부터 생겨났다"라고 했다.

　《삼국유사》에 기록된 죽지의 행적은 신라가 요구하는 인재상이었다. 낭도 득오는 산성 창고지기로 징발되었는데 알고 보니 군대 지휘관의 밭에서 부역하고 있었다. 화랑 죽지는 고생하는 낭도를 격려하고 휴가를 요구하여 지휘관의 비리에 항의한다. 사람들은 아름다운 풍모라고 칭송했다. 어리지만 싹수가 보인달까. 죽지는 장성하여 진덕여왕(재위 647~654)부터 신문왕(재위 681~692)까지 4대에 걸쳐 재상을 지내며 나라를 안정시켰다.

백제 땅을 둘러싼 나당의 갈등

죽지는 삼국통일전쟁에도 굵직한 발자취를 남겼다. 장수로서 김유신을 도와 대업을 이룩하는 데 큰 공을 세웠다. 김유신은 화랑도의 우두머리인 풍월주風月主를 지낸 인물이다. 15세에 화랑이 되었는데 신라를 자주 침범하던 백제와 고구려를 평정하고자 명산에 올라 기도하고 수련하였다. 김유신은 화랑도를 전사 집단으로 탈바꿈시켰고, 삼국통일전쟁에 화랑 출신들을 앞장세웠다. 문무를 겸비한 죽지는 김유신을 충실히 보필했다.

《삼국사기》에서 죽지가 전장에 처음으로 모습을 드러낸 것은 진덕여왕 3년(649) 도살성(괴산) 전투였다. 백제 장군 은상이 대군을 거느리고 신라의 성 일곱 개를 함락시키자 대장군 김유신은 죽지, 천존, 진춘 등을 부장으로 삼아 반격에 나섰다. 도살성 아래에서 김유신은 지원군이 온다는 거짓 정보를 흘려 백제군 지휘부를 교란하고 대승을 거두었다. 죽지는 대장군을 가까이서 보좌하며 그의 출중한 지략을 배우고 익혔다.

진덕여왕 재위기는 김춘추가 당태종을 만나 나당동맹을 약속받고, 김유신이 백제와 고구려를 평정할 준비에 착수할 때다. 김유신은 전투에만 출중한 장수가 아니었다. 당시 그는 알천, 임종, 술종, 호림, 염장 등과 남산 우지암에 모여 나랏일을 의논하였다. 그들은 모두 김유신의 위엄에 복종하였다(《삼국유사》〈기이〉'진덕왕'). 김유신이 화랑 출신 중진들을 끌어들여 자문회의를 조직하고 강력한 카리스마로 국정을 주도한 것이다.

651년 2월에는 조정에 집사부執事部를 설치하고 죽지를 초대 중시中侍로 발탁했다. 집사부는 나라의 기밀 사무를 맡아보는 기구였다. 기밀 사무의 골자는 백제와 고구려에 대한 군사 업무 또는 첩보 활동이었을 것이다. 이는 삼국통일전쟁을 준비하는 일이기도 하였다. 그 무렵 김유신은 첩자 조미압을 백제에 들여보내 좌평 임자를 포섭하고 적국의 사정을 염탐했다. 이런 일을 실무적으로 관장한 기구가 집사부였으리라.

집사부 수장은 김유신이 신뢰할 수 있는 인물이어야 했다. 죽지는 남산 우지암 회의에 참여하는 술종의 아들로 화랑 시절부터 좋은 평판을 쌓아왔다. 김유신은 그를 전장에 데리고 다니며 유능함과 성실성을 직접 확인했다. 집사부 중시에 적합한 인재라고 여겼을 것이다. 죽지는 4년간 이 중책을 훌륭히 수행하며 삼국통일전쟁 준비에 공헌하였다.

654년 진덕여왕이 세상을 떠나고 김춘추가 왕위에 오르면서 백제·고구려 정벌 논의는 급물살을 탔다. 태종무열왕(재위 654~661)은 당나라에 백제를 먼저 치자는 뜻을 전하였다. 방심하고 있는 백제부터 멸하고 고구려를 남북에서 협공한다면 난공불락인 평양성도 함락시킬 수 있을 터였다. 고구려 평정에 애를 먹어온 당나라는 이를 수락했다.

660년 7월 9일 대장군 김유신은 신라 정예병 5만을 거느리고 탄현을 넘어 황산벌로 진격하였다. 대총관 소정방이 이끄는 당나라 13만 대군도 기벌포에 상륙하여 성대한 진영을 구축하였다. 나당연합군의 백제 정벌의 막이 올랐다. 백제 의자왕은 설마설마했던 나당연합군의 출현에 당황한 것 같다. 예상치 못했기에 도성을 방어할 병력이 모자랐다. 어떻게든 진격을 저지하면서 시간을 벌어 지방의 병력을 불러 모아야 했다.

그나마 백제 장군 계백과 5천 결사대가 선전하였다. 황산벌로 발 빠르게 움직여 험준한 곳에 진영을 설치하고 5만 신라군을 네 차례나 격퇴한 것이다. 병력이 열 배나 많은 김유신 군단은 계백군의 강력한 저항을 뚫지 못했으나 화랑 관창이 전세를 역전시켰다. 16세 소년이 창 한 자루를 들고 말에 올라 적진에 달려든 것이다. 자신을 희생하여 아군을 격분시키는 화랑도의 전술이자 제의祭儀였다.

"내 아이의 얼굴이 살아있는 것 같구나! 왕을 위하여 죽을 수 있었으니 다행이다."(《삼국사기》〈신라본기〉 태종무열왕 7년)

관창의 아버지 좌장군 품일이 옷소매를 피로 물들이며 자식의 머리를 들어 올리자 신라군은 슬퍼하며 일제히 진격하였다. 어쩌면 백제의 운명을 바꿀 수도 있었던 계백과 5천 결사대의 분전은 그렇게 마침표를 찍었다.

7월 12일 나당연합군은 사비성을 향하여 진격했다. 소정방은 막사 위를 맴도는 새가 불길하다며 진군을 꺼렸지만, 김유신이 백제군이 모여들기 전에 쳐야 한다고 설복했다. 연합군의 맹공에 사비성은 맥없이 무너졌다. 660년 7월 18일(음력) 웅진으로 도망갔던 의자왕이 돌아와 항복한다. 이로써 백제가 멸망하였다.

당나라는 백제 땅에 웅진도독부 등을 설치하고 낭장 유인원에게 군사 1만 명을 주어 지키게 하였다. 당나라 영토로 삼아 직접 지배하겠다는 야욕을 드러낸 것이다. 신라로서는 닭 쫓던 개 지붕 쳐다보는 격이었다. 태종무열왕은 648년 당나라에 들어가 군사동맹을 맺으면서 당태종에게 중요한 약조를 받은 바 있다.

"내가 고구려와 백제를 평정하면 평양 이남과 백제 땅은 모두 너희 신라에게 주어 길이 편안하게 하겠다."《삼국사기》〈신라본기〉 문무왕 11년 '답설인귀서')

평양 이남과 백제 땅은 신라의 몫이었다. 당나라의 웅진도독부 설치는 약속 위반의 징조였다. 신라로서는 할 말이 많았을 테지만 일단 참기로 했다. 고구려마저 평정해야 발효되는 약조였다. 동맹의 도리를 다해 명분과 조건을 갖추는 게 우선이었다.

당나라의 야욕은 곧 심각한 도전에 직면한다. 지배층의 방심으로 비록 나라가 망했어도 백제인들은 굽히지 않았다. 백제 부흥 세력이 각지에서 군사를 일으켰다. 부흥군은 주류성과 임존성을 근거지로 삼고 200여 개의 성을 탈환하였다. 심지어 사비성까지 에워싸며 당나라군을 궁지에 몰아넣었다. 이러자 웅진 도독 유인궤는 신라에 구원을 요청하게 된다.

661년 6월 태종무열왕이 세상을 떠나고 맏아들 법민이 왕위에 올랐다. 문무왕(재위 661~681)은 군사를 백제 땅으로 보내 부흥군을 진압하였다. 성을 함락시키면 신라의 관리와 군사들을 두었다.

사실상 영토를 확보한 것이다. 단, 당나라를 의식하여 사비성에서 멀리 떨어진 지역들을 취하였다.

당나라는 663년 백제 왕자 부여융을 웅진 도독으로 삼아 백제인들을 회유하고, 장군 손인사와 군사 7천 명을 추가로 파병하여 부흥군을 뿌리 뽑고자 했다. 문무왕도 그해 7월 김유신, 죽지 등 28명의 장군을 거느리고 직접 출전했다. 그러자 백제 부흥군은 열세를 만회하려고 왜국을 끌어들였다.

8월에 나당연합군과 백제·왜 동맹군의 국제전이 벌어졌다. 신라군은 손인사·유인원이 이끄는 당나라 육군과 함께 주류성으로 진격하여 부흥군 본거지를 함락시켰다. 신라 기병이 선봉에 나서 적진을 돌파하며 맹활약하였다. 유인궤·부여융의 당나라 수군은 백강 어귀에서 왜국 선단과 싸워 400척을 불태웠다. 나당연합군의 승리였다. 이렇게 백제 부흥군을 섬멸했지만, 백제 영토를 둘러싼 신라와 당나라의 갈등이 고조되고 만다.

동맹에서 전쟁으로! 승부처는 매소성전투

660년 백제를 멸하고 나서 당나라는 여세를 몰아 고구려 정벌에 착수하였다. 소정방은 661년 8월 배를 타고 패강(대동강)으로 들어가 평양성을 포위한다. 하지만 다른 방면의 장수들이 군사를 돌리거나 패하여 전사하는 바람에 소정방 군단은 평양에 고립되고 말았다. 곧 겨울이 닥쳤고 군량마저 떨어졌다. 군사들은 큰 눈에 갇혀 굶주리고 지쳐갔다.

당나라의 긴급 요청에 신라군이 평양으로 출동했다. 한겨울에 적지 한가운데를 관통하여 군량을 수송하는 극히 위험한 임무였다. 어쩌면 전투보다 어려운 그 일을 노장 김유신이 맡았다. 귀당총관 죽지도 자신의 부대를 이끌고 이 '쌀 배달 작전'에 참여하여 김유신을 도왔다. 662년 1월 칠중하(임진강)를 건넌 수송대는 고구려군과 싸우면서 눈보라를 뚫고 나아갔다. 보급은 극적으로 성공하였고 당나라군은 덕분에 본국으로 돌아갈 수 있었다.

665년 고구려 대막리지 연개소문이 세상을 떠나자 권력을 두고 장남 남생과 차남 남건이 내분을 일으켰다. 666년 남생이 당나라에 투항하면서 전황이 급변하였다. 당나라는 고구려 평정의 호기로 보고 대규모 정벌군을 편성했다. 667~668년 당나라군은 신성, 부여성 등 요동의 요충지를 함락시키고 압록강을 넘어 평양성으로 진격한다.

668년 6월 신라 문무왕은 김유신을 대당대총관으로 삼아 20만 대군을 일으켜 북진하고 죽지는 경정총관으로 동참한다. 평양에 이른 신라군은 당나라군과 연합하여 성을 포위, 7월에는 신라군이 사수(대동강 지류)로 나온 고구려군을 선봉에서 격파하여 평양성의 사기를 꺾었다. 9월에 당나라 대총관 이적이 평양성에 진입할 때도 신라 기병 500명을 뽑아 성문을 돌파한다. 그리고 668년 9월 21일(음력) 고구려는 결국 패망하였다.

당나라는 고구려 땅에 안동도호부를 설치하고 설인귀에게 2만 병력을 주어 지키게 했다. 백제에 이어 고구려 땅까지 독차지하려 한 것이다. 신라의 공은 손톱만큼도 인정하지 않았다. 지금껏 동맹에 헌신한 신라도 더는 참지 않았다. 이제 전쟁이다!

670년 3월 신라 사찬 설오유와 고구려 태대형 고연무가 각각 정예병 1만 명을 거느리고 압록강을 건너 오골성에 이르렀다. 4월에 당나라군과 싸워 크게 이기고 백석성으로 물러나 지켰다. 당시 안동도호부는 고구려 부흥군의 활동과 고구려인 강제 이주 정책에 따라 요동으로 옮긴 상태였다. 또 안동도호 설인귀는 토번(티베트)과의 전쟁에 대총관으로 차출되었다. 신라는 지금의 황해도 일대를 장악한 고구려 부흥군과 손잡고 압록강까지 넘나들었다.

본격적인 나당전쟁은 백제 영토에서 불붙었다. 문무왕은 670년 7월에 군사를 일으켜 웅진도독부와 백제 유민 세력을 쳤다. 죽지를 포함한 여러 장수가 지금의 전라도 지역을 중심으로 82개 성을 빼앗았다. 671년에는 웅진도독부로 조여 들어갔다. 6월에 장군 죽지가 가림성(부여)의 벼를 밟아 적의 군량 공급을 끊고, 석성(부여)에서 당나라군과 싸워 5,300명을 베었다. 당나라 웅진도독부를 무너뜨린 것이다.

"오호라! (백제와 고구려) 두 나라를 평정하기 전에는 발자취를 쫓는 부림을 입더니 들에 짐승이 모두 없어지자 오히려 요리하는 이의 습격과 핍박을 받는 꼴입니다."《삼국사기》〈신라본기〉 문무왕 11년 '답설인귀서')

'답설인귀서'는 671년 당나라 계림도행군총관 설인귀가 보낸 편지에 대해 신라 문무왕이 답장을 한 것이다. '계림도행군총관'이라는 직명은 '신라 정벌 사령관'을 뜻한다. 설인귀는 신라가 당나라의 은혜를 배반했다며 사실상 선전포고를 한다. 이에 문무왕은 공손하면서도 결기 넘치는 문장으로 신라가 전쟁을 선택한 이유를 시원하게 밝혔다. 당나라가 신의를 저버리고 토사구팽을 하려 하니 신라의 것을 스스로 쟁취하겠다는 결의였다.

신라군과 고구려 부흥군은 673년부터 임진강과 한강 사이에 포진한 150여 개의 성을 방벽 삼아 당나라군의 남하를 저지했다. 일진일퇴의 뜨거운 공방전이 계속되었다. 후방에서의 심리전도 치열했다. 674년 당나라 고종은 문무왕의 관작을 삭탈하고 장안에 머물던 왕의 동생 김인문을 신라왕에 봉하였다. 그러자 문무왕은 영묘사 앞길에서 군대를 사열하고 설수진의 육진 병법을 펼쳐 보이며 신라인의 전의를 다졌다.

675년 9월 29일에 벌어진 매소성 전투는 나당전쟁의 최대 승부처였다. 기병, 거란병, 말갈병으로 이루어진 당나라 20만 대군이 매소성(연천)과 들판을 뒤덮고 있었다. 신라의 아홉 개 군단은 맞은편 협곡에 진을 쳤다. 새로운 전법과 무기를 갖추고 결전을 기다렸다. 이윽고 당나라 장수 이근행의 진격 명령이 떨어졌고 20만 대군이 쏟아져 나왔다.

당나라 기병의 돌격전은 긴 창을 겨눈 신라 장창당長槍幢의 밀집 대형에 가로막혔다. 속도를 잃은 기병은 보병의 먹잇감일 뿐이다. 거란병과 말갈병의 전열은 비처럼 쏟아지는 신라 노당弩幢의 쇠뇌 화살에 속절없이 무너지고 말았다. 당나라군은 쓰러져 죽거나 뿔뿔이 흩어졌다. 신라군은 적의 전마 3만 380필을 얻었다. 기념비적인 대승이었다.

육군이 와해되자 당나라는 마지막으로 물길을 노렸다. 676년 11월 설인귀가 이끄는 병선들이 기벌포 앞바다에 나타났다. 백제 땅으로 들어가는 금강 어귀였기에 신라군이 철저히 대비하고 있었다. 양군은 바다와 육지에서 스물두 번 싸웠고, 신라군이 적병 4천 명의 목을 베고 이겼다. 7년에 걸친 나당전쟁이 신라의 승리로 마침표를 찍는 순간이었다. 나당동맹 이후 30년 가까이 이어진 삼국통일전쟁! 최후의 승자는 신라였다.

삼국통일 완수하자 공신들을 숙청하다

김유신은 673년 삼국통일을 코앞에 두고 78세의 나이로 세상을 떠났다. 그는 신라를 도탄의 수렁에서 건져내고 삼국통일전쟁을 승리로 이끈 수호신이었다. 특히 죽지와 같은 화랑 출신 인재들을 나라의 동량으로 키워 역사적인 대업을 이룩하였다. 신라 화랑도를 삼국통일의 빛나는 주역으로 만든 것이다. 하지만 그 찬란한 영광이 파국을 몰고 올 줄이야.

681년 문무왕에 이어 즉위한 신문왕은 장인 김흠돌을 역모로 몰아 처형했다. 병부령 김군관도 역모를 알았지만 고하지 않았다며 자결하게 했다. 김흠돌은 김유신과 문명왕후(문희)의 조카였고, 김군관은 문무왕 때 상대등을 역임했다. 두 사람 다 화랑도의 풍월주를 지냈으며, 삼국통일전쟁에서 공을 세웠다. 신문왕은 화랑 출신의 전쟁 공신들을 숙청하고 왕권 강화에 나섰다. 화랑도는 한동안 폐지되었고 군부는 새롭게 재편되었다.

큰 전쟁이나 건국 이후에는 늘 대숙청이 뒤따른다. 통치체제 안정은 공신과 외척의 피를 대가로 요구한다. 그럼 화랑 출신 공신이었던 죽지의 여생은 어땠을까? 〈모죽지랑가〉의 회상조 가사에 한 시대가 저무는 풍경을 처연히 지켜보는 죽지가 어른거린다.

지나간 봄을 그리워하니 / 모든 것이 울어 시름에 잠기는구나 / 아름다움 나타내신 얼굴이 / 해가 갈수록 주름지더이다 / 눈 깜짝할 사이에 / 만나 뵙도록 하리다 / 죽지랑이여, 그리운 마음에 가는 길 / 저세상의 다북쑥 마을에서 함께 잘 밤이 있으리

거대한 전쟁의 서막이 오르다

<여우중문시>와
여수전쟁
(상上)

신묘한 책략은 천문을 헤아리고神策究天文 / 기묘한 계교는 지리에 통달했네妙算窮地理 / 싸움에 이겨 이미 공로가 드높으니戰勝功旣高 / 만족할 줄 알고 그치기를 바라오知足願云止(《삼국사기》〈열전〉'을지문덕')

살수薩水(청천강)를 건너온 수나라 별동대를 평양성 인근까지 유인한 후에 을지문덕은 시 한 수를 지어 적장 우중문에게 보냈다. 겉보기에는 상대의 책략과 계교를 칭송하는 것 같지만 반어적으로 전공에 눈이 멀어 사지死地로 뛰어든 적을 비웃고 있다. 현존하는 한국 최초의 오언고시五言古詩, 〈여수장우중문시與隋將于仲文詩〉다.

서기 612년 중국의 통일제국 수隋나라가 무려 113만 3,800명의 대군을 편성해 고구려 원정에 나섰다. 수양제는 "고구려의 무리는 우리의 한 군단도 감당하지 못할 텐데, 백만대군을 이끌고 가면 마땅히 이길 것"이라며 승리를 장담했다(《자치통감》 수양제 대업 8년 정월). 하지만 고구려에는 구국의 영웅 을지문덕이 있었다.

을지문덕의 신묘한 지휘로 고구려는 요하를 건넌 백만대군을 막아내고 살수와 평양성에서 대적大賊을 섬멸했다. 《삼국사기》는 "수양제가 일으킨 성대한 군세로부터 작은 나라를 보전한 것은 을지문덕 한 사람의 힘"이라고 논했다. 그 거대한 전쟁은 어떻게 막을 올렸고, 고구려에 을지문덕이 등장한 배경은 무엇일까?

고구려는 왜 요서를 선제공격했을까?

수나라는 581년 북주北周의 세력가 양견이 제위를 넘겨받아 창업했다. 수문제 양견은 589년 장강을 건너 진陳을 정복함으로써 위진남북조 시대를 마감하고 360여 년 만에 중국을 다시 통일했다.

통일제국의 탄생은 이웃 나라와 종족들에게는 심각한 위협이었다. 중국이 남북으로 나뉘고 수많은 왕조가 명멸했던 혼돈기에는 분열을 이용해 제각기 이득을 취하고 영역을 확장할 수 있었다. 하지만 중원에 대제국이 등장하자 판도가 달라졌다. 수나라는 중국 중심의 일원화된 국제 질서를 이웃들에게 강요했다.

남북조 시대에 중국 왕조들은 조공과 책봉을 통해 형식적인 주종관계를 맺되 내정은 간섭하지 않았다. 이에 반해 수나라는 이웃들을 실질적인 속국으로 삼으려 했다. 먼저 북방의 패자 돌궐이 동서 내분에 휩싸인 틈을 타 군사력과 이간책을 동원해 동돌궐을 복속시켰다. 또 요서 군벌 고보녕 세력을 소탕하고 거란족과 말갈족에 대한 영향력도 키워나갔다.

다음은 동방의 강국 고구려 차례였다. 서기 590년에 수문제는 고구려 평원왕에게 새서璽書(옥새가 찍힌 문서)를 보냈다.

"너희 나라는 번부藩附라면서도 정성과 예절을 다하지 않는다. 만약 행실을 바꿔 헌장을 따르지 않는다면 짐의 관속官屬을 보내 다스리게 할 수도 있다. 왕은 요수遼水의 넓이가 장강長江에 비해 어떠하고, 고구려의 인구가 진국陳國에 비해 어떠하다고 생각하는가? 짐이 왕의 허물을 질책하려 한다면, 한 명의 장군에게 명을 내리기만 하면 된다. 다만 왕이 스스로 새로워지기를 바라며 타이르는 것이다."(《삼국사기》〈고구려본기〉 평원왕 32년)

황제는 고구려가 복속하지 않으면 왕을 내치고 수나라 관리를 보낼 수도 있다고 으름장을 놓았다. 장강과 진국을 거론함은 강남 정복의 위업을 과시한 것이다. 요하遼河 너머 고구려 정도는 장군 하나만 보내도 짓밟을 수 있다는 뜻이다. 통일제국을 이룩한 수문제의 오만한 자신감이 새서에 흐른다.

고구려로서는 아니꼽겠지만 수나라의 국력이 막강한 건 사실이었다. 군사력뿐 아니라 재정도 풍족했다. 창고에 곡식과 공물이 넘쳐 지방의 조세를 낮춰줄 정도였다. 정치도 빠르게 안정되었다. 법령을 간소화하고 제도를 개혁하여 민심을 얻었다.

하지만 고구려는 상대가 막강하다고 호락호락 굽히는 나라가 아니었다. 오히려 요하 서쪽, 요서遼西로 강역을 확장했다. 이곳은 원래 돌궐과 고보녕 세력이 주인 노릇을 했으나 둘 다 수나라에 무릎을 꿇고 말았다. 이후 수문제가 강남 평정에 힘을 쏟는 동안 요서에는 잠깐 힘의 공백이 발생했다. 고구려가 그 틈을 쳤다.

고구려는 요하를 건너 의무려산醫無閭山까지 나아가 무려라武厲邏 등 군사 기지들을 구축했다. 요서 동부 지역에 근거지를 확보한 것이다. 이윽고 중국을 통일한 수나라도 요서 한복판에 영주총관부를 설치하고 변경 통치에 나섰다. 이제 고구려와 수나라의 충돌은 불가피했다. 수문제는 새서에서 "고구려가 말갈을 마구 부리고 거란을 억눌렀다"라고 질책했다. 요서 일대의 거란족과 말갈족에 대한 지배권이 다툼의 원인이었음을 알 수 있다. 바야흐로 요서에서 고구려-수 전쟁[여수麗隋전쟁]의 서막이 오르고 있었다.

서기 598년 1월 고구려 영양왕이 말갈의 무리 1만여 명을 이끌고 요서를 침공하였다(《삼국사기》〈고구려본기〉 영양왕 9년). 수나라 영주총관부 치소인 유성柳城을 공격한 것으로 보인다. 불의의 습격이었지만 영주총관 위충이 대응에 나서 물리쳤다고 한다. 병력이 1만여 명에 불과했다면 애초 영주총관부를 함락시킬 의도는 아니었을 것이다. 다만 고구려 국왕이 직접 요서 깊숙이 들어가 친정親征했으니 강력한 무력 시위로 볼 수 있다.

고구려는 왜 거대한 중원 제국을 상대로 겁도 없이 선제공격을 펼쳤을까?

아마도 요서에 거주하는 거란·말갈에 대해 수나라가 영향력을 확대했기 때문일 것이다. 수나라는 중국과의 교역을 미끼로 이들 종족의 환심을 샀다. 반면 거란·말갈을 통한 고구려의 북방 교역은 타격을 입었을 터. 가만있을 고구려가 아니다. 이에 앞서 복속시킨 속말말갈 병력을 모아 요서를 침공했을 것이다. 무력 시위는 모양새가 중요하다. 국왕이 친히 모습을 드러내 영향력을 과시했다. 왕관의 무게를 얹어 수나라에 엄중히 경고한 셈이다.

고구려의 요서 침공을 보고받은 수문제는 분노했다. 황제는 당장 고구려 정벌을 명하고 30만 대군을 편성했다. 다섯째 아들 양량과 왕세적을 행군원수로 임명하고 주라후를 수군총관으로 삼아 즉각 전쟁 준비에 들어갔다. 수문제는 이참에 중국 중심의 일원화된 국제 질서를 공고히 할 속셈이었다. 미꾸라지 한 마리가 물을 흐린다고 했다. 수나라의 '천하 질서'에 도전하는 고구려에 본때를 보여줘야 한다고 작심했으리라.

그해 6월 수나라 30만 대군이 출정했다. 하지만 이 원정은 고구려 땅을 밟기도 전에 실패로 끝났다. 수나라 육군은 영주총관부 치소 유성에 집결하고 일부는 요하 방면으로 나아갔다. 이때 장마와 홍수가 발생하는 바람에 보급로가 끊기고 군량 수송이 막혔다. 굶주린 군사들은 영양 부족과 면역력 저하에 시달렸고, 이는 밀집된 군대 환경에서 전염병 창궐로 이어졌다. 엎친 데 덮친 격으로 수나라 함대도 평양으로 향하다가 태풍을 만났다. 결국 원정군은 병력 대부분을 잃고 회군해야 했다.

수문제의 체면이 말이 아니었다. 고구려 정도는 장군 한 명만 보내도 평정할 수 있다고 큰소리쳤건만 싸워보지도 못하고 처참하게 실패한 것이다. 체면치레는 고구려가 해줬다. 수나라에 사신을 파견해 사죄하고 신하로서 예를 다하겠다는 뜻을 밝혔다. 짐짓 고개를 숙임으로써 황제에게 전쟁을 그만둘 명분을 제공한 것이다. 큰 낭패를 본 수문제는 수용하지 않을 수 없었다.

598년의 실패는 수나라에 교훈을 남겼다. 천재지변이야 어쩔 수 없다 치더라도 장거리 보급 문제를 해결하지 못하면 고구려를 정벌하기 어렵다는 것이었다.

수양제, 113만 대군을 일으키다

598년부터 한동안 고구려와 수나라는 표면적으로 우호 관계를 이어갔다. 수나라는 603년까지 서돌궐과 전쟁을 벌여야 했기에 고구려를 적대할 수 없었다. 그렇지만 서북에서 전쟁이 얼추 마무리되자 수나라는 다시 동북으로 눈길을 돌렸다. 요서에 군사기지를 잇달아 설치했는데 특히 동부 지역에 둔 회원진과 노하진은 최전방 보급기지의 성격이 짙었다. 고구려와의 전쟁을 염두에 둔 치밀한 안배였다.

수문제에 이어 604년에 즉위한 수양제는 대외정책에 적극적이었다. 그는 한漢 무제처럼 위대한 황제가 되겠다는 포부를 품고 사이경략四夷經略에 착수했다.

605년에는 임읍林邑(베트남)에 군대를 보내 수도를 점령하고 항복을 받아냈다. 607년엔 친히 50만 대군을 거느리고 북변 순행에 나섰다. 서돌궐을 무력으로 위협하고 동돌궐에 황제의 위엄을 세웠다. 이듬해는 몸소 토욕혼 정벌에 나서 가한可汗(족장)의 군대를 깨뜨리고 서역 여러 나라의 군주들을 소집해 종주권을 확립했다.

이로써 수나라는 강역을 크게 확장하고 실크로드 교역권까지 장악했다. 북변과 서역과 남만을 평정했으니 이제 사이四夷 가운데 동방만 남았다. 수양제는 눈엣가시와 같은 고구려를 복속시킴으로써 수나라 중심의 천하 질서를 완성하고 천자의 권위를 만방에 떨칠 생각이었다. 이러한 의지를 공개적으로 표명하기도 했다.

607년 북변 순행 중에 벌어진 일이다. 수양제가 동돌궐의 계민啓民가한을 방문했는데 마침 고구려 사신이 가한의 게르에 머물고 있었다. 계민가한은 일찍이 수나라 공주와 혼인하여 황제에게 충성하고 있었다. 그런데도 고구려 영양왕은 사신을 파견해 교섭을 시도했다. 동돌궐은 수나라의 동맹국이지만 고구려의 교역 상대이기도 했다. 고구려는 계민가한에게 실리를 취하는 대신 수나라를 견제하는 방안을 제시했을 것이다. 몰려드는 전운戰雲을 직시하고 발 빠르게 사전 포석에 나섰다는 뜻이다.

《수서》돌궐전은 이 교섭을 '사통私通'이라고 표현했다. 수나라는 고구려와 동돌궐의 '밀회'를 눈치챘을 가능성이 높다. 수양제가 들이닥치자 계민가한은 충성심을 보여주려고 고구려 사신을 황제에게 데려갔다. 이 자리에서 수나라 황문시랑 배구가 고구려 국왕의 입조入朝(황제의 조회에 들어가 충성을 맹세하는 일)를 주장했다. 수양제는 칙서를 내려 고구려에 다음과 같이 통첩했다.

"짐이 내년에 탁군涿郡(베이징 근처)으로 나아갈 것이니, 그대는 왕에게 이른 시일 내에 와서 조알朝謁하라고 전하라. 입조한다면 계민과 같이 살피고 길러주겠지만, 안 그러면 계민을 거느리고 고구려 땅을 돌아볼 것이다."《삼국사기》〈고구려본기〉 영양왕 18년)

고구려는 수양제의 입조 요구를 거부했다. 동서남북 모든 나라와 종족이 황제에게 머리를 조아렸으나 고구려만은 굽히지 않은 것이다.

수나라는 착실하게 전쟁을 준비했다. 배구는 《고려풍속高麗風俗》

을 저술하며 고구려의 지리정보 등을 수집했다. 대외정책통으로서 전쟁을 위한 기초자료를 만드는 것이다. 수양제는 황하, 회수, 장강을 잇는 대운하를 정비하고 수도 낙양과 집결지 탁군을 연결하는 영제거永濟渠를 완공하여 남북 대운하를 완성했다. 수문제 때의 실패를 거울삼아 체계적으로 준비하고 인프라를 구축한 셈이다.

611년 2월 수양제는 조서를 내려 고구려 정벌을 선포했다. 4월에는 황제가 탁군의 임삭궁에 이르고 사방의 군사들이 모두 탁군으로 모여들었다. 병력과 선박, 군량과 물자의 징발도 순조롭게 이루어졌다. 모든 준비를 마치고 집결을 완료하자 612년 1월 황제가 조서로 출정을 명했다. 좌 12군, 우 12군, 친위 6군 등 30여 개 군단에 113만 3,800명의 병력이 고구려 원정에 나섰다. 전무후무한 규모요, 성대한 출정이었다.

수양제는 각 군단에 지휘관과 함께 수항사자受降使者를 배치했다. 고구려군의 항복을 받고 황제의 조서를 받들어 위무하는 관리였다. 수양제는 친히 백만대군을 이끌고 쳐들어가면 고구려군이 잇달아 투항하고 평양성의 왕도 결국 백기를 들 것이라고 보았다. 전쟁의 양상을 낙관하면서 승리의 영광을 자신에게 돌리려 한 것이다. 수항사자는 또 황명에 따라 지휘관을 감찰하는 임무도 맡았다. 수양제는 모든 전투 상황을 보고받고 자기 지시를 따르도록 했다. 백만대군을 직접 통제하고 일사불란하게 움직이는 게 천자의 권위라고 여겼다.

하지만 전황은 황제의 뜻대로 굴러가지 않았다. 고구려군은 항복은커녕 요서와 요동의 경계인 요하부터 결사적으로 지켰다. 3월 15일 요하에 이른 수나라군은 부교浮橋를 제작해 건너편에 대려고 했으나 다리 길이가 조금 짧았다. 어쩔 수 없이 강물에 뛰어든 수나라군을 고구려 궁수부대가 화살 세례를 퍼부어 섬멸했다.

원정 첫 전투부터 매운맛을 톡톡히 본 수양제는 더 긴 부교를 만들게 해 도하渡河를 밀어붙였다. 고구려군은 요하 동안東岸을 끝까지 사수하다가 중과부적으로 1만여 명의 전사자를 냈다. 큰 손실을 입었지만, 성과 또한 적지 않았다. 수나라군을 요하에 한 달이나 묶은 덕분에 후방에서 성곽전을 빈틈없이 준비할 수 있었다.

고구려는 촘촘하게 배치된 성城들을 유기적으로 결합하여 강력한 방어체계를 구축하고 있었다. 수나라군은 군사를 나눠 여러 성을 공격했는데 고구려군이 잘 지켜 함락되지 않았다. 고구려 사람들은 주몽의 후예답게 궁술이 뛰어났다. 화살이 빗발치는 성곽전에 능숙했다. 우수한 쇠뇌(다연발 기계식 활)를 개발하는 등 대비도 철저히 했다. 특히 전략 요충지인 요동성은 수나라군이 4월부터 대대적인 공세를 펼쳤지만 난공불락이었다.

수나라군의 결정적인 패착은 지휘체계에 있었다. 수양제는 전황을 일일이 보고받고 지시를 내려야 직성이 풀렸다. 황제가 요동성에서 떨어진 임해돈에 머물렀기에 보고·지시가 신속하게 이뤄지지 않았다. 한번은 요동성이 함락되려고 하자 성안 사람들이 항복을 청했는데, 수군 지휘관이 황제의 명을 받드는 사이에 고구려 군이 진열을 재정비해 성을 시켜냈다. 이런 일이 반복되자 수나라 군의 사기가 떨어지고 전선은 교착상태에 빠졌다.

을지문덕, 유능한 신흥 귀족의 등장

장거리 원정군은 시간이 흐를수록 불리해진다. 긴 보급선으로 인해 군량과 물자를 수송하기 어렵기 때문이다. 113만 대군이라면 고충과 부담은 훨씬 커진다. 고구려군의 성곽전에 가로막혀 진군이 지체되자 수양제는 요동성 부근에 육합성六合城(황제의 임시 행궁)을 세우고 장졸들을 독려했다. 그래도 뚫리지 않자 지휘관과 참모들을 모아 질책하고 비책을 내놓으라고 닦달했다.

우익위대장군 우중문이 별동대를 조직해 고구려성들을 우회하여 영양왕이 있는 평양성을 치자는 책략을 내놓았다. 수군水軍도 패수浿水(대동강)로 들어가 별동대의 군량을 보급하며 고구려 도읍을 함께 공략하기로 했다. 612년 6월 군단 아홉 개로 이뤄진 수나라 별동대가 압록강 서편에 이르렀다. 별동대라지만 30만 5,000명의 대규모 병력이었다.

이때 고구려의 군사와 외교를 총괄하는 인물이 역사에 모습을 드러낸다. 바로 을지문덕乙支文德이다.

중국 사서 《자치통감》에서는 그를 '대신大臣'이라 칭하였고, 《통전通典》에선 '국상國相'이라고 표현했다. 그런데 을지문덕의 세계世系, 곧 세력이나 계보는 알 수 없다고 한다. 이 때문에 그를 6세기 후반에 나타난 신흥 귀족으로 보기도 한다. '을지乙支'가 성姓이 아니라 고구려의 중위 관등 '오졸' 또는 '웃치'의 음차라는 견해도 있다. 이 관등은 국왕 직속이며 왕명 출납, 국가 기밀, 군사 징발 등을 담당한 것으로 추정된다.

《삼국사기》〈온달전〉도 평원왕과 영양왕 대에 등장한 신흥 귀족을 상징적으로 담아냈다. 그들은 신분을 뛰어넘어 능력으로 출세한 친왕 세력이었을 것이다. 어쩌면 을지문덕은 온달의 뒤를 이었는지도 모른다. 그는 국왕의 신임을 받으며 수나라와의 전쟁에서 눈부신 활약을 펼쳤다. 사신으로 적진을 정탐하고, 시인이 되어 적장을 농락하며, 책사로 위계를 펼치고, 장수로서 전투를 지휘하여 마침내 역사적인 승리를 이룩했다.

을지문덕은 수나라를 정벌하려고 했다

<여우중문시>와
여수전쟁
(하下)

살수의 거센 물결 푸른 하늘에 출렁대니薩水湯湯漾碧虛 / 수나라 백만대군이 물고기 밥이 되었구나隋兵百萬化爲魚 / 지금까지 어부와 나무꾼의 이야기 되어至今留得漁樵話 / 정복자를 한 웃음거리에 도 미치지 못하게 하네不滿征夫一笑餘 (조준, 《송당집》 권1 칠언절구, 〈안주회고〉)

조선 개국공신 조준이 명나라 사신과 함께 평안도 안주의 백상루百詳樓에 올라 굽이치는 청천강(살수)을 접한 소회를 노래한 시다. 살수대첩을 이룩한 을지문덕의 공을 자랑하고 수양제의 헛된 정복욕을 비웃었다. 이 시에서 '정부征夫'는 물고기 밥이 된 수나라 원정군이자, 무모한 정벌로 나라를 망친 수양제를 일컫는다. 중국사의 일대 치욕을 건드린 것이다. 명나라 사신은 낯을 붉히며 감히 화답하지 못했다고 한다.

창업 초기에 조선은 명나라와 심각한 갈등을 겪었다. 홍무제의 군사 위협에 맞서 정도전 등이 요동 정벌을 준비하면서 갈등의 골은 더욱 깊어졌다. 조선에 온 명나라 사신은 임금에게 무례하게 굴고 신하들을 윽박질렀을 것이다. 그런 사신의 기를 꺾기 위해 조준은 백상루에 올라 시담詩談을 나누었다. 살수대첩을 끄집어낸 것은 품격 높은 경고로 볼 수 있다. 수양제처럼 홍무제도 웃음거리가 될 수 있다는 뜻이었다.

을지문덕은 어떻게 수나라 대군을 물고기 밥으로 만들었을까? 이에 관한 《삼국사기》 기록은 대부분 중국 사서인 《자치통감》, 《수서》 등 여기저기서 뽑아 편집하다 보니 두서없고 흐름이 어색한 대목도 눈에 띈다. 살수대첩을 전황에 맞게 재구성해 보면 어떨까. 을지문덕의 앞뒤 행적이 묘연한 까닭도 함께 살펴본다.

유인책과 청야전술로 적을 홀리다

612년 6월 요동성 공략이 지체되자 수양제는 고구려성들을 우회하여 평양성을 직공直攻하는 승부수를 던졌다. 부여도군, 낙랑도군 등 군단 아홉 개를 별동대로 투입하였다.《자치통감》에 따르면 30만 5천 명의 대병력이었다.

고구려는 성곽 중심의 방어체계를 구축하고 있었다. 국경과 도로를 따라 성들을 촘촘하게 배치하고 유기적으로 협력하여 적의 침략을 물리쳤다. 평양성으로 가는 간선도로에는 오골성, 백마산성, 통주성, 철옹성, 안주성 등 큰 성들이 수두룩했다. 수나라군이 우회하더라도 후위를 습격하거나 협공할 수 있었다.

수나라 별동대는 압록강 서편에 집결해 진을 쳤다. 그런데 중대한 문제가 드러났다. 별동대 군사들은 요서 보급기지에서 100일분의 군량을 받았다. 여기에 무기와 갑옷, 기자재와 장막까지 더하여 각자 세 석 이상의 무게를 감당해야 했다. 한계가 온 병사들은 식량을 버렸다. 곡식을 버리는 자는 참斬하겠다고 했지만 소용없었다. 군졸들은 밤중에 장막 밑에다 구덩이를 파서 몰래 묻었다. 압록강에 이르렀을 때는 군량이 거의 바닥나고 말았다.

군량은 전투의 승패와 직결되는 생명줄이다. 우익위대장군 우중문, 좌익위대장군 우문술 등 별동대 지휘부는 고심했을 것이다.

대안이 없지는 않았다. 수양제는 별동대와 함께 수군(이하 해군)을 내보내 서로 협력하도록 했다. 해군은 중국 산동의 동래에서 출발해 발해만 묘도열도, 요동반도 남단, 한반도 서해안을 따라 패수浿水(대동강)로 향하였다. 임무는 서해안을 따라 남하할 별동대에 군량을 보급하고 평양성 공략할 때 수륙합동작전을 펼치는 것이었다. 그러나 한 치 앞도 내다볼 수 없는 전장에서, 그것도 낯선 원정지에서 별동대와 해군의 협력이 성공할지는 미지수였다.

이때 을지문덕이 압록강을 건너 수나라 진영에 나타났다. 거짓으로 항복하는 척하면서 저들의 허실을 정탐하고자 한 것이다. 우중문이 사신을 맞이했다. 수양제는 계책에 능한 자라 하여 그에게 별동대의 지휘권을 맡기면서 은밀한 지시를 내렸다. 만약 고구려 영양왕이나 을지문덕이 오거든 반드시 붙잡으라고 한 것이다. 수양제는 둘 중 한 사람만 잡아도 전쟁을 끝낼 수 있다고 보았다.

우중문은 을지문덕을 잡아두려고 했다. 이를 위무사慰撫使 류사룡이 만류했다. 위무사는 황명을 받들어 정무를 보는 관리였기에 장수들이 무시하지 못했다. 류사룡은 항복을 논의하러 온 사신을 붙잡는 건 대국의 품격과 황제의 체면을 깎아내리는 행위라고 논박했다. 장수가 말로 문관을 이기기는 힘들다. 우중문은 우물쭈물하다가 을지문덕을 놓아주었다.

이 소식을 듣고 우문술 등 다른 장수들이 반발했다. 우중문도 후회하며 정예부대를 보내 추격하려고 했다. 우문술의 생각은 달랐다. 군량이 바닥났으니 퇴각해야 한다는 것이었다. 하지만 우중문이 "전쟁터의 일은 한 사람이 결정해야 한다"라며 지휘권을 내세워 밀어붙였다. 아무 소득 없이 돌아갔다가 황제에게 추궁을 당할까 봐 두려웠을 것이다.

결국 우중문의 뜻대로 수나라 별동대가 압록강을 넘어 평양성으로 진군했다. 을지문덕은 청야淸野전술과 유인책을 썼다. 그는 적의 실상을 두 눈으로 똑똑히 보았다. 수나라 병사들에게 굶주리고 지친 기색이 엿보였다. 그래서 적과 맞붙을 때마다 지는 척하고 달아났다. 또 고을과 들판을 깨끗이 비워 곡식 한 톨도 남기지 않도록 했다. 수나라군은 계속된 승리에 우쭐하여 거침없이 진격했다. 병사들의 굶주림과 피로는 극에 달했다.

그 무렵 수나라 함대는 서해안을 따라 패수 하구에 이르렀다. 황제의 특명을 받은 총관 내호아가 중국 장강과 회수의 해군을 거느리고 쳐들어왔다. 연안 지역에 걸망성·용골산성·능한산성 등 고구려성들이 버티고 있어 군량의 하역과 운송은 불가능했다. 내호아는 곧장 패수로 들어가 평양성에서 60리 떨어진 곳에 진을 쳤다. 도성을 위협하여 고구려군의 전력을 분산시키고 별동대가 당도하기를 기다린 것이다.

평양성 주변에는 대성산성·안학궁성·청암동토성 등이, 그 외곽에는 청룡산성·황룡산성·황주성 등이 평양성을 겹겹이 에워싸고 있었다. 고구려 도성을 지키기 위해 위성 방어망을 이중삼중 구축한 것이다.

내호아가 이끄는 해군은 수수水手(배를 부리는 선원) 1만 명, 노수櫓手(노를 젓는 병사) 3만 명, 배찬수排鑽手(짧은 창을 쓰는 전투병) 3만 명 등 모두 7만 명 규모였다(정동민, 〈고구려의 수군 격퇴와 그 영향〉, 《7세기 국제정세와 고구려-수·당 전쟁》, 동북아역사재단, 2023). 단독으로는 위성 방어망을 뚫고 평양성을 공략하기 힘들었다.

고구려로서는 평양성 근방에 주둔하는 적의 군대가 부담스러웠을 터였다. 전술적인 측면에서 목에 칼을 겨누고 있는 형국이기 때문이다. 별동대가 근접하기 전에 해군을 제압할 필요가 있었다. 관건은 저들을 진영에서 끌어내는 일이었다. 단독으로 움직이도록 미끼를 던져야 한다. 고구려군이 출동해 수나라 해군 진영을 습격했다. 내호아는 황제에게 능력을 보여줄 기회라고 여겼다. 총관의 명에 따라 배찬수들이 돌격했고 고구려군은 꽁무니를 뺐다.

서전緖戰을 승리로 장식하자 수나라 사기는 하늘을 찌를 듯했다. 내호아는 승세를 몰아 평양성으로 도망가는 적을 쫓기로 했다. 부총관 주법상은 만류했다. 별동대가 이르면 함께 진격하는 게 원래의 작전이었다. 하지만 전공戰功에 눈이 먼 내호아는 듣지 않았다. 병력 4만 명을 거느리고 기어코 출전한 것이다. 별동대를 지휘하는 우중문과 우문술보다 먼저 평양성을 치고 싶었으리라.

고구려의 반격! 살수대첩과 평양성전투

평양성은 북쪽으로 금수산과 모란봉을 끌어안고, 동··서·남 3면에 대동강과 보통강이 자연 해자垓子를 이루는 난공불락의 성채였다.

양원왕 8년(552)에 성을 쌓기 시작해 평원왕 28년(586)에 수도를 이곳으로 옮기고 '장안성長安城'이라고 불렀다.

장수왕 15년(427) 처음 평양으로 천도했을 때는 안학궁성과 대성산성을 수도로 삼았다. 이전의 국내성과 환도산성처럼 평소 거주하는 평지성과 전쟁에 대비하는 산성을 묶어서 이원적인 도성 체제를 만든 것이다. 반면 장안성(평양성)은 평지성과 산성을 합친 것으로 외성, 중성, 내성, 북성이 첩첩이 둘레 17.4킬로미터의 웅장한 도성을 이루고 있었다.

그런데 612년 6월, 이상한 일이 벌어졌다. 고구려군을 추격하던 내호아의 군대가 얼떨결에 평양성의 외성 안으로 들어와 버린 것이다. 외성은 백성들이 모여 살던 곳이다. 수나라군은 평양성을 깨뜨렸다는 착각에 빠져 환호했다.

공공시설과 귀족의 저택들이 늘어선 중성, 왕궁이 자리한 내성, 궁궐을 방어하는 북성 등 안쪽의 성채들은 철통 같은 방어 태세를 갖추고 있었으나 수나라군은 알지 못했다. 승리에 도취한 병사들은 사람들을 붙잡고 재물을 약탈하느라 전열에서 이탈했다. 군을 조직하는 대오가 와르르 무너지고 말았다.

이때 외성 안의 빈 절에 매복하고 있던 고구려 결사대가 함성을 지르며 달려 나왔다. 경악한 수나라군은 혼돈에 빠져 우왕좌왕했다. 그 순간을 기다렸다는 듯이 평양성 중성의 문이 열렸다. 이번에는 고구려 정예 군단이 창칼을 번뜩이며 쏟아져 나왔다. 수나라 병사들이 추풍낙엽처럼 쓰러졌다.

내호아는 혼비백산해 성 밖으로 달아났다. 고구려군은 거세게 추격해 적을 섬멸했다. 대승이었다. 수나라군 4만 명 중 살아 돌아간 자는 수천 명에 불과했다. 수나라 함대는 서둘러 닻을 올리고 바다로 빠져나갔다. 언덕 위에서 고구려 장수가 그 모습을 지켜보았다. 이 유인책과 매복전을 지휘한 영양왕의 동생 고건무였다.

한편 수나라 별동대는 살수薩水(청천강)를 건너 평양성을 향하여 빠른 속도로 진격했다. 굶주림과 피로에 기력이 떨어졌지만, 고구려군이 매번 패해 달아나자 의욕을 불태우며 쫓아간 것이다. 수나라군은 평양성에서 30리 떨어진 곳에 이르러 산을 의지하고 진을 쳤다. 도성 공략을 위한 최후의 포진이었다. 이때 을지문덕이 시 한 수를 지어 우중문에게 보냈다.

신묘한 책략은 천문을 헤아리고神策究天文 / 기묘한 계교는 지리에 통달했네妙算窮地理 / 싸움에 이겨 이미 공로가 드높으니戰勝功旣高 / 만족할 줄 알고 그치기를 바라오知足願云止 《삼국사기》 열전 '을지문덕')

우중문은 고개를 갸우뚱했다. 자신을 칭송하고 선처를 당부하는 시 같은데 어쩐지 섬뜩한 냉소가 깃들어 있다. 을지문덕은 청야전술과 유인책으로 수나라군 전력을 최대한 소모하게 했다. 이제 밑도 모르고 고구려 땅 깊숙이 들어온 적들을 요리할 차례였다. 〈여수장우중문시〉는 국면 전환의 신호탄이었다. 생사를 넘나드는 전장에서 결정적인 고비를 맞으면서도 평정심을 잃지 않고 고아한 품격을 보여준다.

우문술은 평양성 공략에 앞서 군사를 점검했다. 30만 대군이라지만 굶주림과 피로에 녹초가 되어버려 힘을 쓸 수 없었다. 게다가 해군이 참패하여 바다 어귀로 물러났다는 소식까지 들어왔다. 평양성에 이르면 해군에게 보급도 받고 수륙협공의 이점을 얻을 줄 알았는데 말짱 도루묵이 된 것이다. 우문술은 착잡한 심정으로 고갯마루에 올라 평양성을 바라보았다. 지세가 험준하고 성벽이 견고하여 도저히 깨뜨릴 엄두가 나지 않았다.

수나라 장수들의 마음을 헤아리기라도 한 듯이 때마침 을지문덕이 보낸 고구려 사신이 당도했다. "만약 군사를 거두어 돌아간다면 마땅히 국왕을 모시고 황제가 계신 곳으로 가서 조알朝謁하겠소." 수나라군에게 퇴각의 명분을 주기 위한 거짓 항복이었다. 우중문과 우문술로서는 거부할 수 없는 제안이었다. 허울뿐인 명분이라도 얻었으니 굶어 죽기 전에 빨리 회군하는 게 상책이었다.

수나라군이 퇴각을 시작하자 을지문덕은 고구려의 성곽 방어체계를 역공 태세로 전환했다. 먼저 평양 일대의 여러 성에서 출동한 군사들이 거세게 추격하면서 적의 퇴각로를 막았다. 수나라군은 방진方陣(네모꼴 진법)을 이루고 북쪽으로 행군했다. 고구려군이 사방에서 들이닥치니 수나라 군대는 싸우면서 퇴각해야 했다. 악전고투 끝에 간신히 살수에 이르렀지만 이제 '물고기 밥'이 될 운명이 기다리고 있었다.

《신증동국여지승람新增東國輿地勝覽》에는 고구려군이 살수 상류에 제방을 축조하여 강물을 저수해 두었다가 수나라군이 강을 건널 때 무너뜨려 물에 빠져 죽게 했다는 기록이 나온다. 승려 일곱 명이 개울처럼 바지를 걷은 채 강을 건너는 모습을 보여줘서 수군이 물이 얕은 줄 알고 뛰어들게 했다는 전설도 곁들인다. 하지만 이는 사찰의 유래를 설명하는 전승일 뿐(지금의 평안남도 안주시 칠불사) 실제 급박한 상황에서 큰 제방을 축조하기는 어려웠을 것이다.

그보다는 살수 이북의 고구려군이 가세해 강을 건너는 수나라군을 앞뒤에서 협공함으로써 대첩을 이룩했다고 보는 게 타당하다. 이곳에서 수나라 우둔위장군 신세웅 등이 전사하고 여러 군단이 걷잡을 수 없이 무너졌다.

살수에서 살아남은 수나라군은 집요한 추격에 시달렸을 것이다. 천라지망天羅地網, 하늘과 땅에 온통 그물이 쳐진 형국이었다. 사지死地를 벗어나려고 안간힘을 썼으나 절망의 수렁은 깊어만 갔다. 평양성 공략에 나선 30만 대군 가운데 요동성 본진까지 살아서 돌아간 병력은 겨우 2,700명이었다.

을지문덕, 수나라 정벌하려다 숙청당했나?

수양제는 어쩔 수 없이 군사를 돌렸다. 천자의 위엄을 만천하에 과시하려다 오히려 통일제국의 기반까지 흔들리게 생겼다. 울화가 치밀었을까? 황제는 613년과 614년에도 고구려 원정군을 일으켰지만 양현감의 반란과 줄을 이은 민란으로 제대로 싸우지도 못하고 회군해야 했다. 과중한 희생과 혹사에 분노한 백성들이 중국 전역에서 들고 일어났다. 결국 수양제는 618년 우문화급(우문술의 아들)에게 살해되었고 수나라도 그해 멸망했다.

18세기 역사학자 안정복은 고구려 영양왕이 수나라군의 뒤를 쫓아가 수양제의 죄를 벌하지 못한 것을 한탄했다. "안으로 을지문덕 등 여러 신하를 중용하고, 밖으로 신라·백제·말갈과 힘을 합하고, 천하에 격서를 띄워 출병할 수 있었는데 애석할 따름이다."(안정복,《동사강목》제3상 고구려 영양왕 25년) 왜 승세를 몰아 수나라를 정벌하지 못했느냐는 말이다.

《을지문덕전》을 쓴 근대 역사가 신채호도 동조했다. 그는 지금은 전해지지 않는 고서 《해상잡록海上雜錄》을 인용하여 을지문덕이 수나라 정벌을 주장했다는 설을 제기했다(《조선상고사》제9편 고구려의 대수나라 전쟁). 살수대첩의 영웅 을지문덕이 낸 의견이라 파급력이 컸을 것이다. 친왕 세력인 신흥 귀족들이 호응하며 결집했다. 영양왕의 의중 또한 다르지 않았다.

그렇지만 뼈대 있는 귀족들은 반대했다. 장수왕이 정립한 서수남진西守南進 전략을 거스르면 안 된다는 논리였다. 서쪽(중국)은 수비하고 남쪽(백제·신라)을 공략해야 한다고 주장했다. 그들은 왕제王弟 고건무를 앞장세워 수나라와의 화친을 주장했다. 고건무는 내호아의 수나라군을 격파해 을지문덕에 버금가는 공을 세웠다. 평양성을 지켜 백성들의 지지도 받았다.

영양왕은 고심 끝에 고건무 세력의 손을 들어주었다. 양현감의 반란에 연루되어 고구려로 망명한 곡사정을 송환하여 수양제 체면을 세워주고 번국藩國의 예로 화친을 맺었다. 왕은 강력한 귀족들을 외면하기 힘들었다. 그들이 동생을 내세워 왕권을 빼앗을지도 몰랐다. 영양왕이 돌아서면서 을지문덕의 입지는 불안해졌다.

역사에서 을지문덕의 행적은 612년 말고는 묘연하다. 세력과 계보조차 알지 못한다. 혹시 신흥 귀족들과 함께 숙청당하여 기록이 삭제된 것은 아닐까? 618년 영양왕이 죽고 왕제 고건무가 즉위하니 바로 영류왕이다. 역사의 행간에 권력투쟁의 피비린내가 풍긴다. 행적은 지워졌을지 몰라도 을지문덕의 영웅담은 어부와 나무꾼의 이야기가 되어 가슴으로 전해졌다. 오랜 세월 중국의 등쌀에 시달려 온 이 나라의 수호신으로 받들어진 것이다.

4부
노래에 담긴 생활사

강남은 어떻게 탄생했을까?

〈강남스타일〉에
비친
상류층 판타지

오빠 강남스타일 / 강남스타일 / 낮에는 따사로운 인간적인 여자 / 커피 한잔의 여유를 아는 품격 있는 여자 / 밤이 오면 심장이 뜨거워지는 여자 / 그런 반전 있는 여자 / 나는 사나이 / 낮에는 너만큼 따사로운 그런 사나이 / 커피 식기도 전에 원샷 때리는 사나이 / 밤이 오면 심장이 터져버리는 사나이 / 그런 사나이

2012년 7월 15일 한국 가수 싸이가 여섯 번째 정규앨범《싸이6甲 Part 1》의 타이틀곡으로 〈강남스타일〉을 내놓았다. 이 노래는 공개되자마자 국내는 물론 세계를 휩쓸며 선풍적인 인기를 끌었

다. 특히 뮤직비디오가 압권이었다. 싸이의 코믹한 말춤과 재미있는 노랫말, 그리고 중독성 강한 리듬이 소셜 네트워크 서비스[SNS]를 타고 신드롬을 불러일으켰다.

유튜브에 올라온 〈강남스타일〉 뮤직비디오는 폭발적인 조회 수를 기록했다. 공개 50여 일 만에 가파른 속도로 조회 수 1억 회를 돌파하더니, 그해 12월에는 유튜브 최초로 10억 회를 넘어서는 대기록을 세웠다. 때마침 동영상 플랫폼 시대가 활짝 열리면서 국적과 국경을 뛰어넘어 기록 행진을 벌인 것이다. 유튜브 조회 수는 2024년 12월까지 54억 회에 이르렀다.

팝의 본고장인 미국과 영국에서 스포트라이트가 쏟아졌다. 미국 빌보드 싱글 차트 '핫100' 7주 연속 2위, 영국 오피셜 싱글 차트 '톱100' 1위에 올랐다. 〈강남스타일〉이 지구촌을 강타하면서 말춤과 함께 강남에 대한 세계인의 관심도 덩달아 높아졌다.

싸이는 2012년 8월 미국 방송 ABC와의 인터뷰에서 이 노래를 이렇게 소개했다. "강남은 미국의 베벌리힐스와 같은 한국의 상류층 동네입니다. 하지만 나는 그 베벌리힐스에 살게 생기지 않았고, 뮤직비디오의 상황도 그곳과 어울리지 않습니다. 그런데도 베벌리힐스 스타일이라고 우기는 것이 현실을 비트는 포인트입니다."

베벌리힐스는 미국 로스앤젤레스의 고급 주택가로 유명 스타와 부호들이 거주하고 있다. 싸이는 한국의 강남이 베벌리힐스에 비견되는 곳이라며 이른바 강남스타일로 허세를 부리는 모습을 노래에 코믹하게 담았다고 한다. 그럼 강남은 언제부터 상류층 동네의 상징이 되었을까? 강남스타일은 어떻게 만들어졌고 또 허상은 무엇일까?

땅값 폭등과 부동산 투기 부른 강남 개발

강남의 탄생은 1960년대 서울 인구의 폭발적인 증가에서 비롯되었다. 서울특별시 주민등록 인구를 보면 1960년에 244만 5,402명(세대수 44만 6,874호)에서 1970년 543만 3,198명(세대수 109만 6,871호)으로 무려 2.22배나 증가했다. 1960년대부터 산업화가 이뤄지면서 농촌과 지방 인구가 대거 서울로 유입되었기 때문이다.

인구 폭증은 서울에 심각한 주택난을 불러왔다. 먹고 살기 위해 무작정 이주한 사람들은 안정된 일자리를 갖지 못한 채 변두리로 밀려나 판자촌을 형성했다. 1966년에는 서울 인구 380만 명 가운데 127만 명이 무허가 주택에서 지냈다(강준만, 《한국 현대사 산책 1960년대편 3권》, 인물과사상사, 2004).

"하천 변에 몇 집만이 움막을 치고 살던 곳이 어느새 수백 세대의 천막촌으로 변해갔다. 몇 년 사이에 큰 동네가 생긴 것이다. 천막과 움막을 차차 판자 조각으로 막고 덮고 하더니 점점 온 동네가 판잣집으로 꽉 들어찼다. 가끔 단속반이 와서 구둣발로 부수고 차고 갔지만 소용없었다. '미나리깡'이라는 동네가 생긴 것이다. 밤이면 석유 등잔으로 불을 밝히고, 물은 골목 입구와 샛물목에 펌프를 장치해 지하수를 사용했다. 하룻밤만 자고 나면 판잣집이 몇 채씩 늘어나고 사람들로 붐볐다." [이동철(이철용), 《꼬방동네 사람들》, 현암사, 1981]

이와 같은 주택난을 해소하려면 서울을 넓히는 동시에 도시계획을 세우고 개발을 추진해야 했다. 1960년대에 강남 개발 구상이 떠오른 배경이다.

이 계획을 최초로 수립한 인물은 화신백화점 사장으로 널리 알려진 사업가 박흥식이었다. 1961년 5·16 군사쿠데타가 일어나자 그는 부정 축재 혐의로 잡혀갔다가 군사정권에 협력할 것을 서약하고 풀려났다. 국가재건최고회의는 그에게 "서울 인구 증가에 대비한 주택건설 계획을 구상하여 제출하라"라는 과제를 제시했다.

이때 박흥식이 내놓은 것이 바로 '남서울 신도시 계획안'이었다. 계획안의 골자는 한강 남쪽에 있는 경기도 광주군과 시흥군의 일부 지역에 이상적인 전원도시를 개발한다는 것이었다.

문제는 자금이었다. 국가재건최고회의에서 제조업 이외의 사업에 정부가 지불 보증하는 상업차관을 내줄 수 없다고 하자 박흥식은 일제강점기 때의 연줄을 이용하여 1962년 일본 기업들과 구상무역 협정을 체결했다. 미쓰이물산 등 일본 회사 네 곳에서 10

년간 건설 자재, 기계류 등을 수입하여 그 판매 대금으로 신도시 건설 비용(135억 원 상당)을 충당하고 한국 해산물과 축산물을 수출하며 갚아나가는 방식이었다.

자금 조달 방안이 마련되자 정부는 1963년 1월 경기도 광주군 대왕면과 언주면, 그리고 시흥군 신동면 등을 서울로 편입하였다. 개울이 흐르고 논밭이 펼쳐진 한적한 농촌이었다. 이곳이 오늘날 강남 3구(강남구, 서초구, 송파구)의 모태가 되었다.

하지만 민간 주도의 남서울 신도시 계획안은 결국 무산되고 말았다. 일본 외자 유치와 박흥식의 독점적 개발권이 거센 반발을 부른 것이다. 이후 강남 개발 사업은 서울시 소관으로 넘어가 1960년대 후반부터 본격적으로 추진되었다.

1967년 박정희 대통령은 대선 공약으로 경부고속도로 건설 계획을 내놓았다. 국가적인 도로 건설 사업과 함께 서울시는 도로 용지를 무상으로 확보하기 위해 강남 개발을 서둘렀다. 1966년 1월에 착공한 제3한강교(한남대교)가 1969년 12월 완공되자 강남은 명실상부한 서울 생활권이 되었다. 그러자 말죽거리(양재역 부근)의 땅값이 들썩거렸다. 1966년 초만 해도 평당 200~400원대였는데 1968년 말에는 평당 6,000원을 넘어섰다. '말죽거리 신화'라고 일컫는 부동산 투기 붐의 시작이었다. 땅값 폭등은 곧 강남 전역으로 퍼져 나갔다.

당시 강남은 '영동永東'이라는 이름으로 불렸다. 일설에 따르면 영등포의 동쪽을 뜻한다고 한다. 1968년 영동1지구 구획정리사업이 시행되었다. 오늘날 서초, 반포, 방배, 사당, 양재, 우면, 잠실 등지에 고속도로를 건설하고 택지를 개발했다. 영동2지구 구획정리사업은 1970년부터 시행되었다. 지금의 신사, 압구정, 청담, 논현, 역삼, 삼성, 대치 등지에 신시가지를 조성했다. 강남 전역에서 1천만 평에 이르는 초대형 개발사업이 벌어진 것이다.

강남 개발의 여파로 자고 일어나면 땅값이 치솟았다. 1963년 땅값을 기준으로 1970년에 학동은 20배, 압구정동은 25배, 신사동은 50배가량 올랐다. 이른바 '복부인'들이 땅을 닥치는 대로 사들이며 투기에 열을 올렸다. 하지만 땅 투기를 부추긴 것은 정부였다. 이때 서울시에서 사들인 대규모 토지가 박정희 정권의 정치자금 조달에 쓰였다고 한다(손정목, 《서울 도시계획 이야기 3: 서울 격동의 50년과 나의 증언》, 한울, 2022).

강남을 띄운 아파트 열풍과 입시교육 신화

1970년대로 접어들면 강남 아파트가 황금알을 낳는 거위로 떠올랐다. 불과 10년 전인 1960년대까지만 해도 한국인들은 아파트 주거를 낯설고 불편하게 여겼다. 사람들은 온돌을 깔 수 없고 장독

대도 두기 어렵다며 아파트를 외면했다. 1962년 12월에 준공된 마포아파트는 연탄보일러와 수세식 화장실을 썼는데 전체 450세대 중 160여 세대만 입주 신청을 했다고 한다. 하지만 아파트는 차츰 중산층의 호응을 얻더니 강남 개발과 함께 열풍에 휩싸였다.

"반포지구를 시작으로 잠실·압구정동에 아파트가 들어서면서 강남은 아파트 숲으로 변하게 된다. 1974년부터 강남 지역에서 시작된 아파트 열기는 1978년 절정에 달했다. (중략) 영동 K아파트 분양 때는 124 대 1이라는 엄청난 경쟁률을 보여 사회가 온통 아파트 열기로 달아오르는 듯했다."(고철, '한국주택변천사', 〈중앙일보〉 1994년 7월 13일)

1978년 6월에 터진 압구정동 현대아파트 특혜 분양 사건은 당시 아파트 열풍이 얼마나 뜨거웠는지 보여준다.

1977년 9월에 착공한 현대아파트 5차분은 절반을 사원용, 절반을 일반용으로 승인받아 지었다. 그런데 평당 분양가 30만 원이었던 아파트가 준공도 하기 전에 세 배 이상 뛰어오른 가격에 거래되었다. 전매 목적으로 시장에 나온 분양권에 프리미엄이 몇 배나 붙은 것이다. 이와 관련해 사원용으로 승인된 아파트를 사회지도층 인사들에게 특혜 분양했다는 소문이 흘러나왔고 청와대에 투서까지 들어갔다.

이는 사실로 드러났다. 6월 30일 사정당국은 특혜 분양을 받은 고위공무원 등 220여 명을 적발해 해당 부처에 통보했다고 밝혔다. 공직자 190명, 언론인 34명, 법조인 7명, 예비역 장성 6명, 국회의원 6명 등이 이 사건에 연루되었다. 이 가운데 뇌물 수수자 5명이 구속되었고, 공직자 26명이 파면·사직으로 옷을 벗었다.

아파트와 함께 강남을 띄운 것은 바로 입시교육이었다. 1970년대 강남에 대규모 아파트 단지가 들어서자 박정희 정부는 서울 인구 분산을 위해 강남 이주를 적극적으로 권장했다. 그런데 걸림돌이 있었다. 강남에 이름난 고등학교가 별로 없었다. 자녀 교육에 관심 많은 학부모가 강남 이주를 꺼렸다. 신생 학교가 생겨도 입시를 제대로 치를지 걱정이었다. 그러자 정부는 강북 명문고의 강남 이전 카드를 빼 들었다.

1972년 10월 문교부는 종로구 화동에 있던 전통의 명문 경기고등학교를 강남구 삼성동으로 옮긴다는 계획을 발표했다. 동문들의 반발에도 불구하고 이 계획은 1976년 실행에 옮겨졌다. 서울고, 휘문고, 중동고, 경기여고, 숙명여고 등도 이전했다. 1970년대 이후 강북 도심에서 이사 간 학교 스무 곳 가운데 열다섯 곳이 강남, 서초, 송파 등 강남권으로 옮겼다. 서초고, 양재고, 세화여고, 현대고, 진선여고 등 신생 학교 설립도 잇달았다. 이 학교들을 서울 시내 고등학교 학군제에 따라 8학군으로 묶었다.

교육 여건이 좋아지자 강남 8학군의 명성이 학부모들 사이에서 높아졌다. 전문직 등 고학력 고소득 계층이 8학군을 바라보고 강남으로 대거 이주했다. 이 지역에 엄청난 교육열이 형성되면서 과외, 학원 등 사교육도 번성했다. 강남 학부모들은 자녀의 입시를 위해 사교육에 아낌없이 지출했다.

물론 강남만 그런 것은 아니었다. 입시의 성패가 인생을 좌우한다고 여기는 한국 사회다. 학력과 소득 수준이 올라갈수록 사교육 의존이 심해졌다. 공교육은 날이 갈수록 위축되고 사회 계층 간 위화감이 커졌다.

1980년 7월 전두환 정권은 교육 정상화 조치로 과외를 전면 금지했다. 당시 입시 사교육은 학원보다 과외가 주를 이루었다. 경찰과 국세청이 합동으로 과외를 단속하고 강력하게 응징했다. 1987년까지 불법 과외로 적발되어 징계받은 사례를 보면 과외 교사 입건 263명, 과외 학생 정학 643명, 학부모 면직 149명, 징벌적 세무조사 407명 등이었다. 자녀에게 과외를 시키다가 걸리면 부모를 직장에서 해고하는 진풍경이 펼쳐졌다. 입시학원 또한 유사 과외교습이라 하여 졸업생이나 독학생만 허용하고 초중고 재학생은 금하였다.

과외 금지 해제가 공론화된 것은 1987년 민주항쟁 이후였다. 노태우 정부는 1989년 2월 대학생 비영리 과외를, 1991년 7월 초중고 재학생 학원 수강을 전면 허용했다. 도시 변두리까지 보습학원이 들어섰다. 월 5~6만 원만 내면 되는 서민형 집단 과외였다.

강남에서는 대치동 학원가를 중심으로 더 비싼 과외가 활성화되었다. 중고생들을 학년 별로 편성해 10~20만 원씩 받고 입시지도를 했다. 학생운동 전과 때문에 기업체 취직이 어려웠던 86세대 운동권이 '강남 일타강사'로 변신해 억대 연봉을 벌기도 했다.

강남 8학군의 명성은 1990년대 중반 이후 대학 입시에 내신 성적 반영 비율이 확대되면서 잦아들었다. 상위권 학생들이 많고 경쟁이 치열해서 내신 1등급을 받기가 쉽지 않았기 때문이다.

대신 대치동 학원가에 수천 개의 사교육 업체들이 모여들어 입시 노하우를 축적하고 명문대 진학에 탁월한 성과를 거뒀다. 국내 최고의 교육특구로 강남이 꼽히게 된 이유다. 매년 서울대 입학생의 10퍼센트 이상이 강남권에서 배출되었다. 강남 아파트 가격이 하늘 높은 줄 모르고 치솟은 데는 이런 교육환경이 지대한 영향을 미쳤다.

압구정 오렌지, 욕망과 유혹의 상류층 판타지

1960~1990년대 개발사업과 아파트 열풍, 8학군과 교육특구 신화로 부유한 엘리트들이 지속적으로 유입되며 강남은 '신흥 상류층 동네'라는 정체성을 형성했다. 그러나 부정적인 인식도 만만치 않았다. 부동산 투기의 온상이자 사교육 1번지라는 비판이었다. 1990년대 초에 떠오른 '압구정 문화'는 강남 정체성의 표출인 동

시에 비판 여론의 표적이었다.

　1991년 4월에 출간된 시집《바람부는 날이면 압구정동에 가야 한다》에서 시인 유하는 압구정동을 '욕망의 통조림 공장'이라고 일컬었다. 소비문화가 화려하게 꽃핀 강남 한복판에서 신흥 상류층 주민들이 사치스러운 백화점으로 쇼핑 다니고 외국계 프랜차이즈 식당에서 미식을 맛본다. 신세대 젊은이들은 찢어진 청바지와 미니스커트를 입고 클럽을 들락거리거나 드라이브를 즐긴다. 이곳은 한국식 자본주의의 전시장이었다.

　세간의 시선은 곱지 않았다. 미디어는 가시 돋친 보도를 쏟아냈다. 분에 넘치는 사치를 조장하고 외래문화를 무분별하게 수용한다며 질타했다. 대표적인 표적이 바로 로데오거리를 활보하는 상류층 젊은이들, 이른바 '압구정 오렌지족'이었다. 영화에서는 외제 자동차를 몰고 다니며 압구정동 거리에 널려 있는 환락과 섹스를 낚아채는 족속으로 묘사되기도 했다. 언론은 퇴폐 향락적 저질문화이자 방황하는 신세대의 일탈이라고 목소리를 높였다.

　압구정동은 대한민국에서 제일 말 많은 동네로 떠올랐다. 문화적으로 압구정동은 한 동네가 아니었다. 강남권의 여러 동네가 모두 압구정동이었다.

　세상 사람들은 강남을 욕했지만, 누구나 기회만 주어진다면 강남 주민이 되고 싶어 안달했다. 강남의 세속적인 즐거움에 동참하고 싶은 젊은이들이 아버지 차를 몰고 나와 "야, 타!" 하고 외쳤다. 오렌지족이 아니면 어떠리. 낑깡족, 감귤족, 탱자족이라도 괜찮다. 길을 걸으면 욕망과 유혹의 상류층 판타지가 펼쳐진다. 싸이가 부른 〈강남스타일〉의 출발점이다.

오빤 강남스타일 / 에~ 섹시 레이디

사연과 응어리 풀어주는 민족의 길동무

한국인의 즉흥곡 플랫폼, 〈아리랑〉

아리랑 아리랑 아라리요 / 아리랑 고개로 넘어간다 (후렴)

나를 버리고 가시는 님은 / 십 리도 못 가서 발병 나네 (1절)

청천 하날엔 별도 많고 / 우리네 살림살이 말도 많다 (2절)

풍년이 온다네 풍년이 온다네 / 이 강산 삼천리에 풍년이 온다네 (3절)

산천에 초목은 젊어나 가고 / 인간에 청춘은 늙어만 가네 (4절)

영화 〈아리랑〉 전단지에 실린 주제가 〈아리랑〉의 가사다. 1926년 10월 1일 서울 종로에 자리한 극장 단성사에서 개봉한 〈아리랑〉은 나운규가 시나리오를 쓰고 감독과 주연까지 맡은 무성영화였다. 주인공이 일본 경찰의 포승에 묶여 고개를 넘어가는 마지막 장면…. 변사의 북받치는 사설이 고조되는 가운데 만원을 이룬 관객들은 주제가 〈아리랑〉을 함께 부르며 목 놓아 울었다. 억눌렸던 민족의 울분과 독립에 대한 열망이 폭발했다.

그해 4월 조선의 마지막 왕 순종이 세상을 떠나고 장례에 맞춰 6·10 만세 운동이 전국을 들썩인 직후였다. 채 가시지 않은 한국인의 울분과 열망이 출구를 찾고 있는데 〈아리랑〉이 개봉한 것이다. 주인공 영진은 1919년 3·1운동 때 잔인한 고문을 당하고 광인狂人이 된 인물이다. 일제의 광기에 정신을 놓았던 그는 여동생을 범하려는 일본 순사 앞잡이를 낫으로 찔러 죽이고서야 제정신을 차린다. 영진의 삶은 민족의 운명과 다르지 않았다.

"여러분, 울지 마십시오. 이 몸이 삼천리강산에 태어났기에 미쳤고 사람까지 죽였습니다. 저는 떠나지만 죽음의 길이 아니라 갱생의 길을 가는 것이니, 부디 눈물을 거두십시오."

오열하는 마을 사람들을 이렇게 달래고 영진은 〈아리랑〉을 부르면서 고개를 넘는다. 아리랑 아리랑 아라리요, 아리랑 고개를 넘어간다. 항일 민족의식의 영화적 표현이다. 〈아리랑〉이 개봉한 1926년 10월 1일은 마침 조선총독부 신청사 낙성식이 열린 날이었다. 일본 경찰은 영화 주제가인 〈아리랑〉이 공공의 안녕을 해칠 우려가 있다며 가사가 실린 전단지 1만 장을 압수했다. 일제의 토지 수탈을 겨냥한 것으로 보이는 5절은 삭제하도록 했다.

문전에 옥답은 다 어디로 가고 / 동냥의 쪽박이 웬 말인가

〈아리랑〉 노래는 그런데도 영화에서 반복적으로 쓰이며 항일 민족의식을 불러일으켰다. 현실의 아리랑 고개를 넘어가는 관객들은 떼창으로 민족적 울분과 열망을 터뜨렸다. 함께 부르는 노래는 힘이 세다. 일본 경찰이 서둘러 전단지를 압수하고 5절 가사를 삭제한 이유다. 하지만 노래가 일제의 탄압을 받자 영화는 오히려 거국적인 호응을 얻어 크게 흥행하였다. 주제가 〈아리랑〉은 이제 스크린을 찢고 나와 한국인의 애창곡으로 떠올랐다.

민족의 노래 〈아리랑〉은 어디서 왔을까?

〈아리랑〉은 때마침 보급된 유성기와 음반, 라디오 덕분에 유행가로 뜨거운 인기를 끌었다. 인기는 식을 줄 모르고 여러 해 이어졌다. 서울이든 지방이든, 어른이나 어린이나 모두 즐겨 불렀다고 한다(《삼천리》 1937년 1월호). 이 노래는 영화뿐 아니라 연극, 무용 등 다양한 분야에 영감을 주었다. 국내는 물론 세계 각지로 퍼져나가 한민족의 심금을 울렸다. 장르와 국경을 뛰어넘어 〈아리랑〉 신드롬이 일어난 것이다.

〈아리랑〉이 뜨면서 그 연원에 관한 관심도 높아졌다. 19세기 후

반부터 비슷한 곡조와 가사의 민요가 '아라리', '아라렁', '아르렁', '어르렁', '아리랑' 등으로 불려 왔다. 그 명칭들이 신드롬을 놀고 온 영화 주제가 덕분에 '아리랑'으로 모인 것이다. 그러나 주제가 〈아리랑〉이 널리 알려졌다고 해서 오래전부터 전해졌거나 민요 아리랑의 원류인 것은 아니다. 1931년에 나온 선문당 《영화 소곡집》을 보면 이 노래는 '나운규 작품'이라고 되어 있다.

"내가 지었소이다. 소학생 때 청진에서 고향 회령까지 철도가 놓였는데 남쪽에서 온 노동자들이 철로 길을 닦으면서 '아리랑, 아리랑' 하고 구슬픈 노래를 부르더군요. 그것이 어쩐지 가슴에 충동을 주어서 길 가다가 노랫소리가 들리면 걸음을 멈추고 한참 들었어요. 그러고는 애련하고 아름답게 넘어가는 그 멜로디를 혼자 읊조려 보았답니다. 서울 올라와서 나는 그 노래를 찾았어요. 도무지 들을 길이 없더군요. 그래서 내가 예전에 듣던 멜로디를 생각해 내어 가사를 짓고 곡보는 단성사 음악대에 부탁하여 만들었지요."

1937년 1월 월간 잡지 《삼천리》에 실린 나운규의 인터뷰다. 그는 어린 시절에 인상 깊게 들었던 철도 노동자들의 아리랑 민요를 기억해 가사를 짓고 악보는 악단에 맡겼다고 했다. 나운규가 지었다고 했지만, 원형은 따로 있었다는 말이다. 다만 예전에 들었던 노래의 원형은 찾을 수 없었다고 한다. 당시 서울에는 〈강원도 아리랑〉이 간혹 들릴 뿐 기억 속의 노래는 기생들도 별로 아는 바

없고, 명창들도 부르지 않았다는 것이다.

그렇다면 나운규의 영화 주제가에 영감을 준 철도 노동자들의 노래는 무엇이었을까? 청진과 회령 사이에 철로가 놓인 시기는 나운규가 소학교 상급생이었던 1911년부터 1914년 사이다. 이 시기에 나온 조선총독부의 자료 《이요·이언급 통속적 독물 등 조사》 (1912)에 주제가 〈아리랑〉의 원형으로 보이는 민요가 여럿 나온다.

> 아리랑 아리랑 아라리요 / 아리랑 고개에 정거장 짓고 / 우리 님 오기만 기다린다(〈아리랑타령〉)

> 날 바리고 가는 님은 / 십 리를 못 가서 발병 나지(〈어르렁타령〉)

1910년 한국을 병합한 일제는 이른바 '조선심朝鮮心'을 알아낸다는 명목으로 민간의 노래, 속된 말, 읽을거리 등을 널리 조사한다. 이때 수집된 〈아리랑타령〉, 〈어르렁타령〉, 〈사랑가〉, 〈수심가〉 등의 노랫말은 영화 주제가 〈아리랑〉의 1절 및 후렴과 흡사하다. 나운규는 바로 그 타령조의 민요를 복원한 것이다. 〈아리랑〉 2~5절은 그가 지었을 수 있지만, 한국인이 애창하는 1절은 원래 경기 지역에 나돌던 백성의 노래였다.

1926년 영화 〈아리랑〉이 흥행하고 주제가가 신드롬을 몰고 오자 조선총독부는 민요 아리랑에 대한 연구를 본격화한다. 1930년 6월 조선총독부 촉탁연구원 김지연이 기관지《조선》에 〈조선 민요 아리랑-조선 민요의 연구(2)〉를 기고했다. 이 글에서 필자는 민요 아리랑의 기원에 관한 초창기 연구자들의 주장을 정리하여 여섯 가지 설을 소개했다.

먼저 '아이롱我耳聾', '아리랑我離娘', '아난리我難離'의 세 가지 기원설은 1865~1868년에 흥선대원군이 추진한 경복궁 중건重建을 아리랑의 발생 무대로 보는 것이다.

대원군은 공사 비용을 마련하기 위해 대대적으로 원납전을 거둬들였다. 사실상 강제 징수였기에 백성들이 부담을 느끼고 반감을 드러냈다. '아이롱我耳聾'은 원납전 내라는 소리에 귀를 막는다는 뜻이다. 또 공사에 징발된 일꾼들은 가족과의 이별을 한탄하고 고향과 집을 그리워했다. 그런 의미에서 '아리랑我離娘'은 임과 이별했다는 것이다. '아난리我難離'는 이 공사를 중국 진시황 때 만리장성 축성에 빗대 한탄한 것이다. '어유하아난리차역魚遊河我難離此役'을 줄인 말이다. 물고기는 물에서 자유롭게 노는데 나는 이 고생스러운 노역에서 벗어나기 어렵다는 뜻이다.

조선총독부의 설은 '아이롱', '아리랑', '아난리'가 민요 아리랑의 유래라는 것이다. 다소 억지스러운데 여기에는 정치적 의도가 숨어 있다. 일제는 식민 통치를 정당화하려고 흥선대원군, 고종, 명성황후 등 조선의 위정자들이 백성들을 압제하여 민심이 등을 돌리고 나라가 망했다는 논리를 폈다. 대원군의 경복궁 중건 사업은 위정자의 압제와 민심의 이반이라는 저들의 망국 논리를 뒷받침했다. 민요 아리랑이 백성의 원성怨聲에서 기원했다는 설로 일제의 식민 통치를 정당화한 것이다.

다음은 '아랑위兒郞偉' 설이다. 아랑위는 목조 건축에서 마룻대를 올릴 때 축문에 쓰이는 의례적인 글귀인데 그것을 낭송하다가 아리랑이 되었다는 것이다. '아랑阿娘' 기원설은 경상도 밀양의 전설에서 비롯되었다. 밀양 사또의 딸 아랑이 자신을 겁탈하려던 통인에게 살해당하고 원귀가 되어 한을 푼다는 이야기다. 아랑과 아리랑은 발음이 비슷하다. '알영閼英'의 설도 있다. 신라 시조 박혁거세의 부인 알영은 농업과 길쌈을 보급하여 백성들의 칭송을 받았다. 아리랑의 기원이 아득한 상고 시대로 거슬러 올라간다.

기원설은 일제강점기를 지나 광복 이후에도 속속 등장했다. 역사학자 이병도와 국문학자 양주동은 '아리랑 고개'를 주목했다. 이병도는 낙랑樂浪이 '아라'로 발음되므로, '아리랑 고개'가 황해도 자비령이라고 하였다. 반면 양주동은 '아리'가 '밝光'의 고어이고, '랑'은 '령嶺'의 전음轉音이니 '광명한 고개'라는 견해를 내놓았다. 이 밖에도 '아리랑 쓰리랑'이 '아리고 쓰리다'에서 연유했다는 설 등이 세간의 이목을 끌었다.

'즉흥곡 명수' 한국인의 오만 가지 아리랑

어원이 아닌 노래로서의 아리랑은 본래 강원 지역의 향토민요였다는 게 통설이다. 산간 주민들이 나무하거나 밭일하면서 흥얼거리는 노래였는데 지역민들은 '아라리'라고 불렀다. 이 산골짜기 노래가 전국으로 퍼져 나간 계기는 19세기 후반의 경복궁 중건 사업이었다.

흥선대원군은 무너진 왕권을 다시 세우기 위하여 1865년부터 야심 차게 '대역사大役事'를 벌였다. 임진왜란 때 불타버린 경복궁을 장대하게 재건하려고 한 것이다.

공사가 시작되자 약 4만 명의 일꾼이 팔도에서 징발되어 도성에 집결했다. 인부들에게는 고생스러운 부역이었다. 화재를 비롯해 사고도 끊이지 않았다. 병인양요 등 국내외 사정으로 지체되기도 했다. 고향집이 그리운 일꾼들은 불만에 휩싸였다.

대원군은 불만을 무마하고 일의 능률을 올리려고 여러 가지 수단을 마련했다. 전국의 놀이패와 농악대, 소리꾼들을 불러 모아 잔치를 베풀었다. 일꾼들에게 두둑한 상금을 걸고 경창競唱, 곧 노래자랑을 열기도 했다.

가장 큰 호응을 얻은 것은 강원도 일꾼들의 아라리였다고 한다. 매력을 느낀 4만 일꾼과 예인들이 각자 고향으로 돌아가 아라리를 전파했다. 아라리에 지역의 특색 있는 소리와 이야기가 스며

들며 오만 가지 아리랑이 탄생했다. 1890년대에 이르면 아리랑이 궁궐 문턱까지 넘어선다.

"임금은 밤마다 궁궐에 전등불을 대낮같이 밝히고 광대와 배우들을 불러 '아리랑타령'을 연주하고 놀았다. 타령을 잘하는 자에게는 금과 은을 상으로 주라고 지시했다."

구한말의 문인 황현이 《매천야록》에 남긴 아리랑의 기록이다. 그해가 1894년이었는데 남도에선 동학농민운동이 들불처럼 번졌고 일본과 청나라는 개입할 기회만 엿보고 있었다. 이런 마당에 임금이 아리랑 놀음이라니, 황현은 나라의 장래가 걱정스러웠다.

민요 아리랑은 외국인들에게도 알려졌다. 미국인 선교사 헐버트는 〈문경새재 아리랑〉을 채록하여 1896년 서양식 악보와 함께 자신이 간행하는 잡지에 실었다.

> 아라렁 아라렁 아라리요 / 아라렁 배 띄여라 노다 가세 / 문경새재 박달나무는 / 홍두깨 방망이로 다 나간다(헐버트, 'Korea Vocal Music', *The Korean Repository*)

문경새재는 임진왜란 시기와 구한말에 의병이 일어나 일본군과 전투를 치른 곳이다. 가사는 하찮은 방망이로 쓰려고 아까운 박달나무를 벤다는 비유로 건장한 청년들의 희생을 안타까워하는 내용이다.

이 노래를 채록한 헐버트는 흥미로운 설명을 달았다. "아리랑은 즉흥곡의 명수인 조선인들이 쌀처럼 귀하게 여기는 노래"라는 것이다. 조선 사람들은 아리랑 특유의 후렴에 맞춰 삶의 애환, 시대정신, 지역색 등을 즉흥적으로 노래에 담았다. 수많은 즉흥곡이 쏟아져 나왔다. 언제 어디서나 들을 수 있었다. 민요 아리랑의 본질이다.

1910년 일제강점기에 접어들면서 아리랑은 민족의 고난을 끌어안는다. 나라를 잃은 백성들은 "나를 버리고 가시는 임은 십 리도 못 가서 발병 난다"라고 원망하였다. 임은 내 나라다. 그것은 원망이 아니라 차라리 애원이었다. 하루빨리 내 나라를 되찾길 바라는 간절한 기다림의 시작이었다.

나라를 잃으면 사람들이 떠난다. 독립운동가들은 일제의 가혹한 탄압을 피해, 땅을 빼앗긴 사람들은 먹고 살기 위해 조국을 떠나야 했다. 간도로, 연해주로, 하와이로 건너갔다. 미국과 중국과 일본 땅을 헤맸다. 그들이 가슴에 품은 것은 여권이 아니라 아리랑이었다. 아리랑이 곧 조국이고 고향이었다.

'아리랑 고개'는 이쪽과 저쪽을 가르는 경계다. 떠나는 자는 고갯마루에 서서 고향 산천을 돌아보고 눈물을 삼키며 고개를 넘어간다. 이제 고달프고 모진 고난의 길을 걸어야 한다. 희망을 찾으려면 또다시 고개를 넘어야 할 것이다. 꼬불꼬불 열두 굽이 고개를 넘으면 찾아낼 수 있을까?

독립운동가 김산은 확신했다. 김산은 미국 언론인 님 웨일즈Nym Wales가 전기 《아리랑》으로 되살린 사람이다. 웨일즈는 1937년 중국에서 김산을 만나 그를 인터뷰했다. 그리고 그의 이야기를 책 《아리랑》에 남겼다. 조국의 독립과 혁명을 열망했던 투사 김산에게 아리랑이란 무엇이었을까?

1931년 김산은 일본 경찰에게 끌려가 극심한 고문을 당했다. 당시 그는 감방 벽에 "이곳에서 다시 아리랑 고개를 넘어간다"라고 썼다. 견디기 힘든 육체적 고통과 심리적 압박 속에서 그이를 지탱한 힘은 아리랑이었다. '아리랑 열두 고개'에 그치면 안 된다. 김산은 '아리랑 열세 고개'를 넘어야 조선이 독립할 것이라고 믿었다. 죽도록 싸우고 또 싸워야 한다는 말이다.

광복군도 다르지 않았을 것이다. 1940년 대한민국임시정부가 충칭에서 조직한 광복군은 〈광복군 아리랑〉을 힘차게 부르며 국내 진공 작전을 준비했다.

〈광복군 아리랑〉은 가족을 떠나 광복군이 된 전사의 소망을 〈밀양아리랑〉의 경쾌한 곡조에 실은 노래다. 1942년 임시의정원에서 광복군의 공식 군가 중 하나로 제정하였다. 광복군뿐 아니라 중국에 거주하는 한국인 청년들이 즐겨 불렀으며, 조국 독립에 대한 낙관적인 믿음을 확산시키는 데 공헌했다.

우리네 부모가 날 찾으시거든 / 광복군 갔다고 말 전해주소 (1절)

광풍이 불어요 광풍이 불어요 / 삼천만 가슴에 광풍이 불어요
(2절)

바다에 두둥실 떠오는 배는 / 광복군 신고서 오시는 배래요 (3절)

동실령 고개서 북소리 둥둥 나더니 / 한양성 복판에 태극기
펄펄 날려요 (4절)

아리랑 쓰리랑 아라리요 / 광복군 아리랑 불러보세 (후렴)

흥 돋우고 한 달래며 멍석을 깔아주다

일제는 1929년 금창령禁唱令을 발동하여 한민족의 정신적 버팀목이 되어가는 민요 아리랑의 힘을 빼보려고 하였다. 하지만 아리랑은 강인한 생명력으로 탄압을 이겨내고, 고난을 넘어 희망을 찾아 나서는 한국인의 든든한 길동무가 되었다. 굽이굽이 아리랑 고개를 함께 넘으며 명실상부한 민족의 노래가 된 것이다.

현재 아리랑은 60여 종 3,600여 수에 이른다고 한다. 〈아리랑〉, 〈정선아리랑〉, 〈밀양아리랑〉, 〈진도아리랑〉처럼 유명하고 익숙한 노래들만 있는 게 아니다. 민요 아리랑은 한국인의 사연과 감정을 털어놓는 즉흥곡 플랫폼이다. 삶의 애환, 시대정신, 지역색이 사설로 흘러나와 아리랑이 된다.

아리랑 특유의 후렴은 흥을 북돋우고 한을 다독이며 멍석을 깔

아준다. 아리랑 아리랑 아라리요, 하다 보면 이야기나 웅어리가 술술 풀리는 것이다. 그것이 씨줄 날줄로 엮여 한국인의 정체성을 이루고 있다.

'회회 아비'에게 손목 잡힌 고려의 딸들

〈쌍화점〉과
일부다처제
시행 논란

쌍화점에 만두 사러 갔더니만 / 회회 아비 내 손목을 쥐더이다 / 이 소문이 가게 밖에 나며 들며 하면 / 다로러거디러 조그마한 새끼 광대 네 말이라 하리라 / 더러둥셩 다리러디러 다리러디러 다로러거디러 다로러 / 그 자리에 나도 자러 가리라 / 위 위 다로러거디러 다로러 / 그 잔 데 같이 덤거친 곳 없다(고려가요 〈쌍화점〉 1절)

고려가요는 고려 시대에 백성들이 부른 세속적인 노래다. 조선 시대와 달리 노랫말이 솔직하고 대담하여 남녀 간의 은밀한 사랑도 거침없이 드러냈다. 대표적인 노래가 고려 제25대 충렬왕(재위

1274~1308) 때 유행한 〈쌍화점〉이다. 충렬왕은 평소 연회와 가무^{歌舞}를 즐겼다. 〈쌍화점〉은 여흥을 돋우는 단골 레퍼토리였다. 궁궐 안에 상설 무대를 마련하고 기생들을 남장^{男裝}시켜 이 노래를 부르게 하였다.

제목으로 쓴 '쌍화점'은 만둣가게를 말한다. '쌍화[雙花]'는 만두의 일종인 '쌍화'를 한자로 음차한 것이다. 쌍화는 몽골인, 여진족 등이 즐긴 북방식 만두로 추정된다. 이곳에서 회회 아비, 곧 몽골인 가게 주인이 만두 사러 온 여성 화자의 손목을 슬쩍 잡는다. 에로틱하다. 심지어 그 잠자리에 '나도' 자러 가겠단다. 회회 아비에게 여자가 한둘이 아닌가 보다. 난잡한 성 풍속을 묘사하는 듯하다.

조선 시대 유학자들은 이 노래를 '남녀상열지사[男女相悅之詞]'로 규정했다. 음란한 가사라는 것이었다. 그런 시각은 오늘날에도 크게 달라지지 않았다. '쌍화점'은 성적으로 문란한 옛노래의 대명사 격이다. 퇴폐적인 풍조를 반영한 작품으로 거론된다. 과연 그렇게만 볼 일인가? 조선 선비들의 시각은 이념적으로 편향되어 있다. 실체적인 진실은 그보다 복잡하다. 이를 파악하려면 '시대 보정'이 필수다. 동시대 고려 사람들의 숨결을 불어넣어야 한다.

고려를 뒤흔든 일부다처제 시행 논란

충렬왕은 쿠빌라이 칸의 딸 제국대장공주와 혼인하고 고려를 원나라 부마국으로 만든 임금이다. 〈쌍화점〉에는 고려에 흘러든 원나라 풍속이 담겨 있다. 세계제국을 건설한 몽골인들은 일부다처제를 고수했다. 유목민족의 오랜 풍습이었다. 〈쌍화점〉의 회회 아비도 그랬을 것이다. "그 잔 데 같이 '덤거친' 곳이 없다"고 했다. 자러 갔지만 일이 순조롭지 못하고 답답했다는 뜻이다.

성과 혼인은 동전의 양면과 같다. 〈쌍화점〉 가사를 곱씹어보면 에로틱한 욕망 속으로 일부다처 풍속에 대한 고려 사람들의 관심이 흐른다. 회회 아비뿐만이 아니다. 3절에는 우물 용이 여성 화자의 손목을 쥔다. 옛사람들에게 우물은 궁궐을, 용은 임금을 은유하는 말이다. 고려 시대 임금은 여러 명의 비妃와 후궁을 거느린 일부다처의 화신이었다. 2절의 삼장사 사주社主와 4절의 술집 아비도 아마 동시대인에게는 같은 맥락이었을 것이다.

〈쌍화점〉이 유행하던 그 무렵 고려에 일부다처제 시행 논란이 일어난 것은 우연이 아니다. 1275년 충렬왕이 신하들을 거느리고 연등회에 나섰을 때 일이다. 대부경 박유도 왕의 행차를 따르고 있었다. 웅성웅성, 군중이 술렁거렸다. 한 노파가 그를 손가락질하며 목소리를 높였다.

"아내를 여럿 두자고 청한 놈이 바로 저 늙은 거지다請畜庶妻者, 彼

老乞兒也!"

부녀자들이 다 같이 손가락질했다. 그 모습이 마치 붉은 손가락들로 두름을 엮어 놓은 것 같았다. 《고려사》〈열전〉 '박유' 조에 나오는 흥미로운 이야기다. 대체 임금에게 무엇을 청했기에 고려 여인들의 공적이 되었을까?

"우리나라는 본디 남자가 적고 여자가 많은데도 신분에 상관없이 아내妻를 한 사람만 두고 있습니다. 원나라에서 온 사람들은 아내의 수에 한도가 없으니, 여인과 물산이 모조리 그들이 사는 북쪽으로 흘러갈까 걱정됩니다. 이제부터 대소 신료들이 여러 명의 처庶妻를 둘 수 있도록 해주소서. 그 수는 품계에 따라 정하고 평민도 일처일첩一妻一妾을 얻을 수 있게 하소서. 또 본처가 아닌 아내의 자식도 벼슬할 수 있어야 합니다. 이렇게 하면 과부와 홀아비가 줄고 인구가 늘어날 것입니다."(《고려사절요》충렬왕 1년 2월)

박유가 건의한 것은 일부다처제 시행이었다. 고려에서 공식적으로 인정한 일부일처제에 반하는 것이었다. 물론 왕실을 비롯해 지배층 남성들은 여러 명의 처와 첩을 두었다. 태조 왕건은 삼한 통합을 위해 무려 아내 29명(왕후 6명, 부인 23명)을 맞아들였다. 또 부잣집에서는 서너 명의 처첩을 들였고 조금만 맞지 않아도 헤어졌다는, 12세기 송나라 사신의 견문록도 있다(서긍,《고려도경》〈잡속〉). 하지만 원칙은 일부일처제였다. 설혹 여러 명의 아내를 묵인하더라도 적자 상속과 서자 차별로 본처의 지위를 보장했다.

4부 - 노래에 담긴 생활사

박유의 건의는 본처의 지위를 흔드는 것이었다. 날벼락 같은 소식에 부녀자들의 원망이 들끓었다. 그는 임금 앞에서 '늙은 거지'라고 욕먹었다. 연등회장에서 무더기로 손가락질을 당했다. 고관의 체면이 말이 아니었다. 손가락에 찔려 죽을 것 같았다. 일부다처제는 결국 무산되었다. 재상 가운데 아내를 겁내는 자들이 있어 시행할 수 없었다고 한다(《고려사》〈열전〉'박유'). '마눌님' 심기를 거스르는 다처제라니 턱없는 소리였다.

그런데도 당시 고려 조정에 이런 논의가 등장한 까닭은 뭘까? 박유도 언급했듯이 여기에는 원나라의 공녀 징발과 다처제 풍습이 끼어든다.

공녀 피하고 혼맥도 넓혀주는 중혼

"요즘 고려에 사신으로 가는 자들은 황제의 명이라 하여 처녀만 데려오는 데 그치지 않고 자기 처첩까지 얻으려 합니다. 그 과정에서 재물과 여색으로 독직瀆職을 저지르고 있으니 이를 엄금하지 않을 수 없습니다. 조정의 후정後庭(여인이 거처하는 궁궐 깊숙한 곳)이 이미 차고 넘치는데 구태여 외국에서 데려와야 합니까?"《고려사》〈열전〉'이곡')

1335년 원나라에서 벼슬한 고려인 이곡이 순제에게 올린 공녀 폐지 상소다. 13~14세기에 유라시아를 제패한 몽골제국은 속국에 공녀貢女를 바치게 했다. 고려도 원나라 간섭기에 '처녀處女', '동녀童女', '동녀절미자童女絶美者' 등을 징발했다는 기록이 수두룩하다. 미모의 미혼 여성들을 수시로 뽑아 원나라에 끌고 간 것이다. 원나라 사신, 다루가치, 집정대신 등이 처첩으로 삼거나 선물로 쓰기 위해 사사로이 데려간 여인들도 적지 않았다.

공녀 징발 대상은 양인 이상의 신분층이었다. 평민은 물론 왕족, 권문세족, 관인官人, 호장戶長 등 고려 지배층도 딸들을 내놔야 했다. 원나라로 건너간 고려 공녀는 황실, 왕부, 권세가 등에 분배되어 궁인이나 시녀로 일했다. 신분이 높은 집안의 딸들은 조서를 받거나 중매를 통하여 원나라 황제, 제후, 고관대작의 배필이 되기도 하였다. 몽골 지배층의 다처제 문화에서 고려 여인들은 둘째 부인이나 잉첩媵妾(시중드는 첩)으로 자리를 잡았다.

〈쌍화점〉 노랫말에 이런 시대상이 어른거린다. 회회 아비에게 손목 잡힌 고려의 딸들! 이곡은 순제에게 올린 상소문에서 딸과 영영 이별하는 부모의 마음을 애절하게 묘사했다.

"남자를 데려와 살게 할지언정 딸은 내보내지 않는 것이 고려의 풍속입니다. 그런데 하루아침에 품 안에서 딸을 빼앗아 수천 리 밖으로 보내버리니, 한 번 문을 나서면 죽을 때까지 돌아오지 못하는 것을 뻔히 아는 그 마음이 어떠하겠습니까?"《고려사》〈열전〉 '이곡')

고려에서는 예로부터 딸을 혼인시켜도 집에서 내보내지 않았다. '서류부가혼壻留婦家婚'이라는 풍속이었다. 남녀가 혼례를 치르면 남편이 아내의 집에 머물렀다. 자식을 낳아 기를 동안 처가(친정)에 거주한 것이다. 대개 양육을 마칠 때쯤 아내와 아이가 남편의 집에 들어갔다. 여자가 시집가는 게 아니었다. 남자가 장가가는 것이었다. 그러니 품 안의 딸을 이민족에게 빼앗기는 부모의 마음이 오죽했을까? 살아도 사는 게 아니었다고 한다.

딸을 지킬 방법을 찾아야 했다. 숨기거나 뇌물을 쓰는 건 미봉책이었다. 저들이 요구하는 건 미혼 여성이었다. 배우자를 얻으면 딸을 곁에 둘 수 있었다. 혼인이야말로 딸을 지킬 확실한 방법이었다. 풍속의 변화가 나타났다. 딸 가진 집에서는 혼인을 서둘렀다. 어린 사내아이를 데려와서 여차하면 사위로 삼았다. 예서預壻, 곧 데릴사위였다. 꼬마 신랑이 제국의 뒤뜰로 끌려가거나 이민족의 처첩이 될 모진 운명에서 각시를 구한 것이다.

한편 신분이 높은 집안들은 민심을 곁눈질하며 일부다처제 시행을 거론했다. 박유의 건의에는 권문세족의 정치적 셈법이 깔려 있었다.

고려의 권문세족은 옛 문벌귀족, 무신정권 세력, 부원배附元輩 등으로 이루어졌다. 그들은 정략결혼으로 지위를 공고히 했다. 지배층이라도 관인(관리층)이나 호장(향리층)과는 통혼하지 않으려고 했다. 권문세족끼리 혼인을 통해 명성과 재력과 인맥을 공유했다.

한 다리 건너면 사돈이고 인척이었다. 서로 밀어주고 끌어주며 뒤를 봐주었다.

거미줄처럼 짜놓은 혼맥이 부와 권력의 기반이므로 딸들은 사랑스러운 자식이자 귀중한 자산이었다. 딸을 이민족의 처첩이나 공녀로 보내는 건 권문세족에게 별로 득이 되지 않았다. 그렇게 출세를 도모하는 부류도 있었지만, 권문세족은 딸을 곁에 두고 정략결혼을 시키는 쪽을 선호했다. 안정적으로 가문을 번창시키는 길이었기 때문이다.

'중혼重婚'은 딸을 원나라에 빼앗기지 않으면서도 권문세족 간의 혼맥을 넓힐 수 있는 효과적인 방안이었다. 본처 외에 또 다른 아내를 얻는 것이다. 권문세족은 중혼에 열을 올렸다. 나아가 신료들이 품계에 따라 여러 명의 처를 두는 방안도 내놓았다. 나라에서 시행하여 법제화하려 한 것이다. 하지만 다른 신분층은 시큰둥했다. 부녀자들은 거세게 반발했다. 아내들의 성난 손가락질에 다처제 시행은 물거품이 되었다.

그렇다고 중혼을 엄히 금한 것은 아니었다. 고려 말에 이르면 '양처兩妻'라는 풍속이 벼슬아치들 사이에 퍼져 나갔다. 향처鄕妻와 경처京妻, 곧 시골 부인과 서울 부인을 따로 둔 것이다. 특히 지방의 유력자가 중앙 정계에 진출할 때 고향에 본처를 놔두고 개경에 또 다른 처를 얻곤 했다. 중앙에서 출세하려면 개경에 연줄이 있어야 한다는 취지였다. 물론 임지에서의 내조도 기대할 수 있었을 것이다.

양처 뒀다가 왕자의 난 부른 이성계

양처라면 빼놓을 수 없는 인물이 있다. 고려 말 변방의 무장에서 일약 실권자로 떠오르며 마침내 조선의 창업자가 된 이성계다.

그는 일찍이 안변 사람 한경의 딸과 혼인해 자신의 본거지 함흥에 살림을 차리고 슬하에 6남 2녀를 두었다. 외침을 연달아 물리치고 장수로서 명성이 높아지자 다시 권문세족 강윤성의 딸을 아내로 맞이했다. 강씨 소생의 2남 1녀 자식들 나이를 고려하면 1370년대 이성계가 왜구 토벌전에서 두각을 나타냈을 무렵의 일일 것이다. 한씨 부인은 향처, 강씨 부인은 경처로 볼 수 있겠다.

강씨 집안은 원나라 간섭기에 군주와 섭정의 총애를 받으며 재상가로 발돋움했다. 강씨 부인의 아버지 강윤성과 숙부 강윤충, 그리고 오빠 강순룡이 모두 찬성사를 지냈다. 원나라에서 벼슬을 한 이성계 가문과는 겹사돈을 맺을 만큼 교분이 두터웠다. 숙부 강윤충과 사촌오빠 강우가 이성계의 백부인 쌍성만호 이자흥의 사위였다.

이성계가 중앙 정계로 진출하자 강씨 집안은 뒤를 봐주기로 했다. 강윤성의 딸을 맺어준 게 그 증표다. 이성계는 청년기까지 원나라 사람으로 살았다. 몽골인의 다처 풍습에 익숙했기에 양처를 거부감없이 받아들였을 것이다. 역할 분담도 자연스럽게 이루어졌다. 한씨 부인에겐 함흥의 가별초家別抄(이성계 가문에 속한 백성이자 군사 집단)를 맡기고 강씨 부인은 중앙 정계 진출의 동아줄로 삼으면 되었다.

경처 강씨는 이성계가 고려 말에 권력을 잡고 새 나라를 일구는 데 큰 공을 세웠다. 이성계의 아들딸로 권문세족 가문들과 혼맥을 형성하고 신진사대부 인재들이 이성계의 깃발 아래 모여들 수 있도록 가교 노릇을 훌륭히 했다. 집안의 인맥을 십분 활용해 이성계 세력을 구축한 것이다.

참모 역할도 톡톡히 해냈다. 《태조실록》 총서를 보면 창업의 마지막 걸림돌 정몽주를 제거한 일은 그녀와 이방원의 합작품이었다. 이성계는 후일 "내조와 충고로 창업을 도운 어진 보좌였다"라고 경처 강씨를 치켜세우기도 했다(권근, 《양촌집》 〈정릉원당조계종본사흥천사조성기〉).

조선 건국의 3대 공신은 정도전과 이방원, 그리고 강씨 부인이었다. 이성계는 1392년 왕위에 오르자마자 향처 한씨를 절비節妃에, 경처 강씨를 현비顯妃에 봉하였다. 한씨가 한 해 전에 세상을 떠났으므로 조선 최초의 왕비는 사실상 강씨였다. 이성계는 그녀에게 큰 선물을 안겨주었다. 막내아들 이방석을 세자로 책봉한 것이다. 막내를 울루스의 후계자로 삼았던 몽골 풍습을 따랐을 수도 있지만, 무엇보다 그녀의 공적에 대한 보상이었을 가능성이 크다.

하지만 태조의 이 결정은 엄청난 비극을 부르고 말았다. 사실 공신들 대다수는 후계자로 다섯째 아들 이방원을 지지했다. 세자

자리를 빼앗기자 이방원은 적개심을 불태웠다. 그는 1398년 왕자의 난을 일으켜 현비의 아들들과 사위, 그리고 친정을 도륙했다. 강씨가 병으로 죽고 불과 2년 후의 일이었다.

현비 강씨는 사후 신덕왕후神德王后로 받들어지고 도성 안 정릉貞陵에 묻혔다. 그러나 1408년 태상왕 이성계가 세상을 떠나자 예우가 급변했다. 태종 이방원은 정릉을 파헤쳐 도성 밖으로 이장시켰다. 제사도 후궁의 예로 떨어뜨리고, 신주도 종묘에 모시지 않았다. 신의왕후神懿王后로 추존한 생모 한씨는 본처이므로 격을 높이고, 신덕왕후 강씨는 본처가 아니므로 격을 낮춘다는 것이다.

1413년 태종은 처가 있는데 다시 처를 얻는 것을 엄히 금했다. 중혼을 금지한 것이다. 고려 말에 성행한 양처도 배척했다. 자식들이 서로 적자라고 다투거나 재산 상속 분쟁이 많다는 게 이유였다. 신덕왕후 위상은 애매해져 왕비도 후궁도 아닌 채로 세월에 묻히고 말았다. 그녀는 1669년 송시열 등이 상소해 비로소 복권되었다.

원 간섭기 이래 끊임없이 구설에 올랐던 다처제 논란은 태종에 의해 종지부를 찍었다. 하지만 넓게 보면 다처 풍습인 '축첩蓄妾'은 조선 시대에도 본처들의 우환이 되었다. 고전소설《구운몽》에서 양소유는 2처 6첩과 함께 부귀영화를 누렸다. 양반 남성의 이런 로망은 곧잘 '난봉'으로 이어졌다. 규방에는 한恨이 쌓여갔다.

노처녀·노총각 혼사는 나랏일이다

〈노처녀가〉와
혼인
구휼

답답한 우리 부모 가난한 좀 양반이 / 양반인 체 된 체하고 처사가 불민하여 / 괴망怪妄을 일삼으니 다만 한 딸 늙어간다 / 적막한 빈방 안에 적요하게 혼자 앉아 / 전전불매 잠 못 들어 혼자 사설 들어보소 / 어떤 처녀 팔자 좋아 이십 전에 시집간다 / 이 내 팔자 기구하여 사십까지 처녀로다(잡가본〈노처녀가〉)

작자 미상의 〈노처녀가〉는 조선 후기에 여인들의 처소 규방閨房에서 유행한 가사歌辭다. 어느 양반의 딸이 나이 마흔이 되도록 혼인하지 못한 기구한 팔자를 한탄하듯 노래하고 있다. 누가 지었는지 알 길은 없지만 잠 못 드는 노처녀의 '혼자 사설'이 퍽 짠하다.

그녀는 어쩌다가 혼기를 놓치고 부모를 원망하게 되었을까?

혼사를 그르친 원흉은 가난과 체변이었다. 호환, 마마, 전쟁이 무서운 재앙이라지만 백성의 일상을 지배한 것은 지긋지긋한 가난이다. 양반이라고 해서 피해 갈 수도 없었다. 18세기에 접어들면 잔반殘班, 몰락한 양반들이 수두룩해진다. 그들은 찢어지게 가난해도 딸을 아무 데나 시집 보내지 않았다. 양반입네 하며 신분과 집안을 깐깐하게 따지니 중매인의 발길이 뚝 끊어졌다. 괴상망측한 체면 놀음에 딸은 머리도 올리지 못하고 속절없이 늙어갔다.

혼인 사설 전폐하고 가난 사설뿐이로다 / 어디서 손님 오면 행여나 중매신가 / 아이 불러 힐문한즉 풍헌 약정 환상還上 재촉 / 어디서 편지 왔네 행여나 청혼선가 / 아이더러 물어보니 외삼촌의 부음이라 / 애닯고 설운지고 이 내 간장 어이 할꼬 / 친구 없고 혈족 없다 위로할 이 전혀 없네(잡가본 〈노처녀가〉)

조선 시대 양반가 여성은 독립적인 삶을 살 수 없었다. 가부장의 아내이거나 어머니로서만 역할을 인정받았다. 혼기를 놓친 노처녀는 온전한 성인으로 여겨지지 않았다. 아마도 사람 노릇 못한다는 자괴감이 컸으리라. 친구들도, 동기들도 모두 혼인해서 위로해 줄 이도 없었다. 탈출구는 오매불망 혼인밖에 없었다. 그 애절한 열망이 노래에 낱낱이 담겨 있다.

어디서 손님이 오면 행여나 중매인일까, 마음 졸인다. 알고 보니 환상還上, 봄에 꾼 곡식을 이자 쳐서 갚으라는 재촉이다. 편지가 와도 청혼서일까, 공연히 기대한다. 외삼촌의 부음이지만 노처녀는 섭섭함이 앞선다. 노래가 널리 퍼진 것을 보면 같은 처지의 여인들이 적지 않았으리라. 그들의 염원이 하늘에 닿았는지 특별한 청혼서가 날아들었다. '나라님'이 중매를 서기로 한 것이다.

혼기 놓친 남녀는 법적인 구휼 대상

"나이가 찼는데도 혼사를 치르지 못한 남녀를 특별한 규칙과 관례로 돌보아주는 것은 옛 성군들의 어진 정사에 부합된다."

조선 후기의 개혁 군주 정조가 1791년 2월 9일에 내린 전교다. 왕은 봄을 맞아 혼기가 지난 노처녀와 노총각들을 돌보겠다는 뜻을 밝혔다. 그러나 신하들은 임금의 뜻을 성실하게 받들지 않았다. 한성부에 과년한 남녀를 수소문해 아뢰라고 여러 차례 일렀는데도 조사가 지지부진했다. 정조는 이를 엄히 문책했다. 한성부의 낭관과 부관들을 잡아 가두고 판윤을 교체한 것이다.

오늘날로 치면 서울시 실무 책임자들을 벌하고 시장을 경질할 정도로 정조 임금은 이 사안을 중시했다. 왕의 의지를 확인한 한성부 관리들은 발바닥에 불이 나게 뛰어다녔다. 한성 5부에서 가난하여 혼인을 제때 하지 못한 자들의 명단을 올렸는데 사족과 평민을 합쳐 모두 281인이었다(《정조실록》 1791년 6월 2일). 나라에서 돈 500전과 포목 2단씩 지원해 이들의 혼사를 서둘렀다. 정조는 매월 업무 보고를 받으며 '혼인 사업'을 직접 챙겼다.

사실 이 사업은 조선의 역대 군주들이 이미 시행해 온 일이었다. 정조가 전교에서 밝힌 것처럼 혼사를 치르지 못한 남녀를 나라에서 돌보는 규칙과 관례가 있었다. 조선에서 혼기를 놓친 노처녀와 노총각은 구휼 대상이었다. 가난으로 인해 혼인하지 못하는 것은 개인사가 아니라 나랏일이었다. 관아에서 혼수를 지원해 배필을 맞게 했다. 조선의 대법전 《경국대전》과 훗날 이를 재정비한 《속대전》에도 아래 조항을 국법으로 명시했다.

"사족士族의 딸로 나이 30 되도록 가난하여 시집을 못 가는 자는, 예조에서 임금에게 아뢰어 헤아리고 혼수를 지급한다. 그 집안이 궁핍하지도 않은데 30세 이상이 차도록 시집가지 않는 자는 그 가장을 엄중하게 논죄한다."(《경국대전》〈예전〉'혜휼')

"장가가고 시집갈 때가 지난 자는 한성부와 각 도를 엄히 신칙하여 수소문하고 방문하며, 더욱 심한 자는 호조와 감영·고을로 하여금 별도로 보태고, 돌보고, 돕게 한다."(《속대전》〈예전〉'혼가')

유교 통치체제를 완성한 군주로 평가받는 성종도 과년한 미혼자들에게 깊은 관심을 보였다. 집안 형편상 혼인하지 못한 자들을 나라에서 구휼할 수 있도록 절목節目(시행규칙)을 만들게 했다. 예조에서 25세 이상 처녀들을 조사했는데, 가난하여 예를 갖출 수 없는 자들은 쌀과 콩을 합쳐 열 석씩 지급해 혼수로 삼게 했다. 사족이 아닌 자는 그 절반을 줬다. 혈세를 들인 만큼 혼인도 서둘렀다. 이미 정혼한 자는 20일 안에, 아직 정혼하지 않은 자는 한 달 안에 혼인하도록 독촉했다(《성종실록》1472년 5월 7일).

조선 후기에 제도와 문물을 재정비한 영조도 노처녀·노총각 구휼을 먼저 처리해야 할 중요한 나랏일로 받아들였다. 경연 자리에서 참찬관 박문수가 "제때 혼인하도록 하는 것이 왕정의 선무先務"라고 아뢰자 왕은 크게 공감을 표했다. 영조는 한성부 당상, 각 도 감사, 고을 수령들에게 "혼기가 지난 자들을 수소문하고 혼수 준비를 도와 때를 넘기는 우환이 없도록 하라"고 명한다. 지금의 기획재정부 격인 호조와 세금 출납을 담당한 선혜청도 뒷받침하게 해 일의 체계를 정연하게 갖췄다(《승정원일기》1730년 12월 24일).

정조, 혼인 이벤트로 임금의 은덕 과시

정조는 한 걸음 더 나아갔다. 규칙과 관례에 따라 혼인 사업을 시행하되 통 크게 지원하고 적극적으로 밀어붙였다. 한성부 관리들도 처음에 소홀히 다루다가 임금에게 문책을 당하자 대오각성했다. 불과 몇 달 만에 남녀 281인을 찾아내 돈과 포목을 지급하고 혼인을 서두르게 했다. 노처녀·노총각의 혼사는 착실하게 진행되었고 오직 한성 서부西部의 두 사람만 예를 이루지 못하였다. 정조는 고삐를 늦추지 않았다.

"일은 처음을 가지런히 하는 게 귀하고, 정치는 마무리에 힘쓰는 데 기대를 건다事貴齊始 政期勉終."(이덕무, 〈김신부부전〉)

정조가 얼마나 집요한 임금인지 알 수 있는 대목이다. 왕은 마지막까지 유종의 미를 거두기를 바랐다. 한성부에 두 사람을 도와 각각 혼사를 성사시키라고 지시하고, 호조와 선혜청에는 보조를 늘려 더욱 풍요롭게 해주라고 주문했다. "좋은 일이 완성되게 하라"는 강력한 의지였다. 왕명에 따라 '결혼대작전'이 펼쳐졌다. 그 실화가 규장각 검서 이덕무의 〈김신부부전〉에 생생히 담겨 있다.

노총각은 28세 유생 김희집이었다. 그는 현감의 손자였지만 서출庶出이었다. 애초 혼인을 약속한 집안에서는 신분과 형편이 맞지 않는다는 이유로 파혼을 통보했다. 노처녀는 유생 신덕빈의 21세 서녀庶女였다. 역시 적통이 아닌데다 살림마저 빈궁하여 약혼한 집안에서 혼사를 미루었다. 알고 보니, 그사이 상대가 신씨 처녀를 배반하고 다른 사람과 혼인했다.

한성 서부령西部令 이승훈은 난감했다. 혼사가 꼬인 두 사람이 하필이면 자기 관내에서 나왔기 때문이다. 나랏일에 집요한 임금을 떠올리면 식은땀이 나고 오금이 저렸다. 이전 보고와 어긋난다고 엄격하게 추궁하여 책임을 물을 게 뻔하였다. 한성부에서도 대책

회의를 열었지만 뾰족한 수가 없었다. 판윤 이하 관리들은 서로 쳐다보기만 했다. 목마른 자가 우물 판다고 했던가. 이때 궁여지책 하나가 이승훈의 뇌리를 스치고 지나갔다.

"김희집과 신씨 처녀가 통혼하는 것은 어떻습니까? 두 사람 다 문벌이 좋고 나이 차도 적당하며 형편과 처지 또한 비슷합니다. 무엇보다 이들의 이름과 성을 임금께서 같은 날 보시게 되었으니 이것은 하늘이 정한 인연입니다. 어찌 배필을 이루지 않겠습니까?"(이덕무, 〈김신부부전〉)

옳다구나, 한성판윤 구익은 무릎을 쳤다. 그는 서부령 이승훈과 주부 윤형을 중매로 삼아 각각 김희집과 신덕빈의 집에 보냈다. 이승훈의 제안에 김희집은 고마워하면서도 선뜻 응하지 못했다. 또다시 버림받을까 봐 염려한 것이다. 관건은 처녀 집안의 뜻이었다. 신덕빈은 한성부 관리들이 중매에 나선 것을 감격스러워했다. 그가 기꺼이 허락함으로써 혼인은 성사되었다. 택일도 일사천리로 이루어졌다. 1791년 6월 12일이었다.

정조는 한성부의 보고를 받고 크게 기뻐했다. 이제 임금의 정치술을 발휘해야 할 때다. 그는 이 혼례를 국가가 주관하는 성대한 행사로 치를 생각이었다. 나라에서 전폭적으로 지원하는 초대형 이벤트다. 백성들의 구경거리로 더할 나위 없다. 한성은 물론 전국 방방곡곡 큰 화제를 불러일으킬 것이다. 임금의 은덕을 널리 과시할 수 있다. 나랏일의 동력을 확보할 수도 있겠다. 정조는 호조판서 조정진과 선혜청제조 이병모를 불러들였다.

"김희집과 신씨 처녀의 혼례를 두 경에게 맡긴다. 조 판서는 희집을 아들로 여기고, 이 제조는 신씨를 딸 같이 보라. 그대들이 각각 두 집을 위하여 혼서를 대신 지으라. 혼수와 폐백, 호위와 의식 등에 필요한 세세한 것들을 모두 하사한다. 이는 왕의 말을 믿게 하자는 것이다. 경들은 마음을 다하여 준비하라."(이덕무, 〈김신부부전〉)

드디어 6월 12일, 새벽닭이 울자마자 혼례 절차가 시작되었다. 혼인 행렬은 청사초롱과 홍사초롱 쌍쌍이 앞에서 인도하고 한성 5부의 서리와 하인들이 좌우에 호위하여 웅장하기 그지없었다. 이른 아침부터 구경꾼들이 몰려나와 저잣거리는 떠들썩했다. 나라의 대신들이 왕명을 받들어 혼주로 나섰다는 소문이 파다했다. 칭송하는 목소리가 입에서 입으로 이 마을 저 마을 번져 나갔다. 화제의 중심에는 임금의 은덕이 빛나고 있었다.

정조는 또 당대 최고의 문장가 이덕무에게 전(傳)을 지으라고 명을 내렸다. 바로 〈김신부부전〉이다. 기이한 이야깃거리이자 아름다운 미담이 아닌가. 국정 홍보로 효과 만점이다. 어진 정사는 기록에 남아 오랫동안 전해질 것이다. 실제로《정조실록》,《승정원일기》, 정약용의《목민심서》등에 김희집과 신씨 처녀의 혼사가 상세히 다루어졌다. 애민 군주는 이렇게 만들어지는 것이다. 이덕무는 〈김신부부전〉을 다음과 같이 마무리했다.

"지치至治(지극한 다스림)의 세상이다. 아, 아름답도다!"

혼인 구휼로 원망 해소해 가뭄에 비 내리게

그런데 조선 시대 군주들이 과년한 남녀를 혼인시키려 한 것은 단순히 애민 차원의 은덕만은 아니었다. 사실 여기에는 매우 유교적인 가치관이 투영돼 있다. 화기和氣, 우주의 조화로운 기운이 상하는 것을 막기 위해서였다. 그게 노처녀·노총각 구휼과 무슨 상관일까? 천인감응天人感應, 하늘과 사람이 서로 감응하기 때문이라고 유가儒家에서는 바라본다. 이런 관점은 조선 시대 임금과 유학자들의 말에 고스란히 담겨 있다.

"남녀가 혼인하여 함께 사는 것이 인간의 큰 도리이니, 만약 시기를 어기면 화기를 상하는 데 이를 것이다."(성종)

"서울과 지방을 막론하고 처녀로서 시집 못 간 자가 매우 많아 그 원망이 화기를 손상하기에 충분합니다."(박문수)

만약 화기가 상하면 어떤 일이 일어날까? 조선 사람들은 가뭄, 홍수, 태풍, 지진, 폭설 등 자연재해의 원인을 우주의 조화로운 기운이 깨진 데서 찾았다. 그 자연재해에 대처하는 법은 천인감응에 따라 인간 세상의 다스림에서 출발했다.

일례를 들어보자. 1535년 겨울에 여러 차례 천둥이 치고 태백성(금성)이 낮에 나타났다. 중종이 이를 염려하여 신하들과 의논했다. 영의정 김근사가 임금에게 아뢰었다.

"옛사람들이 재변은 모두 백성의 원망 때문에 일어난다고 하였으니, 반드시 백성에게 혜택을 베풀어 재변을 그치게 하셔야 합니다."《중종실록》1535년 10월 15일)

재변이 백성의 원망으로 말미암아 생긴다는 것이다. 원망의 진원지를 찾아 혜택을 베푸는 것이 급선무였다. 조선 시대 가뭄 대책이 이와 같았다. 1540년 중종은 경전과 역사서에서 기우祈雨, 비오기를 비는 조항을 초록하고 예조와 승정원에 비치했다. 특히 중국의 옛 제도와 문물을 다룬《문헌통고文獻通考》를 비중 있게 참고했다. 임금이 제단을 마련해 기도하는 것 외에도 백성의 원망을 해소하는 방안들이 소개되었다.

"죄수와 실직자들을 다시 심리해 억울함을 풀어주고, 어진 사람을 기용하고 탐욕스러운 사람을 내치며, 부역과 세금을 감하여 가볍게 해주고, 과부·홀아비·고아·독거노인 등 의지할 데 없는 사람들을 방문하여 위로하며, 시집·장가 못 간 사람들을 구휼해 준다."《중종실록》1540년 5월 10일)

정조가 혼기를 놓친 남녀를 돌보고 왕명으로 혼인 이벤트를 마련한 것은 '가뭄 대책 매뉴얼'의 일환이기도 하였다. 혼인하지 못한 이들의 원망을 해소하여 화기, 우주의 조화로운 기운을 상하지 않도록 한 것이다. 백성이 비를 바라는 봄여름 사이에 임금이 어진 정사를 베풀면 기우제를 올리지 않고도 곧잘 비가 내렸다고 한다. "김희집과 신씨 처녀의 혼인 중매가 성사되자 비가 즉시 후련하게 내렸으니 하늘과 사람이 서로 감응하는 것이 이처럼 빠르다."(이덕무, 〈김신부부전〉)

앞에서 살펴본 〈노처녀가〉에선 시집 못 간 양반의 딸이 부모를 원망하고 있다. 작자 미상의 노래에 의미를 부여하는 것은 시대요, 사람들이다. 시대가 귀를 기울이고 노처녀의 처지를 헤아렸다. 사람들이 바라보는 노처녀의 상이 노래에 녹아들었다. 원망은 가난과 부끄러움이라는 현실의 벽에 부딪혀 체념으로 바뀌었다.

우리 부모 무정하여 내 생각 전혀 없다 / 부귀 빈천 생각 말고 인물 풍채 마땅커든 / 처녀 사십 나이 적소 혼인 거동 차려주소 / 김동金童이도 상처喪妻하고 이동李童이도 기처棄妻로다 / 중매 할미 전혀 없네 날 찾을 이 뉘시던고 / 검정 암소 살져 있고 봉사 전답 같건마는 / 사족 가문 가리면서 이대로 늙히노니(잡가본 〈노처녀가〉)

조선 후기의 모든 여성이 혼인에 매달렸던 것은 아니다. 부모에게 매인 사족 여성과 달리 경제적으로 자립한 평민 여성은 혼인에서 비교적 자유로웠다. 조수삼의 기인 열전 〈추재기이〉에는 삼월이라는 쉰 살 노치녀가 등장한다. 그녀는 떡과 엿을 판 돈으로 연지와 분을 사서 아침저녁으로 화장했다. 남편도 없는데 화장하는 이유를 물으니, 세상 남자들이 다 남편감이라고 답했다. 이러한 삼월이를 눈여겨본 한양 사람들이 민요를 지어 불렀다.

처녀에게 배필이 많으니 / 동네 어귀에 사는 삼월이로다

성인 남녀의 결혼은 오늘날 다시금 국가적인 관심사로 떠올랐다. 지금 대한민국은 심각한 저출생 위기에 직면해 있다. 미국 테슬라 최고경영자 일론 머스크는 현재 출산율로 볼 때 한국 인구가 지금의 3분의 1로 줄어들 것이라는 비관적인 전망을 하기도 했다. 인구 감소가 아니라 국가 소멸을 걱정해야 할 정도다.

출생아는 결혼과 직결된 사안이다. 한국의 합계 출산율(여성 한 명이 낳을 것으로 예상되는 아이 수)이 2023년 0.72명까지 떨어진 데는, 2012년부터 2022년까지 11년 연속으로 혼인 건수가 감소한 게 치명타였다. 엎친 데 덮친 격으로 코로나19 등 신종 감염병의 대유행으로 결혼을 미루는 커플들도 쏟아져 나왔다.

위기의식을 느낀 정부와 지방자치단체에서는 잇달아 결혼 장려책을 내놓고 있다. 행사를 열어 미혼 남녀의 만남을 주선하고, 수백만 원대의 결혼 축하금을 지급하며, 신혼부부 주거 지원 방

안도 마련하고 있다. 2024년 통계청 사회조사에 따르면, 결혼하지 않는 이유에 대해 미혼 남녀의 32.4퍼센트가 '자금 부족'을 꼽아 가장 큰 비중을 차지했다. 주거 지원 확대 등 경제 복지 정책이 관건이다.

조선 시대에 가뭄 대책의 하나로 과년한 남녀의 혼인을 나라에서 도왔다면, 지금 대한민국은 국가의 존망을 걸고 결혼 사업에 정책 역량을 집중해야 한다.

다행히 코로나19 팬데믹이 끝난 뒤에 혼인 건수와 출생아 수가 증가세로 돌아섰다고 한다. 그래도 아직 언 발에 오줌 누기 수준이다. 반등 추세를 뚜렷이 하려면 결혼에 대한 긍정적 인식을 확산시키고 사회 분위기를 조성할 필요가 있다. 그런 의미에서 이덕무의 〈김신부부전〉은 영감을 준다. 흥미로운 이벤트를 벌이고 깨알같이 알린 정조처럼 대담하고 창의적인 정치력을 발휘할 때이다. 오늘날 '아름다운 지치至治의 세상'을 누가 열 것인가.

'대인배' 황진이의 사랑법

16세기
여성 예인의
삶과 노래

동짓달 기나긴 밤 한 허리를 버혀 내여 / 춘풍春風 니불 아래 서리서리 너헛다가 / 어론님 오신 날 밤이여든 구뷔구뷔 펴리라

조선 중종(재위 1506~1544) 때의 일이다. 송도松都 기생 황진이가 참신하고 감각적인 노래로 큰 명성을 얻었다.

동짓달 긴 밤의 한 자락을 베어 봄바람 이불 아래 넣어두었다가, 사랑하는 님이 오면 이부자리처럼 펴겠다니…. 장안의 한량들이 후끈 달아올랐다. '서리서리' 넣었다가 '구뷔구뷔' 펴겠다는 황진이의 밤은 상상만으로도 두근거리는 판타지다. 소문난 기생을 한 번이라도 보고자 내로라하는 선비들이 앞다퉈 만남의 자리를

청하였다.

조선 시대 기생의 시조는 음률이 따라붙는 노래였다. 황진이는 거문고를 타면서 자신이 지은 노래를 부르는 '싱어송라이터'였다.

그녀의 시조 6수와 한시 여러 수가 《청구영언靑丘永言》, 《해동가요海東歌謠》, 《가곡원류歌曲源流》 등에 전한다. 18~19세기의 인기곡들을 모은 가집歌集(노래책)에 16세기 기생의 노래가 제법 비중 있게 실렸다는 것은 황진이의 매력이 세월을 뛰어넘어 사람들의 마음을 움직였다는 뜻이다.

노래와 기개로 선비들을 사로잡다

황진이는 비록 천대받는 기생 신분이었지만 조선의 지배층 남성들에게 '레전드' 대우를 받았다. 양반들은 신분을 뛰어넘는 재능과 함께 그녀의 성품을 높이 평가했다. 선조·광해군 대의 문신 유몽인은 《어우야담》에 황진이의 일화들을 수록했는데 "뜻이 크고 높았으며 호협豪俠한 기개가 있었다"라고 추켜세웠다.

흔히 기생하면 미모와 교태를 연상하기 쉽지만, 송도(개성) 출신의 이 전설적인 명기名妓는 달랐다. 뜻이 크고 높다는 것은 차라리 이상적인 선비상에 가깝다. 호방하고 의협심이 있으며 기상과 절개를 지녔다니 요샛말로 '대인배'라 칭할 만하다. 기생에 대한 고정관념을 뒤엎는 파격적인 인간미를 지녔다. 시대의 이단아로서 평단을 주름잡았던 허균도 자기 못지않은 그 파격에 자연스럽게 끌렸으리라.

"진랑眞娘(황진이)은 개성 장님의 딸이다. 성품이 얽매이지 않아서 사내 같았다. 거문고를 잘 탔으며 노래를 잘했다. 일찍이 산천을 유람하며 금강산에서 태백산과 지리산을 지나 금성錦城(나주)에 이른 적이 있었다. 때마침 고을 수령이 절도사를 위해 잔치를 베풀어 기생이 가득하고 풍악이 넘쳐흘렀다. 진랑은 해진 옷에다 때 묻은 얼굴로 그 좌석에 끼어 앉았다. 이를 잡으면서 태연히 노래하고 거문고를 타는데 조금도 부끄러운 기색이 없으니 좌중의 기생들이 기가 죽었다."(허균,《성소부부고》〈성옹지소록〉)

스스럼없다. 금수강산을 유람하다가 거지 같은 몰골로 지방 수령들의 잔치에 끼어든다. 아랑곳없다. 주위의 시선을 의식하지 않고 이를 잡으면서 노래와 거문고 솜씨를 뽐낸다. 잔치에 모인 기생들을 기죽이는 톱스타의 카리스마다. 천생 그 무엇에도 얽매이지 않는 자유로움이다.

조선 시대 기생은 행사나 연회에서 노래, 춤, 연주로 흥을 돋우고 지배층 남성들에게 풍류를 제공했다. 팔천八賤의 하나로 노비, 백정, 광대, 무당 등과 함께 최하층 천민을 이뤘다. 다만 다른 천민들과 달리, 기생은 그만둘 수도 있었다. 재물을 내놓고 대신할 수양딸을 바치면 기적(기생 명부)에서 이름을 뺐다. '기생 딸'은 대부분 가난한 집안에서 팔려 온 여자아이들이었다. 황진이도 먹고 살기 힘든 소경의 딸이었으니 그리되었을 가능성이 크다.

조선은 유교 국가답게 기생을 엄격히 통제하고 관리했다. 도성에서는 장악원이, 지방에선 교방이 그 역할을 담당했다. 장악원은 궁중에서 음악과 무용에 관한 일을 담당하던 관청이었고, 교방 또한 지방 관아에서 같은 업무를 맡아본 곳이었다. 여기서 기생은 어려서부터 예인藝人의 재주와 소양을 갈고닦았다.

수업에서 가장 큰 비중을 차지한 것은 노래, 춤, 연주였다. 행사나 연회의 흥을 돋우는 데 필수적인 재주였다. 기방에서 즐겨 부르는 〈춘면곡〉과 〈선유가〉, 분위기를 고조시키는 배따라기 북춤과 홍문연 검무, 가야금이나 거문고로 연주하는 〈영산회상〉 등을 배우고 익혔다. 황진이처럼 재능이 있다면 시조를 지어보거나 한시의 운도 맞췄다. 양반님네와 교류하는 데 시담詩談만큼 좋은 게 없었기 때문이다.

몸단장 또한 중요했다. 기생은 직업 특성상 사대부가 규수들처럼 비단옷을 입고 노리개를 찰 수 있었다. 대신 '분대화장粉黛化粧'이라고 해서 볼에 분을 잔뜩 바르고 눈썹은 청흑색 먹으로 진하게 그렸다. 웃지 않아도 웃는 것처럼 보이는 화장법이었다. 기생의 얼굴은 언제나 화사한 봄날이어야 하니까.

기생의 기생다움은 무엇보다 속마음을 감추는 데 있었다. 점잖은 선비도 술 먹으면 개가 되기 일쑤였다. 술에 취해서 막무가내로 덤벼드는 무뢰배도 있었다. 그래도 참는 게 철칙이었다. 선조 때의 부안 명기 이매창은 오언절구 한시를 지어 기생의 고충을 토로했다. 제목이 〈증취객贈醉客〉, 취한 손님에게 주는 시였다.

취한 손님 비단 적삼 붙잡으니醉客執羅衫 / 비단 적삼 손길 따라 찢어지네羅衫隨手裂 / 그까짓 비단 적삼 아까울 것도 없지만不惜一羅衫 / 은정마저 끊어질까 그것이 두렵다네但恐恩情絶

취객이 옷을 찢으며 행패를 부려도 은정을 내세워 속내를 감추는 게 기생의 숙명이었다. 손님이 집적거린다고 눈이라도 치켜뜨면 본분을 망각한 것으로 간주되었다. 어린 기생들은 회초리를 맞아가며 눈을 다소곳이 내리까는 법을 습득했다. 분대화장 거짓 웃음 속에 슬픔과 고통, 분노와 설움을 모두 묻도록 한 것이다.

수업을 다 받은 기생은 열다섯 살에 성인식 치르고 정식으로 데뷔했다. 열여덟 살 전후에는 기생으로서 전성기를 맞았다. 꽃 같은 시간이 오래가지는 않는다. 20대 중반을 넘어서면 은퇴를 고려해야 했다. 퇴기退妓는 유력자의 첩이 되어 팔자 고치기를 바랐다. 하지만 지배층 남성들은 정만 통하고 바람과 함께 사라졌다.

소낙비처럼 퍼붓고 지나가는 기생의 연정

어져 내 일이야 그릴 줄을 모로다냐 / 이시라 하더면 가랴마는 제 구태여 / 보내고 그리는 정은 나도 몰라 하노라

황진이의 이 노래는 '임'에 대한 조선 기생의 고민을 섬세하고 진솔하게 표현하고 있다. 조선 시대 양반과 기생은 풍류를 즐기다가 사랑에 빠지곤 했다. 그들의 만남은 대개 오래가지 못했다. 서로 호감을 느끼고 열망에 사로잡힌다 해도 그저 한여름 소낙비 같은 연정일 뿐이었다. 사랑도 한바탕 퍼붓고 지나가곤 했다.

기생의 연정이 덧없음을 황진이는 잘 알고 있었다. 하지만 사람인 이상 마음이 가는 것은 어쩔 수 없다. 애써 이별을 고한다고 끝이 아니다. 노래가 한숨처럼 새어 나온다. 아, 이렇게 그리워할 줄 몰랐단 말인가? 붙잡았다면 임이 '구태여' 떠나지 않았겠지만, 자기가 '구태여' 보내놓고는 밀려오는 회한에 잠긴다.

오묘한 심리적 갈등을 겪으며 황진이는 가인의 감수성을 길러 나갔다. 그녀의 노래에는 매력적인 이별의 정서가 흐른다. 〈산은 옛 산이로되〉에서는 "인걸(뛰어난 인물)은 물과 같아 흘러가면 아니 온다"라고 담담하게 노래한다. 쓸쓸하면서도 도도한 감정선이다. 잘나가는 양반과 한량들이 알아보고 몰려들었다. 난다긴다하는 명사들과 염문을 뿌리기도 했다. 기생으로서 전성기가 열린 것

이다.

조선 후기 문신 임방의 《수촌만록》에는 황진이와 소세양의 이별 이야기가 나온다. 소세양은 중종 때 홍문관과 예문관의 대제학을 겸임한 명신이다. 명나라 사신을 맞아 시문으로 응답하여 중국에까지 문명을 떨쳤다. 소세양은 송도 명기와 한 달만 동거하고 미련 없이 떠나려고 했다. 황진이는 기꺼이 이별을 받아들이며 시를 한 수 지어줬다. 〈봉별소판서세양奉別蘇判書世讓〉이다.

달빛 아래 오동잎 모두 지고月下梧桐盡 / 서리 맞은 들국화는 노랗게 피었네霜中野菊黃 / 누각은 높아 하늘 한 켠에 닿고樓高天一尺 / 사람은 취해 천 잔 술을 마시네人醉酒千觴 / '유수곡' 거문고 연주는 쓸쓸한데流水和琴冷 / '매화곡' 피리 연주는 향기롭다네梅花入笛香 / 내일 아침 서로 이별한 뒤에도明朝相別後 / 정은 푸른 물결처럼 길이 흐르리情與碧波長

소세양은 탄복했다. 시 한 수로 쓸쓸하면서도 향기로운 송별연을 연출했다. 마치 두 사람이 높은 누각에 앉아 이별주를 주고받으며 거문고와 피리를 연주하는 것만 같았다. 석별은 슬프기보다는 차라리 아름다웠다. 소세양은 내일 떠나겠다는 뜻을 접고 며칠 더 머무르기로 했다. 미련 때문이 아니었다. 아름다운 시에 대한 경배였다. 당대 제일의 문장가가 황진이의 시재詩才를 예우하고 존중한 것이다.

명창 이사종과의 일화는 《어우야담》에 실려 있다. 이사종은 왕명을 전하러 다니는 선전관이었는데 가곡을 잘 불러 인기를 얻었다. 어느 날 그가 임무 수행차 송도에 들렀다가 천수원 시냇가에 안장을 풀고 쉬었다. 관모를 배 위에 얹고 벌렁 드러누우니 문득 목청을 뽑고 싶어졌다. 굵고 시원한 노랫소리가 산천에 울려 퍼졌다. 때마침 길을 지나던 기생이 절창에 반하여 '앙코르'를 청했다. 황진이였다.

송도 명기는 이 노래 잘하는 남자에게 끌렸다. 이사종을 집으로 데려와 며칠 묵게 하고 정성껏 대접했다. 시심과 음률이 어우러져 사랑이 무르익었다. 황진이는 이사종의 첩이 되겠다고 결심했다. 아마도 기생을 은퇴할 나이였으리라. 고백도 초반하고 거침없었다. "그대와 함께 6년을 살아야겠습니다." 6년 기한을 정해 이른바 계약 동거를 하자는 것이었다. 톱스타의 파격적인 제안을 이사종은 감히 거부할 수 없었다.

계약 조건은 두 사람이 대등한 관계를 맺고 서로에게 헌신하는 것이었다. 처음 3년은 황진이가 재물을 갖고 이사종의 집으로 들어갔다. 부모와 처자식을 먹여 살리고 첩으로서 집안일을 도맡았다. 다음 3년은 이사종이 황진이 일가를 먹여 살리며 지난 노고를 갚았다. 이윽고 6년 기한이 다 되자 황진이는 깔끔하게 작별을 고했다. 남자에게 매달리지 않은 것이다. 인생이 결국 홀로서기임을 그녀는 잘 알고 있었다.

청산은 내 뜻이오 녹수는 님의 정이

나이 든 황진이는 자연 속을 노닐면서 유유자적했다. 둥근 풀모자에 칡베 적삼과 무명 치마를 입고 대나무 지팡이를 짚으며 금강산, 태백산, 지리산 등지를 유람했다. 도중에 잔치가 열리는 곳이 있으면 해진 옷과 때 묻은 얼굴로 끼어 태연히 거문고를 타고 노래를 불렀다. 방외지유方外之遊, 세속의 규범과 관습을 벗어나 진정한 자유를 누리고자 한 것이다. 그것은 구도求道의 길이기도 했다. 그녀는 새로운 세계를 열어줄 스승을 열망했다.

"지족선사가 30년이나 면벽 수양을 했으나 내가 그의 지조를 꺾었다. 반면 화담 선생은 여러 해를 가깝게 지냈지만 끝내 관계하지 않았으니 참으로 성인이다."(허균,《성소부부고》〈성옹지소록〉)

황진이는 참된 스승을 찾아 '도장 깨기'에 나섰다. 스승의 자격이 있는지 여색으로 시험한 것이다. 승려인 지족선사는 30년 면벽 수양의 공력에도 불구하고 유혹을 이기지 못했다. 이름난 기생이 다가와 주위를 맴돌자 그만 색계色戒를 범하였다. 그럼 화담 서경덕은 어떨까? 그는 송악산 자락의 화담 못가에 초당을 짓고 독자적으로 성리학의 도를 탐구하고 있었다. 황진이는 이 도학자도 유혹해 보기로 마음먹었다.

황진이가 가르침을 청하자 화담은 선선히 받아주었다. 서경덕은 벼슬길에 나아가지 않은 산중 처사였지만 학문과 도력이 출중해 많은 문인을 배출했다. 허균의 아버지인 동인 영수 허엽, 후일 《토정비결》로 유명세를 탄 이지함, 조선 최초의 양명학자 남언경 등이 모두 화담 문하였다. 그는 제자를 받을 때 신분에 얽매이지 않았다. 천한 기생과 사제의 연을 맺더라도 그이라면 이상할 게 없다.

황진이는 밤마다 거문고를 메고 술을 걸러서 서경덕의 초당에 나타났다. 지족선사에게 그랬듯이 유혹의 손길을 내민 것이다. 작정하면 무너뜨리지 못할 남자가 없지 않았는가. 하지만 화담 선생은 여색의 덫에 걸리지 않았다. 함께 거문고와 술을 즐기고 시담을 나눌지언정 남녀의 선은 일절 넘지 않았다.

오히려 가까이 지내면서 그녀가 스승의 진면목에 빠져들었다. 서경덕은 우주 만물의 이치를 헤아리고 스스로 깨달음을 얻는 즐거움에 취해 살았다. 양식이 떨어져 솥에 이끼가 끼어도 얼굴에 굶주린 빛이 나타나지 않았다. 빼어난 산수를 만나면 눈을 샛별처럼 반짝이며 덩실덩실 춤을 추었다. 자연 속에서 만족하고 기뻐하니 세속의 정욕이 파고들 틈이 없었다.

황진이는 화담 선생을 진정한 스승으로 받들고 추앙했다. 서경덕도 여성을 얽매는 조선에서 꿋꿋하게 홀로 서려는 제자를 어여

삐 여겼다. 하루는 황진이가 화담에게 말했다. "송도에 삼절三絶이 있습니다." 화담이 궁금해서 물었다. "무엇이 삼절인고?" 이에 황진이가 답하였다. "박연폭포와 선생과 저입니다." 서경덕은 빙긋이 웃었다고 한다.

청산靑山은 내 뜻이오 녹수綠水는 님의 정이 / 녹수 흘러간들 청산이야 변할 손가 / 녹수도 청산을 못 니져 우러 예어 가는고

이 노래에는 만년의 황진이가 갈고닦은 내공이 담겨 있다. 청산은 변함없이 뜻을 지키는 자신이요, 녹수는 감정이 변하여 떠난 임이다. 성리학에서 뜻은 내면의 본성인 절의이고, 감정은 세상에 휩쓸린 정욕이다. 그녀는 정욕을 경계하고 절의를 추구하는 성리학 이념을 노래의 바탕에 깔았다. 유몽인의 《어우야담》에서 "뜻이 높고 크다"라고 황진이를 추켜세운 까닭도 아마 여기에 있을 것이다.

그런데 그녀는 감정이 변하여 떠난 임, 녹수를 애틋한 시선으로 바라본다. 녹수가 청산을 못 잊어 울면서 흘러간다는 것이다. 정욕에 흔들리는 인간군상을 있는 그대로 용납하고 따뜻하게 연민하는 뉘앙스다. 그것을 엄숙하게 배척하는 유생들과 체온이 다르다. 방외지유에 나선 황진이의 도량이 엿보인다. 자연의 너른 품으로 울면서 흘러가는 인간을 다독인다. 그렇게 자연과 인간은

하나가 되어간다.

　황진이는 나이 삼사십 줄에 생을 마감한 것으로 보인다. 죽기 전에 출상出喪할 때 곡하지 말고 풍악으로 인도하라는 당부를 남겼다고 한다. 거문고를 타고 노래하는 인생을 살았으니 세상을 떠나는 길 또한 가인歌人답기를 바란 것일까? 중국 고대 사상가 장자莊子의 일화를 살펴보면 그녀의 최후를 다르게 읽을 수도 있겠다.

　장자의 아내가 죽자 친구 혜시가 조문을 갔다. 장자는 주저앉아서 항아리를 두드리며 노래를 부르고 있었다. 생뚱맞은 광경에 혜시가 의아하여 물었다. "아내가 죽었는데 슬프지 않은가?" 장자는 태연히 대답했다. "죽음은 사계절의 변화처럼 자연스러운 일이네. 만약 슬퍼한다면 하늘의 명을 어기는 것일세."

　구도자에게 죽음은 슬퍼할 일이 아닐지도 모른다. 자연의 이치에 따르면 죽음은 방랑을 마치고 집으로 돌아가는 것과 같다. 오히려 노래를 불러 축하할 일이다. 풍악을 울리며 떠난 뒤에도 가인 황진이는 오래도록 사랑받았다. 세속에 얽매이지 않았던 허허로운 삶은 조선 시대 선비들에게도 깊은 감흥을 주었다. 선조 때의 문장가 임제는 황해도사 부임 길에 황진이의 무덤을 찾아 이렇게 노래했다.

　　청초 우거진 골에 자난다 누웠난다 / 홍안은 어듸 두고 백골만 묻혔나니 / 잔 잡아 권할 이 없으니 그를 설워하노라

200년 전 서울 사람들은 어떻게 놀았을까?

〈한양가〉와
19세기
여항 풍속도

화려가 이러할제 놀인들 없을소냐 / 선비의 시축^{詩軸}놀음 한량^{閑良}의 성청^{成廳}놀음 / 공물방^{貢物房} 선유^{船遊}놀음 포교^{捕校}의 세찬^{歲饌}놀음 / 각사^{各司} 서리^{書吏} 수유^{受由}놀음 각집 겸종^{傔從} 화류^{花柳}놀음 / 장안의 편사^{便射}놀음 장안의 호걸^{豪傑}놀음 / 재상^{宰相}의 분부^{分付}놀음 백성^{百姓}의 중포^{中脯}놀음 / 각색 놀음 벌어지니 방방곡곡 놀이처^處라

200년 전 서울 사람들은 어떻게 놀았을까? 무엇을 즐기고 무엇에 취했을까?

19세기 국문 가사 〈한양가^{漢陽歌}〉에 그 생생한 여흥이 들썩거린

다. 조선이라면 어쩐지 '공자 왈 주자 왈' 할 것 같은 고리타분하고 숨 막히는 이미지가 떠오른다. 하지만 〈한양가〉가 묘사한 조선 후기의 풍모는 의외로 낙樂이 넘친다. 꽃놀이, 뱃놀이도 다니고 여럿이 어울려 활도 쏘고 방방곡곡 놀음들이 흐드러졌다. 이름만 쭉 열거해도 흥에 취해 어깨춤이 절로 난다.

〈한양가〉는 한산거사漢山居士가 1844년에 지은 장편 가사다. 왕도 한양의 지세와 연혁, 궁궐과 관아와 시전의 면모, 각양각색 유희와 승전承傳놀음, 헌종 임금의 화성 능행, 그리고 과거장과 유가游街 풍경 등을 화폭에 담듯이 세밀하게 그려냈다. 도성의 풍속과 문물을 통통 튀는 운율로 생동감 있게 묘사한 것이다.

한산거사는 누구인지 불분명하지만, 궁궐이나 관아에 몸담은 하급 관리였을 것으로 짐작된다. 특히 승전놀음에 긴 분량을 할애하고 공을 들인 것으로 보아 별감일 가능성이 크다.

유흥가와 뒷골목을 주름잡은 별감들

조선 시대 사극을 보면 붉은 옷 입은 사내들이 임금을 따르거나 궁궐에서 서성인다. 내관, 궁녀들이야 뭐 하는 사람인지 알겠는데 이 자들의 정체는 아리송하다.

그들이 바로 액정서나 무예청에 속한 별감이다. 액정서의 전별감은 왕명 전달, 왕이 쓰는 붓과 벼루 대령, 궁내 열쇠 보관, 궁정 뜰의 설비 등 시시콜콜한 업무를 담당했다. 무예청의 무예별감은 임금을 호종하고 궐문을 맡아서 지켰다. 그런데 이 사내들이 궁궐을 나서면 또 다른 얼굴을 드러냈다.

왈짜라 불리는 장안의 유협遊俠長安號曰者 / 붉은 옷에 초립 쓴 우림아茜衣草笠羽林兒 / 동원에서 술 마시며 노래할 때當歌對酒東園裏 / 뉘라서 의랑을 차지해 뽐낼 것인가誰把宜娘示獲驪

송만재의 〈관우희觀優戱〉에 별감을 일컫는 대목이 나온다. '붉은 옷에 초립 쓴 장안의 왈짜'다. 송만재는 1843년 아들이 등과하자 당대의 연희를 묘사하는 50수의 시를 지었다. 과거에 급제하면 창우倡優나 재인才人을 불러 놀이판을 벌이는 풍속이 있었는데 집안 형편상 연희시로 대신한 것이다.

그는 단가, 판소리, 줄타기, 땅재주, 검무 등을 구경하고 심중의 소회를 밝혔다. 별감은 판소리 열두 마당 중 〈왈짜타령〉을 묘사한 시에 등장한다. 〈한양가〉가 지어질 무렵 세간에서는 별감을 왈짜의 한 부류로 인식했다.

왈짜는 화류계를 장악한 무리를 말한다. 별감은 포도청 포교, 승정원 사령, 의금부 나장 등과 함께 한양 거리에 즐비한 술집을 주름잡았다. 그들은 중간층 신분이었지만 힘깨나 쓰는 자리에 있었다. 궁궐이나 권력기관에 몸담으며 왕족, 고관대작, 거상들의 편의를 봐주고 장안의 한량들과 어울렸다. 그 인맥과 수완을 이용해 기방을 관리하고 기생 등 예인의 뒤를 봐주기도 했다. 조선 후기 유흥가의 실세로 자리매김한 것이다.

그 가운데서도 붉은 옷에 초립 쓴 별감이 단연 눈에 띄었다. 신윤복의 풍속화에도 단골로 나온다. 선술집 풍경을 그린 〈주사거배 酒肆擧盃〉에서는 별감 복장을 한 자가 국자로 술을 뜨는 주모 앞에서 안주를 집고 있다. 일행으로 보이는 아전과 나장 등이 잔술 한잔 걸치려고 차례를 기다린다. 이 그림에 붙인 화제畵題가 그럴싸하다. '거배요호월擧杯邀皓月 포옹대청풍抱甕對淸風.' 술잔을 들어 밝은 달을 맞이하고, 술 항아리 끌어안으며 맑은 바람 마주한다. 풍류 한 모금 곁들이면 선술집 잔술에도 취흥이 돋고 멋이 우러난다.

신윤복의 〈유곽쟁웅遊廓爭雄〉은 기생집 앞에서 벌어진 난투극을 담고 있다. 장죽에 담배를 태우는 기생을 두고 사내 둘이 주먹다짐을 벌인 모양이다. 별감이 중재하자 어린 축은 수그러들지만 나이 든 쪽은 분이 덜 풀렸는지 웃통을 벗어젖힌다. 유곽에서 이런 일은 비일비재했을 터. 힘깨나 쓰는 별감이 사내들의 주사와 허세를 다스렸을 것이다. 〈야금모행夜禁冒行〉에서는 야간 통행금지를 무릅쓰고 양반과 기생이 동자의 안내를 받아 길을 나서고 있다. 순라군에게 걸리면 곤욕을 치르겠지만 뒤를 봐주는 별감이 이미 손을 쓴 듯하다.

별감 놀음에 예인들이 총출동한 이유

승전놀음은 화류계를 주름잡던 별감들이 경치 좋은 곳에 사람들을 모아 놓고 한바탕 크게 벌인 놀이판이었다. 여기서 '승전承傳'은 왕명을 전달한다는 뜻이다. 임금을 가까이서 섬기는 별감의 자긍심을 드러낸다. 그 신명 나는 유희의 현장을 〈한양가〉는 마치 카메라로 촬영하듯이 낱낱이 뜯어보고 상세히 형용하고 있다.

> 구경 가자 구경 가자 승전놀음 구경 가자 / 북일영北一營 군자정君子亭에 좋은 놀음 벌였구나 / 눈빛 같은 흰 휘장에 구름 같은 높은 차일 / 아로새긴 서까래에 각 영문營門 사촉롱紗燭籠을 / 빈틈없이 달아놓고 좁쌀 같은 화초등花草燈과 / 보기 좋은 양각등羊角燈을 차례 있게 걸어 놓고 / 백동타구 옥타구며 백동요강 은재떨이 / 왜찬합倭饌盒 당찬합唐饌盒과 아로새긴 교자상과 / 모란병풍 영모병풍翎毛屛風 산수병풍 글씨병풍 / 홍융사紅絨絲 구멍 뚫어 이리저리 얽어매고

무대가 화려하다. 경희궁 북쪽 훈련도감 분영分營 정자에 새하얀 휘장, 오색 등롱, 갖가지 병풍으로 한껏 모양을 냈다. 소품은 사치스럽다. 침을 뱉는 타구와 볼일 보는 요강마저 백동이요, 옥이요, 은이다.

이곳에 근무를 마친 별감 100여 명이 맵시 있게 차려입고 자리했다. 조각달 모양 상투에 호박 동곳을 대자^{大子}로 꽂고, 곱게 뜬 평양 망건과 거북 등딱지 대모^{玳瑁} 관자를 착용했다. 여덟 가닥 실을 꼬아 만든 초립과 삶지 않은 명주실로 짠 홍의에는 궁궐 상의원의 솜씨가 담겼다. 별감의 멋을 뽐내는 명품 복장이다.

금객^{琴客} 가객^{歌客} 모였구나 거문고 임종철이 / 노래에 양사길이 계면에 공득이며 / 오동복판 거문고는 줄 골라 세워놓고 / 치장 차린 새 양금은 떠는 나비 앉혔구나 / 생황 통소 죽장고며 피리 저 해금이며 / 각생 기생 들어온다 예사로운 놀음에도 / 치장이 놀랍거든 하물며 승전놀음 / 별감의 놀음인데 범연히 치장하랴 / 백만교태 다 피우고 모양 좋게 들어온다 / 늙은 기생 젊은 기생 명기^{名妓} 동기^{童妓} 들어온다

이제 예인들을 들일 차례다. 놀이판에 공연이 빠질 수 있나? 잘 나가는 소리꾼과 악공, 그리고 기생들이 군중의 환호와 함께 입장한다.

기생은 어여쁘게 치장하고 '백만교태' 피우면서 눈길을 사로잡는다. "오동^{梧桐} 양월^{良月} 밝은 달에 밝고 밝은 추월이!" "옥은 곤륜산에서 나고 금은 여수에서 나니 보배로운 금옥이!" 진행자가 미사여구를 갖다 붙이며 간드러지게 소개한다.

지방에서 재능있는 예인이 오면 왈짜가 한양에 거처를 마련하고 일을 알선했는데 큰손은 별감들이었다. 예인들이 승전놀음에 총출동한 이유다.

관현의 좋은 소리 심신이 황홀하다 / 거상조擧床調 내린 후에 노래하는 어린 기생 / 한 손으로 머리 받고 아미蛾眉를 반쯤 숙여 / 우조羽調라 계면界面이며 소용搔聳이 편락編樂이며 / 춘면곡春眠曲 처사가處士歌며 어부사漁夫詞 상사별곡相思別曲 / 황계타령黃鷄打令 매화타령 잡가 시조 듣기 좋다

이윽고 공연이 시작되면 놀이판은 금세 달아오른다. 악공들의 연주에 '쑥대머리' 군중들은 머리를 끄덕끄덕, 눈을 까막까막하며 황홀하게 빠져든다. 〈춘면곡〉, 〈어부사〉, 〈상사별곡〉, 〈매화타령〉 등 십이가사十二歌詞는 사랑과 이별, 풍류와 서정을 노래한 조선 후기의 유행가다. 우조, 계면, 소용, 편락 같은 곡조를 따라 놀이판의 감흥은 폭풍처럼 휘몰아쳤다가 애잔하게 가라앉으며 무르익는다.

춤추는 기생들은 머리에 수건 매고 / 웃영산 늦은 춤에 중영산 춤을 몰아 / 잔영산 입춤 추니 무산선녀巫山仙女 내려온다 / 배떠나기 북춤이며 대무對舞 남무男舞 다 춘 후에 / 안 올린 벙거지에 성성전猩猩氈 중두리에 / 주먹 같은 밀화증자蜜花鐺子 매

미 새겨 달고 / 갑사군복甲紗軍服 홍수紅袖 달아 남수화주藍繡花紬 긴 전대纏帶를 / 허리를 잔뜩 매고 상모象毛 단 노는 칼을 / 두 손에 비껴 쥐고 잔영산 모는 새면 / 항장項莊의 춤일런가 가슴이 서늘하다

기생의 춤사위는 승전놀음의 백미였다. 기악곡 〈영산회상靈山會上〉이 웃영산에서 잔영산으로 전개되며 춤은 갈수록 빨라지고, 서도민요 〈배따라기〉와 어우러진 북춤에 이르면 놀이판은 절정으로 치닫는다. 피날레는 검무, 곧 칼춤의 몫이다. 항우가 베푼 홍문의 연宴에서 항장이 유방을 노리고 칼춤을 추는 듯 서늘한 한기가 가슴에 꽂힌다. 그 소름 돋는 전율과 함께 승전놀음은 막을 내린다.

"서울은 돈이면 안 되는 일이 없다"

승전놀음과 같은 놀이판은 조선 후기에 한양 인구가 증가하고 상품화폐 경제가 발달하면서 나타난 여항 문화의 산물이다. 한양이 커다란 상업 도시로 변모하자 백성들의 살림집이 밀집한 여항閭巷에 새로운 계층과 가치관이 형성되었다. 별감을 비롯한 중간층이 부를 쌓고 여가를 누리며 문화적 욕구를 해소하려고 한 것이다. 그 배경에는 돈으로 상품과 사람을 끌어모으는 시장이 있었다.

큰 광통교 넘어서니 육주비전六注比廛 여기로다 / 일 아는 여리
꾼과 물화 맡은 전시정廛市井은 / 큰 창옷에 갓을 쓰고 소창옷
에 한삼汗衫 달고 / 사람 불러 흥정할 제 경박하기 측량 없다 /
선전縇廛은 수전首廛이라 돈 많은 시정市井들이 / 호사豪奢도 혼란
焜爛하고 인물도 준수하다 / 각색 비단 벌였으니 화려도 장할
시고

한양도성에는 선전(비단), 면주전(명주), 백목전(무명), 포전(삼
베), 지전(종이), 어물전(해산물) 등 육의전을 중심으로 관영 상설시
장인 시전이 번창했다. 시전은 상공업의 발달과 함께 연초전(담
배), 곡자전(누룩), 도자전(패물), 분전(화장품), 화피전(물감), 상전(잡
화) 등으로 품목을 다양화하며 확장했다.

금난전권 철폐로 난전 시장도 활기를 띠었다. 도성 안에는 칠
패와 이현, 도성 밖에는 송파와 다락원이 거점을 이뤘다. 한강 연
안의 경강상인들도 전국적인 유통망을 구축하고 거상으로 명성을
떨쳤다.

시장이 먹여 살리는 인구는 갈수록 늘어났다. 가게마다 장사를
거드는 차인꾼들이 분주히 움직였다. 여리꾼들은 흥정을 붙이고
거래의 구문을 챙겼다. 이른 아침 한강 연안에는 품을 팔기 위해
짐꾼들이 몰려나왔다. 재화는 물론 노동과 서비스까지 사고팔지
못할 것이 없었다. 한양에서는 화폐가 일상생활을 좌우했다. 돈이

도시를 지배하기 시작한 것이다. 1842년 암행어사 행세를 하다가 포도청에 끌려온 어느 죄인의 말이다.

"서울은 시골과 달라 돈이면 안 되는 일이 없다京中異於鄕中 有錢則無 事不成."《우포청등록》임인년 3월 29일 '죄인 최동욱의 공초')

한양의 중간층은 상업적 변화를 받아들이고 경제활동에 적극적으로 나섰다. 중간층은 크게 세 부류로 나눌 수 있다.

먼저 하급 관리는 서울의 궁궐, 관아, 군영에서 실무를 맡아보던 아전·별감·사령·나장·포교·장교 등을 말한다. 다음으로 기술직 중인이 있었는데 의원과 역관이 대표적이다. 부유한 상인도 빼놓을 수 없다. 특히 시전 상인은 나라에 물품을 조달하고 부족한 국가재정을 충당했다. 일부 중간층은 직업적인 능력과 정보를 활용하여 왕실, 세도가, 고관대작 등 권력층의 편의를 도모했으며 그 대가로 금전적 이권과 보상을 챙겼다.

그들을 '여항인閭巷人'이라고 부른다. 18~19세기 한양의 동네와 거리에 나타난 새로운 인간 군상이다. 여항인들은 나름의 지식을 보유하고 시, 소설, 수필 등을 통해 자신들의 가치관을 드러냈다. 그들은 유교 윤리에서 경계하는 인간의 감정과 욕망을 부정하지 않았다. 남녀의 애정에 솔직한 관심을 기울이고 치부致富나 돈벌이를 긍정적으로 바라봤다. 그것은 상업 도시 한양이 빚어낸 도시인의 기질이자, 유교적 굴레를 벗으려는 근대의식의 맹아였다.

여항인들은 안정된 직업과 경제활동으로 부를 쌓았다. 또한 자급자족하지 않고 시장을 이용함으로써 여가도 얻게 되었다. 부와 여가는 문화적 욕구를 불러일으켰다. 동네마다 광적인 '덕후'들이 나타났다. 그림, 꽃, 분재, 바둑, 서책, 골동품 등 취미에 미친 사람들이었다. 거리에는 술집과 기방이 범람했다. 주등酒燈으로 뒤덮인 서울의 밤 풍경에 임금이 탄식할 정도였다. 유흥과 더불어 복색과 치장의 사치도 사회 문제로 떠올랐다.

> 전세 대동미 싣는 배와 두대박이 외대박이 / 당도리며 먼정이며 중거루 낚거루를 / 십 리 장강 너른 물에 머리 맞게 늘어세고 / 배 위에 장송長松 깔고 장송 위에 박송薄松 깔고 / 그 위에 황토 깔고 좌우에 난간 짜고 / 팔뚝 같은 쇠사슬로 배머리를 걸어 매고 / 십리 주교舟橋 벌였으니 천승군왕千乘君王 위의로다

1843년 3월 조선 제24대 왕 헌종이 화성에 행차했다. 건릉(정조와 효의왕후의 무덤)과 현륭원(사도세자의 무덤)에 제사를 지내러 간 것이다.

1795년 정조가 화성 현륭원을 찾았을 때는 수행 인원만 1,779명에 이르렀다. 18~19세기에 임금이 화성 능행을 나서면 한강에 배를 늘어세워 주교舟橋를 만들게 했다. 오방기 휘날리는 대규모 어가 행렬이 포를 쏘고 취타를 연주하며 한강 배다리를 건너는 모습은 생각만 해도 성대하고 장엄하다. 한번 보면 평생 잊기 어려

운 광경이었을 터.

정조가 그랬듯이 헌종도 이렇게 군왕의 위엄을 세우려고 했을 것이다. 하지만 조선왕조는 기울고 있었다. 겉은 그럴싸하지만 속은 허물어졌다.

> 어제御製를 고이 들고 현제판懸題板 임하여서 / 홍마삭紅麻索 끈을 매어 일시에 올려 다니 / 과거장 선비들이 붓을 들고 달아난다 / 각각 제 접接 찾아가서 책행담冊行擔 열어놓고 / 해제解題를 생각하여 풍우風雨같이 지어내니 / 글 하는 거벽巨擘들은 귀귀句句이 읊어내고 / 글씨 쓰는 사수寫手들은 시각을 못 머문다

화성 능행을 다녀온 헌종은 과거령科擧令을 내렸다. 과거장에는 돈을 받고 고용된 '과시꾼'들이 득실거렸다. 거벽巨擘은 응시자 대신 글을 지었고, 사수寫手는 글씨를 써줬다. 이들이 좋은 자리를 잡는 '선접꾼'과 한 팀을 이뤄 대리 시험을 치렀다. 세도가에서는 과거 출제자, 채점자, 감독관까지 돕게 했다.

"어사화御賜花냐 금은화金銀花냐." 18~19세기에 저자에 나돌던 참요讖謠다. 좌절한 흙수저 선비들은 과시꾼으로 변신해 돈벌이에 나섰다. 세도정치와 삼정의 문란 속에 인재 등용이 막히면서 조선은 저물어갔다. 〈한양가〉는 조선 후기 여항의 풍속과 함께 왕도의 명암을 사실적으로 그리고 있다.

'명판관' 정조, 가짜 뉴스를 일벌백계하다

들판에 번지는
백성의 노래,
농요

"가장 극악한 것은 가짜로 농요農謠를 지은 일이다. 처음에 계교를 꾸밀 때부터 사람들을 미혹하려고 노래를 만들어 암암리에 마을 여자들에게 가르쳤다. 농요는 한 사람이 부르면 열 사람이 화답하여 들판에서도 부르고 길에서도 유행하는 것이다. 감영과 고을에서 민심을 살피는 자들이 이 노래를 듣고 측은하게 여겨 사실인 양 받아들였다."(《심리록》 '배천 조재항의 옥사')

1783년 6월 조선 제22대 왕 정조는 나라를 떠들썩하게 한 살인 사건의 최종 판결을 내렸다. 아내 윤씨를 죽였다는 누명을 쓰고 3년간 옥고를 치른 남편 조재항은 무죄! 그를 모함해 극형으로 몰아간 이가원은 형신刑訊하고 먼 변방에 유배 보내게 했다. 이 판결운 광경이었을 터.

정조가 그랬듯이 헌종도 이렇게 군왕의 위엄을 세우려고 했을 것이다. 하지만 조선왕조는 기울고 있었다. 겉은 그럴싸하지만 속은 허물어졌다.

> 어제御製를 고이 들고 현제판懸題板 임하여서 / 홍마삭紅麻索 끈을 매어 일시에 올려 다니 / 과거장 선비들이 붓을 들고 달아난다 / 각각 제 접接 찾아가서 책행담冊行擔 열어놓고 / 해제解題를 생각하여 풍우風雨같이 지어내니 / 글 하는 거벽巨擘들은 귀귀句句이 읊어내고 / 글씨 쓰는 사수寫手들은 시각을 못 머문다

화성 능행을 다녀온 헌종은 과거령科擧令을 내렸다. 과거장에는 돈을 받고 고용된 '과시꾼'들이 득실거렸다. 거벽巨擘은 응시자 대신 글을 지었고, 사수寫手는 글씨를 써줬다. 이들이 좋은 자리를 잡는 '선접꾼'과 한 팀을 이뤄 대리 시험을 치렀다. 세도가에서는 과거 출제자, 채점자, 감독관까지 돕게 했다. "어사화御賜花냐 금은화金銀花냐." 18~19세기에 저자에 나돌던 참요讖謠다. 좌절한 흙수저 선비들은 과시꾼으로 변신해 돈벌이에 나섰다. 세도정치와 삼정의 문란 속에 인재 등용이 막히면서 조선은 저물어갔다. 〈한양가〉는 조선 후기 여항의 풍속과 함께 왕도의 명암을 사실적으로 그리고 있다.

'명판관' 정조, 가짜 뉴스를 일벌백계하다

들판에 번지는
백성의 노래,
농요

"가장 극악한 것은 가짜로 농요農謠를 지은 일이다. 처음에 계교를 꾸밀 때부터 사람들을 미혹하려고 노래를 만들어 암암리에 마을 여자들에게 가르쳤다. 농요는 한 사람이 부르면 열 사람이 화답하여 들판에서도 부르고 길에서도 유행하는 것이다. 감영과 고을에서 민심을 살피는 자들이 이 노래를 듣고 측은하게 여겨 사실인 양 받아들였다."《심리록》'배천 조재항의 옥사')

 1783년 6월 조선 제22대 왕 정조는 나라를 떠들썩하게 한 살인 사건의 최종 판결을 내렸다. 아내 윤씨를 죽였다는 누명을 쓰고 3년간 옥고를 치른 남편 조재항은 무죄! 그를 모함해 극형으로 몰아간 이가원은 형신刑訊하고 먼 변방에 유배 보내게 했다. 이 판결문에는 임금이 크게 분노하고 경계한 대목이 있다. 마을에 나돌던 노래가 고발과 수사 과정에서 살인의 결정적 근거로 쓰였다는 것이다. 정조는 왜 가짜 농요를 극악하게 여겼을까?

괴이한 농요가 퍼지고 살인사건이 드러나다

'요謠'는 백성의 노래를 말한다. 옛 위정자들은 요에 민심이 담겨 있다고 믿었다. 백성의 이야기였기 때문이다. 그 시절의 민民은 대부분 까막눈이라 이야기를 글로 전할 수 없었다. 먹고 사느라 바빠 대화를 나눌 짬도 나지 않았다. 대신 백성은 일하면서, 오가면서 흥얼흥얼 노래를 불렀다. 자기 의사와 감정을 몇 소절 음악적 언어로 표현하고 공유했다. 요는 오늘날 SNS 같은 구전 매체였다. 소셜 네트워크 '송song'이었다.

농요는 백성이 농사지으며 부른 노동요다. 들일은 끝이 없다. 논밭에 주저앉아 김매다 보면 신세타령이 절로 나온다. 그리운 육친도 노래한다. 노랫말이 된 소문은 들불처럼 번진다. 정조의 말마따나 "한 사람이 부르면 열 사람이 화답하여 들판에서도 부르고 길에서도 유행하는 것"이기 때문이다. 남을 모함하려는 자는 백성의 노래를 이용하기도 했다. 가짜 농요를 지어서 퍼뜨리면 무고할 수 있었기 때문이다. 요즘으로 치면 가짜 뉴스였다.

나는 억울한 원혼이오 / 밥 한 사발 때문에 / 남편에게 맞아 죽었소

1780년 6월 황해도 배천에 괴이한 농요가 퍼져 나갔다. 서글프고 처량한 메나리('미·라·도'의 3음이 주요 음인 노동요) 곡조에 남편에게 맞아 죽었다는 아내의 사연이 실려 심금을 울렸다. 고을 사람들은 달포 전에 급사한 윤씨 부인을 떠올렸다. 장례를 치를 때만 해도 살인을 의심하지 않았지만 뒤늦게 쑥덕공론이 일었다. 그녀의 원혼이 노래에 옮겨붙었다며 남편이 죽인 게 틀림없다고 수군댔다.

배천군수 권중립의 귀에도 들어갔다. 아전과 사령들이 노래를 듣고 와서 고했기 때문이다. 이미 민심이 술렁이고 있었다. 지방 수령으로서 좌시할 수 없는 문제였다. 하지만 조사를 벌이려면 고발이 필요했다. 때마침 이봉이라는 자가 관아에 달려왔다. 조재항이 아내 윤씨를 발로 차서 죽였으니 원한을 풀어달라고 청한 것이다. 직접 보고 들은 내용은 아니었다. 이웃 마을에 사는 윤씨의 외삼촌 조환과 인척 이가원에게 듣고 대신 고발했다고 한다.

군수는 형방과 의생, 오작인을 대동하고 검험檢驗에 나섰다. 살인사건이 발생하면 먼저 시체를 검사하고 사인을 밝혀야 했다. 조선 시대 검험은 중국에서 들어온 법의학서 《무원록無冤錄》의 지침을 따랐다. 이를 조선 실정에 맞게 고치고 보강한 책이 정조 재위

기에 나온 《증수무원록》이다. 법의학에 조예가 깊었던 정조는 지방관들에게 철두철미한 검험을 요구했다. 임금에게 책잡히지 않으려면 수령들도 긴장하지 않을 수 없었다.

배천군수 권중립은 윤씨 부인의 시신을 파내게 했다. 매장하고 40일이 지난 터라 부패가 상당히 진행되어 있었다. 죽음에 이르게 한 상처를 식별하기가 어려웠다.

검시를 맡은 오작인이 시체 썩는 냄새를 참고 이리저리 살펴본 끝에 겨우 단서 하나를 찾아냈다. 몸 뒤쪽에 등살이 뼈에 달라붙은 부위가 있었다. 지침대로 물을 흘려 씻어 냈으나 떨어지지 않았다. 그 형태가 배나무잎이나 콩잎처럼 위는 넓고 아래는 좁았다. 권중립은 그것이 남편의 발에 차인 상처라고 판단했다. 사인을 뒷받침할 근거가 나온 셈이다.

다음은 용의자와 고발자의 진술을 들어볼 차례였다. 윤씨의 남편 조재항은 살인 혐의를 극구 부인했다. 마님이 계속 잠만 잔다는 어린 계집종의 말을 듣고 방에 들어가서 살펴보니 처가 이미 죽어 있었다는 것이다. 아내의 외삼촌 조환과 인척 이가원이 자신을 살인범으로 지목한 것도 이해가 가지 않는다고 했다. 두 사람은 급사한 처의 시신을 살펴본 친족이었다. 상처나 특이사항이 없음을 확인하고 자신에게 장례를 후하게 치르라고 했다. 뒤늦게 고발이라니 어이가 없었다.

조환과 이가원은 윤씨의 갑작스러운 죽음에 경황이 없어서 시신을 신중히 살피지 못했다고 해명했다. 하지만 원통한 넋이 붙었다는 동요가 퍼져 나가자 아차 싶었다고 한다. 그제야 알아보니 벌써 소문이 무성했다. 윤씨 부인이 새벽에 밥을 짓다가 부엌으로 달아나 피했다는 둥, 남편 조재항의 발에 차여 그 자리에서 죽었다는 둥 살인의 정황이 떠돌았다. 윤씨의 시중을 들던 어린 계집종의 입에서 나온 말이라고 했다.

진술은 엇갈렸지만 배천군수 권중립은 이미 심증을 굳히고 있었다. 그는 검험을 통해 결정적인 사인을 확보했다고 믿었다. 주변인 진술도 대부분 남편을 살인범으로 지목하고 있었다.

고을 분위기도 그랬다. 윤씨 부인을 가엾게 여기고 조재항의 만행에 분개했다. 권중립은 소문의 근원이라는 어린 계집종을 불러 쐐기를 박으려고 했다. 관아에서 높은 분이 자초지종을 캐묻자 아이는 겁에 질려 울기만 했다. 조씨 집안에서도 반발했다. 종이 주인에 대해 증언하는 것은 국법으로 금했기 때문이다.

배천군수는 여기서 초검初檢을 마무리 짓고 황해도 감영에 보고를 올렸다. 조재항이 밥 한 사발로 인해 아내 윤씨를 발로 차서 죽게 했으므로 마땅히 극형에 처해야 한다는 것이었다.

황해도 관찰사 조상진은 연안부사 이우배를 보내 복검覆檢을 진행하도록 했다. 관할지 지방관의 초검에 이어 이웃 고을 수령의 복검으로 살인사건을 신중히 살폈다. 연안부사가 내린 결론도 다르지 않았다. 황해도 관찰사는 초검과 복검을 토대로 심리하여 형조에 유죄 계사(啓辭)를 올렸다. 이 계사는 그러나 임금에게 강한 질타를 받고 기각되었다.

"조사 기록이 의심스러워 판결을 내리기 어렵다. 윤 여인의 등에 생긴 상처는 발로 찬 것이라고 단정지을 수 없다. 고발자들이 주장하는 말도 동네에 떠도는 소문에 불과하다. 게다가 소문의 근원이 법률상 캐물을 수 없는 어린 계집종에게 귀착되니 더욱 의심스럽다. 이 옥사는 수령들이 멋대로 헤아려서 지레 결단한 것이다. 초검관 배천군수 권중립과 복검관 연안부사 이우배를 엄히 추궁하고 다시 조사하라."《심리록》 '배천 조재항의 옥사')

민심 현혹해 무고하려고 농요를 조작하다

《심리록(審理錄)》은 조선 후기에 중대 범죄의 심리와 판결을 기록한 판례집이다. 이 책을 보면 정조가 재판관으로서 얼마나 탁월한 역량을 가졌는지 알 수 있다. 1780년 12월, 정조는 이 사건의 판결을 내리는 대신 재조사를 명했다. 수령들이 옥사의 성립 요건을 제대로 갖추지 않았기 때문이다. 왕은 검험과 진술의 문제점을 조목조목 지적했다.

우선 사인으로 밝혀진 상처가 의심스러웠다. 발로 차인 상처는 둥글어야 하는데 검험에서는 위가 넓고 아래는 좁은 잎사귀 모양이라고 했다. 더구나 응당 나타나야 할 피멍이 보이지 않았다. 검안서에는 단지 "물을 부었으나 등살이 뼈에서 떨어지지 않았다"라고 했는데 차인 상처라면 그 아래에 피멍으로 변색한 부분이 나타나는 게 정상이었다.

피멍이 안 보이면 다른 검험법을 써야 한다. 《증수무원록》에 손가락으로 눌러 색깔을 확인하는 방법이 있음에도 쓰지 않았다. 꼼꼼하게 검험하지 못했음이다. 이래서는 사인으로 인정할 수 없었다.

고발자들의 말도 의혹투성이였다. 윤씨 부인이 갑자기 죽었으니 외삼촌 조환과 인척 이가원이 석연찮게 여기는 것은 당연했다. 그런데 남편에게 장례를 후하게 치르라고 권유해 놓고 달포 후에 다른 사람을 시켜 고발한 것도 석연치 않다. 정조는 '후한 장례' 운운한 것이 은근히 뇌물을 요구하려는 의도였다고 의심했다.

또 어린 계집종의 입에서 나왔다는 살인 정황도 말하고 전한 사람이 누구인지 분명치 않았다. 국법상 신분과 나이 때문에 그 아이에게 캐물을 수도 없었다. 결국 진술이란 게 떠도는 소문에 지나지 않았다.

정조는 특히 이가원의 진술에 의구심을 품었다. 알고 보니 "윤씨가 남편의 발에 차여 그 자리에서 죽었다"라는 말도, "새벽에 밥을 짓다가 부엌으로 달아나 피했다"라는 말도 이가원이 듣고 공론화한 것이었다.

과연 어떻게 들었을까? 감영 조사에서 이가원은 "사랑채에 앉아 있다가 마당에서 사람들이 떠드는 이야기를 들었다"라고 했다. 그 사람들은 누구일까? 그는 "마당에 나가보니 이미 흩어져서 가버렸다"라고 했다. 빙글빙글 돌리는 말이었다. 이 자는 뭔가 숨기고 있는 게 틀림없었다. '명판관' 정조는 그 꿍꿍이를 끄집어내기로 했다.

하지만 국왕이 직접 옥사에 개입해 사건을 뒤집는 것은 바람직하지 않았다. 재조사는 어디까지나 도백道伯(관찰사)과 수령의 몫이었다. 정조는 황해도 관찰사 조상진에게 옥사의 성립 요건이 부실하고 의심 가는 대목도 한둘이 아니니 특히 유념하라고 당부했다. 이전 조사의 문제점들을 짚어주고 향후 심리 방향도 제시했다.

그러나 1781년에도 옥사는 진척이 없었다. 조상진은 정조의 기대에 부응하지 못했다. 그는 이 사건을 수령에게 넘기고 스스로 조사하지 않았다. 형조에서 보고를 요구하면 수령에게 물어보고 예전 계본啓本을 베껴 아뢰었다. 애초의 검험과 진술에 하자가 없으니 조재항을 사형에 처하는 게 올바르다는 견해였다.

정조는 기가 막혔다. 이 옥사에는 마가 끼었다. 명석한 군주가 볼 때 부실하기 그지없는데 도무지 개선될 기미가 보이지 않았다. 뭔가 혈이 막힌 것 같았다. 그게 무엇일까, 고민하다가 퍼뜩 농요를 떠올렸다. 애초 살인의 소문은 농요가 들판과 길을 넘나들면서 스멀스멀 피어올랐다. 도백과 수령의 판단을 흐리게 만든 것도 바로 그 농요였다. 왕은 장악원에 일러 배천 고을 농요를 채록하여 불러보도록 했다.

나는 억울한 원혼이오 / 밥 한 사발 때문에 / 남편에게 맞아 죽었소

정조는 노래를 귀 기울여 듣다가 무릎을 쳤다. 원래 백성의 노래는 간결하면서도 은유의 묘미가 있다. 그런데 배천 농요는 너무 직설적인데다 같은 구절이 자꾸 되풀이되었다. 사람들에게 무슨 말을 하고 싶어 전전긍긍하는 느낌이었다. 혹시 누군가 지어서 퍼뜨린 게 아닐까?
왕은 장악원 전악典樂(음악감독)을 불러 이 노래를 들려줬다. 가무 예인들의 우두머리이니 진위를 판별할 수 있으리라고 여겼다. 전악은 즉석에서 위작僞作이라고 아뢰었다. 교묘하게 꾸미려다가 도리어 치졸함을 보이니 가짜가 분명하다고 했다.
옳거니, 꼬리를 잡았다. 정조는 형조에 은밀한 특명을 내렸다. 이 농요가 어떻게 고을에 퍼졌는지 수소문하라는 지시였다. 형조의 노련한 수사관들이 배천으로 출동했다. 얼마 지나지 않아 들밥을 나르는 부녀자 몇몇이 실토했다. 배씨 성을 가진 여인이 쌀 한 됫박씩 나눠주며 노래를 가르치고 퍼뜨리게 했다는 것이다. 수사관들은 배씨 여인의 집에 찾아가 추궁했다. 그녀는 자기도 쌀 두 말을 받고 의뢰를 받은 것뿐이라고 해명했다. 의뢰인은 놀랍게도

이가원의 아내였다. 드디어 막힌 혈이 뚫렸다.

정조는 이가원이 조재항에게 살인 누명을 씌우기 위해 가짜 농요로 민심을 현혹했다고 보았다. 정말 농요는 사람들의 마음을 사로잡아 소문에 기댄 옥사를 성립시켰다. 이제 그자에게 무고誣告 혐의를 두고 그릇된 옥사를 바로잡는 일만 남았다.

하지만 이가원은 보통내기가 아니었다. 형조에서 수사관이 나와 농요에 대해 캐묻고 다니자 그는 위기의식을 느끼고 자구책을 마련했다. 사람들을 끌어모아 추가 증언으로 맞선 것이다.

복덕, 점렬, 나막동 등 초검과 복검에는 없었던 이들이 사건 증인이라며 쏟아져 나왔다. 우물가에서 살인의 내막을 들었다고 했다. 부엌에서 발로 차는 장면을 엿봤다고도 했다. 이가원은 그렇게 자신을 옥죄는 의심을 흩어버렸다. 농요로 전환점을 맞았던 옥사는 다시 혼란에 빠졌다. 살인사건 재조사는 하염없이 늘어졌다.

일벌백계로 가짜 뉴스에 경종 울린 정조

1782년 7월 조재항의 동생 조재정이 임금의 거둥을 가로막고 격쟁擊錚을 벌였다. 징을 치면서 형의 억울함을 호소한 것이다. 정조는 온갖 나랏일에 파묻혀 있었기에 살인사건 재조사가 지지부진함을 미처 알지 못했다. 왕은 형조에 이 옥사의 처결을 맡기고 이가원의 무고에 초점을 맞춰 심리하게 했다.

곧 형조의 문초가 시작되었다. 살인사건 증인들은 어리숙한 백성들이었다. 수사관들의 날카로운 심문에 허점을 드러냈다. 우물가에서 말을 나눴는데 누가 함께 물을 길었는지 헷갈렸고, 부엌에서 발로 차는 장면을 봤다면서 집 구조는 알지 못했다. 윤씨의 외삼촌 조환이 압박감에 사실을 털어놓았다. 이가원이 자신을 사주해 조재항을 살인죄로 고발하게 하고 노래, 소문, 증언 등을 조작했다는 것이다.

윤씨가 급사했다는 연락을 받자 이가원은 가까운 인척으로서 시체를 살피고 상처를 찾았다. 급사의 경우 특이사항이 있으면 죽은 사람의 친족이 관아에 신고해야 했다. 상처는 보이지 않았다. 그제야 남편에게 후히 장례 지내라고 했는데 이는 은근히 뇌물을 요구하는 언사였다.

조재항은 외면하고 돈을 주지 않았다. 이에 앙심을 품은 이가원이 살인을 꾸며 무고하기로 마음먹었다. 그 첫걸음이 가짜 농요를 퍼뜨려 고을 인심을 얻고 수령의 판단을 흐리는 것이었다.

"죄 있는 자는 도망갈 수 없고 죄 없는 자는 면하게 되었으니, 천리天理가 크게 밝아 속일 수 없는 것이라 하겠다."(《심리록》 '배천 조재항의 옥사')

1783년 6월, 정조는 배천 살인 옥사의 최종 판결을 내리면서 이렇게 선언했다. 이가원은 무고죄로 죽을 때까지 먼 변방에 유배되었고, 조환은 노역형을 받았으며, 쌀을 받고 협조한 이들도 경중에 따라 처벌이 내려졌다. 조재항은 마침내 살인 누명을 벗고 감옥에서 풀려났다. 임금이 3년 동안 네 차례나 조사를 명한 끝에 일궈낸 극적인 반전이었다.

거꾸로 보면 군주의 무고 의심과 방향 제시에도 불구하고 살인 옥사가 3년이나 지속된 셈이다. 조재항에게 불리한 정황도 만만치 않았다고 봐야 한다.《심리록》에는 담기지 않았지만, 정조가 최종 판결을 내리던 날 형조에서는 조재항도 벌을 줘야 한다고 아뢰었다(《정조실록》1783년 6월 3일). 처형할 일은 아니지만, 아내에게 뭔가 죄를 지었다는 뜻이다.

그런데도 정조는 조재항을 무죄 방면했다. 여기에는 법리를 뛰어넘는 정치적 계산이 깔려 있었다. 조선 시대 군주는 성현의 다스림을 펴고 풍속을 교화하는 것을 가장 큰 사명으로 알았다. 가짜 농요로 민심을 현혹하는 것은 다스림을 교란하는 "극악한" 풍속이었다. 교화를 위해 정조는 조재항을 억울한 피해자로 삼고 이가원을 일벌백계—罰百戒한 것이다. 요즘으로 치면 가짜 뉴스에 경종을 울린 셈이다.

가요로 읽는 한국사

초판 1쇄 발행	2025년 4월 11일
지은이	권경률
펴낸곳	(주)행성비
펴낸이	임태주
편집총괄	이윤희
책임편집	조세진
디자인	페이지엔
마케팅	배새나
출판등록번호	제2010-000208호
주소	경기도 김포시 김포한강10로 133번길, 710호
대표전화	031-8071-5913
팩스	0505-115-5917
이메일	hangseongb@naver.com
홈페이지	www.planetb.co.kr

ISBN 979-11-6471-282-3 (03910)

※ 이 책은 저작권법에 따라 보호를 받는 저작물이므로 무단 전재와 무단 복제를 금합니다. 이 책 내용의 일부 또는 전부를 이용하려면 반드시 저작권자와 (주)행성비의 동의를 받아야 합니다.

※ 책값은 뒤표지에 있습니다. 잘못 만들어진 책은 구입하신 서점에서 교환해 드립니다.

행성B는 독자 여러분의 참신한 기획 아이디어와 독창적인 원고를 기다리고 있습니다. hangseongb@naver.com으로 보내 주시면 소중하게 검토하겠습니다.